本书为西南财经大学“中央高校基本科研业务费专项资金”资助项目

制造业国际转移对中国经济的影响

Manufacturing International Transfer Impact on the Chinese Economy

杨海洋 著

经济管理出版社
ECONOMY & MANAGEMENT PUBLISHING HOUSE

图书在版编目（CIP）数据

制造业国际转移对中国经济的影响/杨海洋著. —北京：经济管理出版社，2014.8
ISBN 978-7-5096-3027-3

Ⅰ. ①制… Ⅱ. ①杨… Ⅲ. ①制造工业—产业转移—影响—中国经济—研究
Ⅳ. ①F12 ②F426.4

中国版本图书馆 CIP 数据核字（2014）第 066261 号

组稿编辑：王光艳
责任编辑：许 兵
责任印制：黄章平
责任校对：超 凡

出版发行：经济管理出版社
（北京市海淀区北蜂窝 8 号中雅大厦 A 座 11 层 100038）
网 址：www. E-mp. com. cn
电 话：(010) 51915602
印 刷：大恒数码印刷（北京）有限公司
经 销：新华书店
开 本：720mm×1000mm/16
印 张：13.25
字 数：224 千字
版 次：2014 年 8 月第 1 版 2014 年 8 月第 1 次印刷
书 号：ISBN 978-7-5096-3027-3
定 价：58.00 元

目　录

0 绪论

中国正站在实现伟大复兴道路的关键路口。要想实现复兴的目标，经济必须保持平稳和高速增长。其中高速增长的含义是指总产出在较长时期内实现持续的数量上的扩张，扩张的速度应该保持在 7%以上；而平稳则是指经济不出现较大的波动，保持物价的稳定、较低的失业率和国际收支的平衡。要想实现这两个方面的目标，就必须保持制造业产出在总产出中的适当比例，保持这一适当比例的主要手段就是在吸引制造业继续向国内转移的同时，防止中国制造业向外过快转移。因此，本书确定的研究重点，一是厘清制造业与经济平稳增长之间的关系，二是找到中国制造业在国际转移中保持适当比例并形成更好优势的办法。

0.1 研究背景与意义

中国目前还尚未完全实现工业化，但在 2008 年金融危机爆发以前，已经有许多学者开始思考后工业化的问题，其中有部分学者认为，中国没有必要步西方发达国家的后尘，牺牲环境来继续提高工业化程度，应该直接跳过工业化过程，向后工业化迈进。在这个过程中，针对制造业的发展，出现了不同的意见。一些观点认为中国应该保持较高的制造业产出在 GDP 中的比重，因为制造业是实体经济的核心，是国家财富增长的源泉；另外一些观点则认为，制造业是能耗高、污染环境、附加值较低的行业，中国应该尽快将其转移出去，同时要大力提高服务业的比重。目前，随着中国人力成本的上升和中国对外直接投资的增强，制造业向外转移的迹象已经开始出现。那么，中国应不应该放任制造业的向外转移呢?

0.1.1 研究背景

2008 年金融危机爆发后，世界各国在受金融危机损害的程度和复苏的力度方面，制造业产出在 GDP 中的比重较高的国家和制造业产出在 GDP 中的比重较低的国家有着明显的不同表现：

一是受金融危机损害的程度不同。自 2008 年源自美国的金融危机爆发以来，世界经济经历了一次较为明显的探底，其中，2008 年的世界经济整体增长 3.7%，2009 年这个数字变成了负数，世界经济出现了第二次世界大战以来的首次负增长，据国际货币基金组织（以下简称 IMF）发布的数据称，2009 年世界经济萎缩了 0.6%。在整体经济下滑的趋势中，各个国家受损害的情况不一致，见表 0-1。

表 0-1 2008~2010 年世界部分国家和地区经济增长率

单位：%

国家和地区	经济增长率		
	2008 年	2009 年	2010 年
日本（Japan）	−1.165	−6.283	3.963
墨西哥（Mexico）	1.188	−6.161	5.416
意大利（Italy）	−1.323	−5.217	1.296
德国（Germany）	0.809	−5.078	3.562
英国（United Kingdom）	−0.065	−4.875	1.354
美国（United States）	−0.337	−3.486	3.030
法国（France）	−0.213	−2.632	1.384
泰国（Thailand）	2.556	−2.363	7.782
中国台湾（Taiwan Province of China）	0.730	−1.926	10.882
新加坡（Singapore）	1.487	−0.770	14.471
巴西（Brazil）	5.162	−0.645	7.490
韩国（Korea）	2.298	0.319	6.162
菲律宾（Philippines）	4.153	1.148	7.632
澳大利亚（Australia）	2.585	1.374	2.683
印度（India）	6.186	6.771	10.094
中国（China）	9.599	9.220	10.328

资料来源：国际货币基金组织，世界经济展望数据库，2011 年 9 月。

从表 0-1 中可以看出，发达经济体经济下滑最为严重，其中美国、日本、意大利、英国、法国等国经济 2008 年和 2009 年连续两年下滑，其中日本最严重，2009 年的经济下滑 6.283%。相对来说，中国、巴西、印度等“金砖国家”表现就要好得多，其中中国的经济保持在高位增长（据中国国家统计局数据：中国 2008 年、2009 年、2010 年的经济增长率分别为 9.599%、9.220%和 10.328%），另外，东亚、东南亚国家和地区，如泰国、新加坡、韩国等表现也不错，其中韩国更是避免了 2009 年经济负增长。德国的经济虽然在 2009 年出现了明显的下滑，但在 2008 年为 0.809%，至少没有负增长。

二是复苏的力度不同。从 2009 年第二季度开始，世界经济出现了复苏迹象，整体正增长，增长率为 4.8%，但是，在金融危机的发生过程中，各个国家或地区的复苏却是极不平衡的。在表 0-1 中，2010 年经济增长最快的是新加坡，为 14.47%，亚洲各国除了日本，经济增长速度都在 6%以上。美国的经济增长速度为 3.03%，欧盟中的英国、法国和意大利都在 1.4%以下，但德国增长率为 3.56%。进入 2011 年以来，主要的发达国家，包括美国、英国、法国、意大利、日本等，经济相继出现了问题，2009 年欧债危机从希腊开始发端，波及其他欧洲国家，中间形势曾经好转。但 2011 年下半年以来，债务危机卷土重来，蔓延的风险加剧，特别是欧元区第三大经济体意大利和第四大经济体西班牙的债务问题引发市场担忧。2011 年 8 月初这两个国家的国债（10 年期）收益率出现了大幅的上升，这不仅体现出市场对国家经济状况的担忧，也推高了这些国家的举债成本。在大洋的另一边，美国也遭到了国际评级机构标准普尔的降级，未来走向被调整为负面，长期主权信用评级降到“AA+”，这种情况在美国历史上还是首次发生。美国预期的经济增长速度下调至 1.7%，经济已经出现了二次探底的可能。IMF 在 2011 年 9 月发表的《世界经济展望》中称，先进经济体的复苏进程已经明显放缓，这些国家“财经和金融的不确定性急剧增加，尤其是 8 月以来越加明显。此二者中任何一个都令人担忧，而当它们一同发生并互相强化作用时，情况就更加严峻了”。[①] 同时，该《世界经济展望》也指出：“直至今日，新兴市场经济体基本上未受到这些不利形势变化的影响。它们虽然需要应对不稳定的资本流动，但在总体上仍继续保持着高增长。”[②] 其实，在这样的形势中保持乐观的还不仅仅是以中国为代表的新兴市场经济体，《世界经济展望》也认为：德国 2011 年的经济将继续保持近 3%的增长，韩国的经济增长速度也将为 3.9%，未来两年更是保持 4%以上的高增长速度。

①② IMF. World Economic Outlook Database，September 2011.

那么，是什么原因导致了这些国家和地区在金融危机中受损程度不同，又是什么原因使得这些国家和地区在复苏阶段表现如此不一样呢？可能的一种解释是经济增长假说中的条件收敛。表现较好的国家主要是发展中国家，它们的起点较低，按照索洛—斯旺模型对条件收敛假说的验证，发展中国家的经济速度本来就应该普遍高于发达国家。可能的另一种解释是“金砖国家”中的巴西和俄罗斯得益于能源和原材料的价格上扬，经济增长率也得以迅速提高。但是，以上的解释都无法说明为什么欧元区中的德国、亚洲的发达国家韩国、新加坡和发达地区中国台湾会有如此的表现。这的确非常令人费解。

如果把表 0–1 和表 0–2 联系在一起，也许可能找到一个新的解释：

表 0–2　世界部分国家和地区第二产业及制造业增加值占 GDP 的比重（2009 年数据）

单位：%

国家和地区	第二产业增加值占 GDP 比重	制造业增加值占 GDP 比重
日本（Japan）	27	18
墨西哥（Mexico）	34	17
意大利（Italy）	25	16
德国（Germany）	30（2008 年数据）	23（2008 年数据）
英国（United Kingdom）	21	11
美国（United States）	20	13
法国（France）	19	11
泰国（Thailand）	43	34
中国台湾（Taiwan Province of China）	31	25
新加坡（Singapore）	28	21
巴西（Brazil）	25	16
韩国（Korea）	37	28
菲律宾（Philippines）	32	21
澳大利亚（Australia）	29（2008 年数据）	10（2008 年数据）
印度（India）	27	15
中国（China）	46	32

资料来源：根据世界银行数据库资料整理。

表 0–2 是 2009 年各国（地区）第二产业和制造业占该国（地区）GDP 的比例，从中我们可以看到一个明显的趋势：凡是第二产业特别是制造业占比较高的国家，在金融危机中受到的损害都比较小，同时复苏的过程也要顺利得多。如表 0–2 中，中国、泰国制造业增加值占 GDP 的比例分别高达 32%和 34%；新加坡、韩国也达到了 21%和 28%，比同为亚洲国家的日本（18%）明显高出许多，

前者在金融危机中的表现要明显好于后者。在整个欧元区，德国的经济可谓是一枝独秀，而恰好德国制造业增加值占 GDP 的比例在欧洲最高，2008 年为 23%，而英国、法国 2009 年时分别都只有 11%。美国 2009 年制造业增加值占 GDP 的比例仅为 13%，这也许正好能够解释为什么美国在金融危机中表现如此糟糕。

由上面的分析可以得到一个初步结论：在此次金融危机中，制造业产出在 GDP 中的比重高的国家，受损失较小，同时复苏也较为顺利。那么，我们是否可以提出一个假说：制造业保持较好的比例，有利于经济平稳快速的增长。因为与服务业特别是虚拟经济相比，制造业受现代金融危机的冲击较小，是间接波及，同时，制造业在吸收投资、产生投资需求方面有其他产业不可比拟的优势。能比其他产业吸纳更多的就业人口，因此，制造业不仅能够减弱国家经济在经济衰退期的损害，而且，制造业具有较强的复苏能力，使经济周期中的谷底缩小，使复苏加快和更为顺畅，如德国、中国和东南亚国家。但是，这仅仅是这一轮金融危机中的特例，还是背后的确存在着这样的规律，这正是本书主要想探究的问题。

0.1.2 研究的目的和意义

“世界制造中心”发生过三次大的变迁，分别是从英国转移到美国、从美国转移到日本以及从日本逐渐转移到中国。1945 年第二次世界大战结束以来，世界制造业也发生了三次较为明显的大的转移：第一次是 1950~1960 年，由美国向日本转移；第二次是 1960~1970 年，由日本向“亚洲四小龙”（韩国、中国香港、中国台湾、新加坡）转移；第三次是 1980 年至现在，由“亚洲四小龙”向中国内地转移，这一次转移还未完全结束。随着这三次转移，承接转移的国家和地区制造业的比重迅速上升，与之相伴的是这些国家和地区经济的迅速增长。从上面的分析也可以看出，制造业无论是在经济增长方面还是维护经济稳定发展方面，均有其他产业不可替代的优势。

18 世纪，荷兰凭借其独特的区域优势和对贸易的扶持政策，在国际贸易中很快占据了重要的地位，并迅速成长为当时的世界大国，但是，贸易方面的优势是很容易被复制的，很快，它就被英国所取代，而英国作为世界中心的地位，则延续了 100 余年。英国能够压倒荷兰实现崛起，主要的原因就是工业革命。英国在工业革命后，确立了自己的世界制造业中心的地位，1820 年，英国工业总产值占世界的50%，直至1870年，英国的工业产值仍占世界的31%。制造业的绝对优势，使英国经济迅速发展，1801~1850年，英国的出口额从2490万英镑增长到了17540万英镑，增长了6倍，到1850年时，英国出口贸易额在世界占比达到22%。可见，制造业与国际贸易两者的结合，是英国崛起的重要促进因素。没有制造业的支撑，单凭国际贸易并不能保持经济持久的平稳增长。

一些学者认为，中国正在成为新的世界制造中心，"中国制造"在全世界越来越受到认可。根据国家统计局2010年10月发布的报告称，目前，中国已经建成了比较完善的工业体系，其基础设施齐备，生产能力得到了较大的提升，正逐渐成为世界制造业的大国。在世界22个工业大类中的产出比重中，我国有15个大类名列前三位，有7个大类名列第1位。中国制造业产值占世界制造业产值的20%左右[①]。但中国制造业也有着以下一些明显的问题：

第一，目前中国制造业正面临着国内发展环境恶化的压力。一方面，在长期出口顺差和巨额外汇储备的推动下，人民币不断升值，金融危机之后，美国实施低利率和量化宽松的货币政策，更推高了人民币的估值。自2005年7月人民币汇率改革开始，到2013年底，人民币升值已达35.7%。这使得中国以出口为主要目的的加工业发展举步维艰，沿海大量企业倒闭。另一方面，由于中国为减少对能源和资源的依赖，降低单位GDP能耗，大力推行节能减排，给地方政府下指标，设定减排目标，客观上也挤压了制造业的生存空间，制造业在沿海一些城市已经成了"过街老鼠"，在税收、土地、供水供电等方面不但不再受惠，而且还必须比第三产业承担更大的责任。这就使得制造业在沿海的比重迅速下降，虽然制造业在向中西部地区转移，但转移的空间也在减小。另外还有一种观点认为，中国应该大力发展第三产业，控制第二产业，提高第三产业的比重，直到达到美国等发达国家的水平（2010年美国第一产业、第二产业和第三产业增加值分别为1541亿美元、27802亿美元、117261亿美元，占GDP的比重分别为1.1%、18.9%、80.0%[②]）。虽然美国通过虚拟经济的国际化，掠取其他国家的财富，在21世纪国际利益分配中获取了较大的份额。但虚拟经济有着"双刃剑"的作用，美国近年来国内制造业的比重逐渐下降，以虚拟经济为主的第三产业规

① 经济咨询机构美国环球通视有限公司发布数据称，2010年中国制造业占比为19.8%。
② 数据来源：美国商务部经济分析局。

模不断上升，形成了产业的空心化，这正是在 2008 年金融危机中美国损失惨重，同时复苏乏力的主要原因。中国如果盲目发展第三产业，不注重对制造业的扶持，就极有可能重蹈美国的覆辙。

第二，中国面临着制造业新一轮向外转移的威胁。目前，中国人力成本正在不断上升，与东南亚国家特别是印度、非洲国家和南美国家相比，其人力成本方面的绝对优势已经不存在。同时，中国对外投资也在不断增长，据中国商务部统计，2013 年对外直接投资净流量达到了 901.7 亿美元，较上年增长 16.8%，居全球第 3 位，2012 年末对外直接投资的存量约为 5319.4 亿美元，居全球第 13 位。[①]中国在对外投资中，虽然带回了利润，但从投资的主要方向来看，正是中国制造业可能转移的目标国家——东南亚、南亚、非洲和南美洲。中国投资的主要领域，也正是发展制造业所必需的条件——基础设施等领域。中国的一些企业，甚至开始在国外大规模设厂，造成了技术的外溢和资金的流出。第四次世界制造业的大转移正在酝酿之中，如果中国放任制造业转移，在不久的未来，大量制造业将转移到东南亚、南亚、非洲和南美洲等地。

针对以上两方面的问题，本书确定了以下的主要研究目的：

本书研究目的之一，是找出制造业与经济增长之间的关系。通过对经济增长理论和实证的分析，证明制造业在促进经济增长方面存在着积极作用，并尝试去解释这种积极作用产生的机理是什么，建议中国保持较大比例的制造业产出在 GDP 中的比重，促进中国经济继续较快地发展。

本书研究目的之二，是找到制造业与经济波动之间的关系。短期的宏观经济问题包括失业、通货膨胀以及国际收支失衡等问题，制造业能够容纳较多的就业人员，也有较长的产业链，一个制造业的兴起，可以带动一个集群的兴盛。制造业与政府购买也存在着直接的联系，能够较好地实施财政政策。通过对短期宏观经济问题的理论和实证分析，证明制造业在防止经济出现波动以及减少经济周期波动损失和缩短恢复时间等方面有积极的作用。并尝试去解释这种积极作用产生的机理。

本书研究目的之三，是找到防止中国制造业向外大量转移的办法。要保持制造业在各产业中应有的比重，就应该采取措施，防止制造业大量向外转移。在第

① 数据来源：中国海关总署。

二次世界大战之后，美国制造业曾经占到世界制造业的60%以上，随着美国人力成本的上升以及其他国家基础条件的具备，美国制造业出现了第一次向外的大量转移，时间为1950~1960年。在20世纪70年代出现“滞胀”之后，美国开始奉行新自由主义，国家逐渐减少了对经济的干预，其结果就是加剧了制造业的外移，制造业在美国各产业中的比重由1950年的30%下降到2008年的12%。[①] 前车之鉴，中国必须在制度设计、宏观条件提供和企业微观层面采取应有的措施，才能防止类似的转移出现。本书试图找出制造业转移的相关因素，并去证明它们与制造业转移的关系，从而为中国采取防范措施提出理论依据。

本书研究目的之四，是找到提高中国制造业总体水平的措施。虽然在之前的三个目的中，已经提出了中国要保持制造业在整个经济中较高的比重，但并不意味着高比重就解决了问题。中国制造业要充分发挥对本国经济平稳增长的作用，还必须不断提高自身的水平。包括提升劳动生产率、加强创新、注重质量、塑造品牌等。德国承接上一轮产业转移，已经有了一百年以上的时间，但依然能够保持其制造业强国的地位，它的确有许多好的经验可供我国借鉴。本书也试图从德国的正面例子中寻找一些可以移植过来的经验，为中国制造业的发展提出建议。

以上四方面的研究目的，正是本书存在的意义。

0.2 研究对象、理论工具和研究方法

本书从马克思主义政治经济学和宏观经济学的角度来对一些宏观经济指标进行研究。

要研究制造业与经济增长的关系，最重要的两个指标是制造业在GDP中的比重和经济的增长率。另外，传统经济增长模型中的一些指标，如劳动力、人力资本、劳动生产率、技术进步、投资、储蓄等，也在研究对象范围中，本书将分析制造业产出在GDP中的比重和这些指标之间的关系。要研究制造业与经济平

① 数据来源：世界银行数据库。

稳增长间的关系，需要研究制造业在GDP中的比重和失业率、通货膨胀率、国际收支之间的关系。也要对不同产业等额投资吸纳的就业人口进行比较，对不同产业财政政策、货币政策作用进行比较。要研究防止制造业转移的措施，就需要研究制造业转移的条件，包括投资、劳动供给价格、劳动力素质、市场因素、资源因素、地理因素等。

以上分析所要用到的宏观经济指标，主要采自中国、德国和美国。本书希望通过德国和美国这两个一正一反的例子，来分析制造业产出在GDP中的比重与经济平稳增长之间的关系。当然，为了使结论更具有说服力，本书选择了2009~2010年世界部分国家和地区的宏观经济数据进行对比，着重研究世界各国在金融危机以后受损的情况以及复苏的力度。

本书的理论工具，主要是马克思主义政治经济学和现代宏观经济学的相关理论。其中包括经济周期理论、经济增长理论、短期宏观经济相关理论、国际经济理论。制造业转移理论是本书研究中的重要理论工具，计量经济学和数理经济学是本书的定量研究工具。

1 制造业转移与经济增长的主要理论及相关研究文献综述

1.1 制造业与制造业转移的概念

在对制造业与经济平衡增长之间的关系进行研究之前，有必要对制造业相关的概念进行厘清，包括制造业本身的含义，制造业转移特别是制造业国际转移的概念，也需要对制造业国际转移的历史进行简单的回顾。

制造业并不是一个历史悠久的行业，一般研究认为，只有在工业革命之后制造业才算真正诞生，在之前“制造业”这一称谓更多的是被“手工业”代替，两者的差异主要体现在规模和占经济产出的比例方面。工业革命后，在工业化出现的国家，制造业产出所占比例大幅度提高，逐渐在经济中产生了巨大的影响。制造业在产生之后，很快便出现了制造业的转移，在后文的分析中可以看到，制造业的国际转移在全球化普遍实现的前后，有着明显的不同。在 20 世纪中期以前，制造业的国际转移是国家利用自身比较优势展开竞争的结果，制造业并不是在“转移”，制造业产出在 GDP 中的比重的变化并不是生产的向内向外转移造成的，而是一个国家制造业的相对萎缩和另一个国家制造业的相对崛起，此消彼长，就形成了制造业中心的“转移”。在这一过程中，FDI 不是主要的手段和表现。20 世纪中期以后，制造业国际转移的形式和内涵都发生了重大的变化，FDI 成为了主要的手段，在全球化背景下，发达国家可以利用其他国家的比较优势，将制造业的生产转移向劳动力成本较低、原材料丰富以及市场潜力大的国家，就形成了以 FDI 为主的制造业转移方式，制造业的比重与制造业国际转移存在着直接的关系，承接制造业转移多的国家，制造业产出在 GDP 中的比重会上升；制造业向外转移多（对外 FDI 多）的国家，制造业产出在 GDP 中的比重会下降。

因此，要找出制造业与经济平稳增长之间的关系以及找到保持制造业适当比重的办法，必须对制造业、制造业转移、制造业国际转移和国际转移的特征进行准确把握，这是研究的前提。

1.1.1 制造业的含义

制造业是现代工业的重要组成部分，是指运用各生产要素（包括劳动力、生产设备、资金、技术和信息等），通过对原材料进行加工、组合和改变，使其转化为可供人们使用和利用的消费产品和生产资料用品。根据中国国家统计局制定的《国民经济行业分类》（GB/T4754–2002）[①] 标准，是第二产业中去除采矿业、电力、热力、燃气及水生产和供应业、建筑业后的部分。

要准确界定制造业的范围，可以依据产业、行业分类标准。目前国际上比较通用的一个分类标准是联合国经济与社会理事会统计司所制定的《国际标准产业分类》。1948 年，联合国提出了这一标准的最初方案，目前这一方案仍在不断修订中，已经成为了国际间最权威的一个产业分类标准。按照联合国 2004 年 5 月修订发表的《国际标准产业分类》（第 4 次修订版）[②] 的划分方式，从 A 至 V，将产业划分为 21 个大类（不含 I，原文如此），制造业正是其中的一个大类——C 类，C 类中包括 24 个小类，132 个细目。其主要的大类划分和 C 的小类划分如表 1–1：

表 1–1 《国际标准产业分类》（第 4 次修订版）的分类方式

大类	内容	二级分类	二级分类内容
A	农业、狩猎和渔业	01~03	
B	采矿和采石	05~09	
C	制造业	10~33	10 食品的制造
			11 饮料的制造
			12 烟草制品的制造
			13 纺织品的制造

① 中华人民共和国国家统计局. 国民经济行业分类（GB/T4754–2002）.

② 联合国经济与社会理事会统计司. 国际标准产业分类（第 4 次修订版）.

续表

大类	内容	二级分类	二级分类内容
C	制造业	10~33	14 服装的制造
			15 皮革和相关产品的制造
			16 木材、木材制品和软木的制造，但不包括家具；草编制品及编织材料物品的制造
			17 纸和纸制品的制造
			18 记录媒介物的印制及复制
			19 焦炭和精炼石油产品的制造
			20 化学品及化学制品的制造
			21 药品的制造
			22 橡胶和塑料制品的制造
			23 其他非金属矿物制品的制造（玻璃、水泥等）
			24 基本技术的制造（基本钢铁和有色金属和其他金属）
			25 结构性金属制品的制造，机械和设备除外
			26 计算机和电子产品的制造
			27 电池设备的制造
			28 未另列明的机械和设备的制造
			29 机动车辆的制造
			30 其他运输设备的制造
			31 家具的制造
			32 未另列明的制造业
			33 机械和设备的修理、保养和安装
D	电、煤气、蒸汽和空调供应（不含设备制造）	34	
E	供水：污水处理、废物管理和补救活动	35~38	
F	建筑业	39~41	
G	贸易	42~44	
H	运输和储藏	45~50	
J	食宿服务活动	51~52	
K	信息和通信	53~58	
L	金融和保险活动	59~61	
M	房地产、出租和租赁活动	62~63	
N	专业和科技活动	64~70	
O	行政和支助服务活动	71~75	
P	教育	76	

续表

大类	内容	二级分类	二级分类内容
Q	人体健康和社会工作	77~79	
R	艺术、娱乐和文娱活动	80~83	
S	其他服务活动	84~86	
T	公共管理和防卫；强制性社会保险	87	
U	家庭作为雇主的活动；家庭自用、未加区分的生产货物及服务的活动	88~89	
V	国际组织和机构	90	

资料来源：联合国网站。

从联合国的划分标准来看，制造业是所有门类中的第一大门类，种类多，涉及面广大。

中国国家统计局所制定的行业分类标准与联合国的标准略有不同，但大体相当。按照国家统计局发布的《国民经济行业分类》国家标准①，行业一共被分为20个大类，A类为农、林、牧、渔业，B类为采矿业，C类即为制造业，此外还有D到T类。其中，第一产业包括A类；第二产业包括B、C、D、E类；第三产业则包括了余下的F、G、H、I、J、K、L、M、N、O、P、Q、R、S、T类。目前国际上有些国家和地区把采矿业归在第一产业中，本书仍然将其列为第二产业。也有部分国家把建筑业归在第三产业中，本书仍然将其归为第二产业。在中国国家统计局的行业分类标准的表述中，制造业门类包含了13~43大类515个小项，按照我国的分类标准，制造业依然是第一大门类。这也从一方面说明了制造业在现代产业中的重要地位。

1.1.2 制造业转移的含义

制造业转移属于产业转移的范畴。国际产业转移是国际分工格局的变动，国际分工是国内分工的延伸，各国为了利用自己的或者他国的比较优势，形成了产品和服务的国际分工，当这些分工变化时，一个国家不再从事某一类产业的产品、服务的生产，另一个国家取代了这些生产，这时就可以说发生了产业转移。产业转移有时仅发生在部分产品或者服务上，有时会扩展到整个行业或者整个产业上，形成整个行业甚至整个产业的转移。产业转移在国内发生，被称为区域产

① 中华人民共和国国家统计局. 国民经济行业分类（GB/T4754-2002）.

业转移，如果产业转移在国际间发生，就被称为国际产业转移。一般认为，产业转移发生在经济发展水平不同的地区之间。

制造业转移，主要是指属于制造业门类的某些产品的生产活动由一个国家或者地区转移到另一个国家或地区，既包括了投资、生产和贸易活动的大规模转移，又包括了资本、劳动力、技术等要素的大规模流动，这种转移是一个动态过程。该转移在国内发生，就叫区域制造业转移，在国际间发生，就叫国际制造业转移。本书研究的重点是国际制造业的转移。

零星的生产转移并不能称作制造业转移。制造业转移必须是大规模的生产转移，判断是否是大规模转移主要有两个标准：一是一个国家或地区制造业中的某些种类，如纺织业、电子产品制造业、印刷业等，或者某些要素密集型的产品，如劳动密集型产品、资源密集型产品等，几乎全部转移到其他国家或地区；二是一个国家或地区的制造业几乎全部转移到另外的国家或地区，形成产业空心化。前者是制造业的部分转移，后者是制造业的全部转移。本书所研究的重点是制造业的全部转移现象，但同时也关注制造业的部分转移现象。

当前，国际制造业转移是在国际分工中，为了利用他国的比较优势而产生的，主要的动力是企业追求最大化利益。制造业转移应具备的基本条件有两个：一是原产地的制造业边际投资收益率已经小于该地的平均边际投资收益率；二是目的地的制造业投资边际收益率大于原产地的平均投资边际收益率和利率，也即投资方必须向目的地转移，才能保持自己较高的资本收益率，使自己获得持续的竞争优势。具体的动力和条件，本书的后面部分将进行详细分析。

国际制造业转移是制造业相关资源在全球范围内进行的重新配置，包括原材料、劳动力、能源和消费市场等。随着资源供给和产品需求的变化，当满足上述条件时，制造业转移就会发生。随着制造业的转移，转出国（或地区）和转入国（或地区）的产业结构将发生大的变化，转出国（或地区）的制造业增加值占GDP的比重会下降，而转入国（或地区）制造业增加值占GDP的比重会上升。

国际制造业转移与外商直接投资（Foreign Direct Investment，FDI）并不是同一个概念，FDI是指跨国公司对另一个国家进行投资，它可以在不同国家和地区间相互发生，并不像国际制造业的转移是单方面产生的，直接投资有时仅仅带来产权的变更，但产业并不随之发生转移，如中国吉利集团收购沃尔沃汽车，虽然发生了中国对外的FDI，但这次投资中并没有产生制造业向外转移，只是沃尔沃原有的“东家”换成了吉利而已。还有，FDI 不一定产生在制造业领域，服务业领域也会发生直接投资，这就与制造业转移无关，而且服务业领域的直接投资通常不会导致产业转移，如百胜餐饮集团对中国的直接投资，并不影响美国境内麦当劳的继续发展。虽然两者有区别，但 FDI 和国际制造业的转移又有着非常重要的联系。这主要表现在：20 世纪中后期，FDI 逐渐成为了国际制造业转移过程中的一种常见现象和重要步骤，制造业的国际转移很多都要通过直接投资，转出国的企业通过 FDI 的方式，把自己的生产部门甚至研发部门都转移到转入国去，如果这种 FDI 是普遍发生的，就会产生产业由投资国转移到被投资国的结果。另外，FDI 也是国际制造业转移的重要前提条件，FDI 会带来资金的转移投放，也会在被投资国产生技术外溢，使被投资国的产业得到成长的机会，最终取代产业转出国。

在 FDI 的作用下，国际制造业转移的基本过程如下：

（1）部分跨国公司出于保持自己持续盈利能力的需要，通过 FDI 将自己某些产品的生产或者产品生产的某些环节由原产地向目的地转移，以利用投资国的人力资源、原材料资源或者市场优势，这时制造业主体仍然在原产地，目的地只承接了部分生产，如中国早期的来料加工。

（2）跨国公司在目的地产生技术外溢和投资的乘数效应，同时带动目的地相关产业链的发展，最终目的地的自发投资被带动，熟练的产业工人被培训出来，工业化进程加快，形成自己的制造业产业集群，制造业增加值占 GDP 的比重大幅度上升。

（3）凭借人力成本较低、资源优势和规模效应等，目的地在国际竞争中形成比较优势甚至绝对优势，导致原产地的生产被目的地替代，原产地的制造业萎缩，而目的地的制造业却形成了规模，这时制造业便由原产地转移到了目的地，目的地实现了工业化，制造业的转移完成。

由上面的转移过程可以看到，尽管制造业转移是由跨国公司 FDI 首先发起的，但在制造业转移的过程中，跨国公司并不始终扮演着重要角色，在转移的中后期，目的地国家或者地区的众多新兴企业会迅速成长起来，凭借自己较低的成本、政府的扶持或民族文化等因素，将跨国公司的市场份额夺取过来，并返销到原出产地国家或地区，迫使原来投资的跨国公司转型、升级或者倒闭。

1.1.3 制造业中心变迁及制造业转移的历史过程

在工业革命以前，制造业在国民经济中所占比重很低，远低于农业的份额，在国民经济中起不到主要作用，跨国投资也很少发生。因此，在工业革命以前世界制造中心还没有出现。世界制造中心发生变迁是在工业革命爆发，大规模的制造业产生以后，而制造业转移则是随着国际投资的普遍兴起，在 20 世纪中期以后才逐步出现的。从工业革命结束到现在，全球共产生了三次制造业中心的变迁，先后在全世界形成了三个世界性的制造中心并正在形成第四个制造中心。在第二次世界大战以后，由于全球化的推动，制造业转移的速度明显加快，短短的数十年间，制造业已经发生了三次大的转移，尽管不是每一次转移都产生了制造中心，但却带动了一批新兴经济体的发展，以下对三次制造业中心的变迁和第二次世界大战后三次制造业转移的过程进行简述。

1.1.3.1 世界制造中心的变迁与新的世界制造中心的初步形成

当一个国家或者地区聚集了大量的制造业企业，从而使自己的制造业在全球制造业中占据最大的份额，就可以把这个国家或地区称为世界制造中心，也可称为“世界工厂”。这些“世界工厂”的产生以及三次变迁的基本过程如下：

（1）第一个世界制造中心的产生。18 世纪中叶，工业革命首先在英国爆发，英国凭借其先发优势，加上军事力量的强大，不仅把所占据的许多殖民地变成原材料产出地，也把这些殖民地作为了产品的倾销地，很快就确立了其在制造业中的首要地位，作为第一个世界制造中心，在 100 多年的时间里，英国一直保持着“世界工厂”的美誉。

由于采用以蒸汽机为代表的现代工业技术，英国的劳动生产率得到了迅速提高，成本大幅下降的同时，产品质量也有保障，产量更是突飞猛进。1790~1870 年，英国的煤年产量提高了 80 多倍；1760~1827 年，英国纺织业年产量增加了 100 多倍；1784 年，“搅炼和碾压法”的发明，使生铁产量在一年间增长了 14 倍，[①] 到 1850 年，英国的生铁年产量已经是 100 年前的 120 多倍，世界上 60%以上的铁由英国出产；1850~1970 年，英国制造的蒸汽机轮船把使用风力的帆船几乎完全排挤出了市场，从而垄断了国际航运业，到 1870 年，英国的工业相比于

① 王铭. 英国工业革命与世界工业霸权［J］. 辽宁大学学报（哲学社会科学版），2006(2)：65.

100 年前，增长了约 23 倍。当时英国工业生产占世界工业生产的 1/3~1/2，而英国的贸易额则占到了世界贸易额的 1/5~1/4。英国作为世界制造中心的地位，可以从 18 世纪末期算起，一直到 20 世纪初期，持续了 100 多年。[①]

英国能够成为世界上第一个“世界工厂”，聚集起占全球近 1/2 的制造业，主要有以下几个原因：一是建立了资本主义的政治体制，确保了市场经济的地位。亚当·斯密的古典自由主义经济理论为世人所接受，促使市场经济蓬勃发展，人们的创造力被空前激发了出来。二是通过战争和掠夺，获得了资本的原始积累。例如，英国在印度设立了东印度公司，通过不公平的贸易方式，把财富源源不断地运到了英国。三是通过开辟殖民地，获得了原材料的供应地和产品的倾销地，1900 年，英国所占据的殖民地，是其本土面积的 101 倍。四是技术创新，这是英国能成为世界工厂的关键原因。詹姆斯·瓦特（1736~1819）发明蒸汽机是工业革命中的代表性事件，[②] 他发明的蒸汽机被大量运用在交通运输、纺织厂、炼铁炉、面粉厂和其他的工业领域，极大地提高了劳动生产率。五是自由贸易政策的开创。英国主动降低和取消了关税，并通过自身的影响和谈判，使其他国家也逐步降低关税，从而推动了国际自由贸易，使英国的制造业所生产的产品能够战胜其他国家的竞争对手，确立起自己的“世界工厂”的地位。[③]

（2）“世界制造中心”的第一次变迁与第二个“世界制造中心”的产生。从 18 世纪末期到 20 世纪初期，英国长时间占据了“世界制造中心”的地位，仿佛不可撼动。其实制造业第一次大的转移正在酝酿，美国凭借自己的独特优势——丰富的自然资源、大量的投资和安定的国内环境等，正在悄悄积蓄自己的力量。

1791 年，美国第一任财政部部长汉密尔顿就提出要以工商业立国，但较长时间美国都以发展农业为主，到了 19 世纪二三十年代，工业革命的影响终于传到了美国，早期工业化在美国出现，机械开始被采用，创新在工业中也开始层出不穷。到 19 世纪中叶，美国进入了工业化的高峰，国内的基础设施建设也获得了突破，连接东西的铁路通车，以铁路为主的道路建设带动了美国工业的进一步

---

① 崔海潮. 产业转移、世界制造中心变迁与中国制造业发展研究［D］. 西安：西北大学，2009：26，27.

② 朱明，郑丽君. 英国：蒸汽时代的“世界工厂”［J］. 世界博览，2007（4）：79.

③ 王铭. 英国工业革命与世界工业霸权［J］. 辽宁大学学报（哲学社会科学版），2006（2）：65.

发展。1865 在南北战争结束后，美国消除了国家分裂的危险，把全国的经济整合了起来，开发西部，集中资金大力发展工业，使工业产值迅速提高，不仅在国内市场中美国制造逐渐排挤了英国的产品，而且美国制造的产品也逐渐进入国际市场。1860 年时，美国工业制品的产量，在世界上位居第 4 位。到了 1894 年，美国的工业生产已经跃居世界第 1 位，相当于英国的 2 倍，这时，英国的“世界工厂”的桂冠正迅速向美国交出。到了 1913 年，美国的制造业已经能够产出世界上 1/3 产量的产品，比英国、法国、日本和德国等国加在一起的产量还要多。可以说，到此时，世界制造中心的第一次变迁已经完成，美国已经成为了新的“世界工厂”。

不过，这还不是美国创造的最大的制造业份额。第二次世界大战之后，欧洲和亚洲几乎都被战火变为废墟，制造业被暂时摧毁了，而美国本土却没有受到战争的直接打击，反而是借着战争的机会，提高了自己的工业生产能力，扩大了自己的市场份额。在战争中，依据战时法案，盟国都向美国输送黄金，换取战争物资，而美国也开足马力生产。战争结束时，欧洲和亚洲的一些国家，工业生产还来不及恢复，美国却迅速把军工生产转为了民用，轻而易举地占领了大量的市场份额。而且，美国还依据马歇尔援助欧洲计划以及对日法案，使自己能够继续向这两个地区大量倾销自己的产品。1948 年时，美国的工业产值是欧洲和日本加在一起的 229%，美国生产了世界上超过 60%的工业制成品，美国的出口占全球出口额的 39%。这一阶段，是美国作为“世界工厂”顶峰。①

美国能够成为“世界工厂”，主要是因为以下的原因：一是美国有丰富的资源禀赋，比如有丰富矿产资源、广袤的土地，同时，其国内市场庞大，能够为工业的发展创造厚实的基础。二是美国有安定的国内环境，在南北战争结束后，美国基本上没有受到国内外大的侵扰，有机会一心一意地搞建设。三是美国注重创新，虽然美国没有能够在第一次工业革命中获得机会，但是美国抓住了第二次工业革命的机会，不仅是在工业技术方面富于创新，在管理技术上也勇于创新，如福特的流水线生产管理，就使得汽车生产的效率提高了 200%以上。四是美国正确的政策扶持和指引，特别是大危机以后，美国实施“罗斯福新政”，通过政府

---

① 徐滇庆，柯睿思，李昕. 终结贫穷之路：中国和印度发展战略比较［M］. 北京：机械工业出版社，2009：163.

借债的方式，大量增加投资，使经济发展获得了充足的资金。美国重视教育，公共投资也使得科技获得快速发展，这都为美国成为“世界工厂”加了分。

不过，这里需要指出的是，世界制造中心的第一次变迁并不仅仅是在英国和美国两个国家间产生，随着英国制造业的相对衰落和美国制造业的兴起，另有一个国家也慢慢提升了自己的制造业份额，虽然它并没有成为制造业的中心，但也在世界制造业中占据了重要的地位。这个国家就是德国，表 1–2 显示了 19 世纪后期到 20 世纪初期美国、德国、英国工业生产的变化情况。①

表 1–2　1870~1913 年美国、德国、英国工业生产占世界工业比例

单位：%

国家＼年份	1870	1881~1885	1896~1900	1906~1910	1913
英国	32	27	20	15	14
美国	23	29	30	35	36
德国	13	14	17	16	16

资料来源：宋则行，樊亢. 世界经济史［M］. 北京：经济科学出版社，1998；周一良. 世界通史资料（近代部分）［M］. 北京：商务印书馆，1964.

（3）世界制造中心的第二次变迁与第三个世界制造中心的产生。世界制造中心的第二次变迁发生在 1950~1970 年，这段时间，美国由于战后经济的迅速繁荣和失业率的下降，工资水平迅速提高，制造业工人平均周薪从 1945 年的 66.25 美元上涨到了 1953 年的 71.91 美元。劳动力价格的上涨，使得美国的制造业发展受阻，制造业的比重相对下降。

以 1955 年的工业产值为基准 100 来计算，到 1965 年时，美国的工业增加值为 149，英国的工业增加值为 134，而日本同期的工业增加值却为 415.2，远远高于其他的主要发达国家，为什么日本在这段时间的增长速度如此之快呢？主要的原因是日本抓住了 1950 年朝鲜战争这一机会。在朝鲜战争期间，日本作为距离朝鲜非常近而且处于美国管制之下的一个国家，正好可以作为军队的后援生产基地。由于日本战后经济不振，工资水平低，人力成本便宜，而且日本在战前教育水平高，工人的熟练程度完全可以顺应战争物资生产的需要。美国政府发现，与其在本国高成本生产和运输战争物资，不如在日本就近低成本生产。美国政府决

① 米锦欣.“世界制造业中心”转移新趋势与中国的选择［J］. 西部论坛，2011，(2)：76.

定由日本来承担大量的战争物资的生产，这一决定，救活了众多的日本企业，使一些濒临倒闭的企业获得了军需订单，起死回生，一些小企业也借机创办或成长了起来，各类劳动密集型产品的企业纷纷出现。朝鲜战争是日本制造业发展的一个转折点，日本的出口额从 1949 年的 5.1 亿美元增长到了 1951 年的 13.55 亿美元，增长了 2.7 倍。①

不过，朝鲜战争包括后来的越南战争，都只是一个契机，日本能够成为第三个世界制造中心，还有以下几方面的重要原因：一是日本凭借在第三次科技革命浪潮中的优异表现，使自己在技术创新中居于领先地位，特别是在制造业所需要的一些制造技术方面，日本走在了前面，比如半导体技术。二是因为日本采取了正确的技术引进措施。在追赶先进国家期间，日本走了一条“引进—消化吸收—创造超越”的发展模式。三是日本大力鼓励储蓄，同时由于不能大力发展军事而减少了军备开支，美国也因为国际政治的需要，对日本进行了资金扶持，使日本能够更多地投资到制造业中去。四是日本政府在日本整个“起飞”的阶段，制定了正确的经济发展战略和一些宏观经济政策，包括财政补贴、税收减免、政府购买和国民收入倍增计划等，指导经济的平稳、快速增长。

由于措施得当和机遇等原因，日本这个国土狭小、资源极为贫瘠的国家，居然一跃成为了第三个“世界工厂”，日本的制造业在全球占据了重要的份额，1965~1971 年，日本主要制成品的增加值占全球的增加值为：电子类产品为 90%，钢铁为 54%，汽车为 46%，造船为 54%。日本随着产品在量上的取胜，也逐步提高了产品的附加值，由劳动密集型产业向技术密集型产业升级，其产品也由最初的廉价、好用的形象向高端和名牌转化，其产品市场份额也继续扩大，1990 年，日本的汽车年产量为 995 万辆，占世界汽车产量的比重接近 30%，而美国同期只有 605 万辆；在新兴半导体产业技术方面，日本所占份额更是超过了 50%。虽然日本制造业在产值依然落后于美国，但许多人已经视日本为第三个世界制造中心了。

（4）世界制造中心的第三次变迁与新的世界制造中心的初步形成。第三次变迁与前两次世界制造中心的变迁是不一样的，前三个世界制造中心的出现不仅是

① 崔海潮. 产业转移、世界制造中心变迁与中国制造业发展研究［D］. 西安：西北大学，2009：28，29.

利用自身比较优势的结果，而且与国际投资没有多少关系，与制造业的转移也没有明显的联系。随着20世纪中期国际投资的逐渐兴起，制造业转移已经成为了推动世界制造中心变迁的主要原因。中国这个正在形成的世界制造中心与前三个形成原因不同：一是大量利用外资的结果，西方国家投资到中国是为了利用中国的比较优势；二是前三个世界制造中心的形成并不是通过制造业转移，是这些国家自己发展制造业的结果，而中国却是通过制造业的大量转入而提高了自己的制造业比重。

从19世纪80年代开始，中国的改革开放政策吸引了来自境外的众多投资，凭借自己廉价而丰富的劳动力以及巨大的国内市场，制造业又开始向中国发生转移，世界制造中心发生了工业革命以来的第三次大变迁。这次变迁与前两次都有所不同，前两次制造中心的变迁并不以FDI为主要手段，所谓的“转移”仅仅是指原中心制造业的相对衰落和新中心制造业的兴起，此消彼长就形成了变迁。第三次变迁则是以FDI为主要的手段和表现，为了分享中国的劳动力优势和巨大市场，很多国家和地区通过FDI把生产外移到中国，通过真正的转移来逐渐实现世界制造中心的变迁。

19世纪80年代，中国的劳动力价格水平非常低，1984年，中国平均名义工资为1112元人民币/年（按当年的价格标准），是当时制造业发达的美国、日本和“亚洲四小龙”的几十分之一，中国香港地区、中国台湾地区的投资是最初对中国内地投资的主力，日本、美国和欧洲的投资也随之跟上。1985年，FDI净流入已经增长到了165900万美元，而同期日本FDI净流入为63771万美元，韩国FDI净流入为23350万美元，印度FDI净流入仅为10610万美元。2004年，中国的FDI年净流入额已经增长到5493648万美元。[①] 外商投资不仅增加了中国的投资额，而且，跨国公司也带来了技术和国外的市场，培养了中国数量巨大的熟练产业工人和管理人员，推动了中国自身制造业的发展，众多乡镇企业和民营企业如雨后春笋般建立起来，成为了制造业后来居上的主力。

中国正在成为世界制造的中心，或者说，以中国内地为中心的新“世界工厂”已具雏形。2006年，中国制造业的增加值就已经超过日本，2011年更是超过了美国，成为了世界第1名。2010年，中国的货物和服务出口额为15779.3亿

① 数据来源：世界银行数据库，2011年10月15日。

美元，已有 200 种以上的制成品产量位居世界第 1 位。除了粗钢、煤、水泥这些初级产品外，越来越多的技术密集型产品的产量开始在世界领先。2009 年，中国汽车产量首次超越美国成为了世界第一；在电子通信产品产量占世界产量比例中，手机占 49.9%、计算机占 60.9%、彩电占 48.3%、数码相机占 80%、DVD 机占 85%。[①] 据波士顿咨询公司（BCG）分析称：2011 年，中国制造业产出在全球的比重为 19.8%，超过了美国的 19.4%，中国从美国手中夺取了其保持了 130 年的世界制造业第一的位置。[②]

中国的制造业，还经历了一个从劳动密集型到技术密集型转变的过程。1992 年，中国出口的纺织服装、鞋、帽等制成品的产值就已经占据了世界出口总量的 21.31%，到 2005 年时，该比重已经下降到了 9.47%；而中国出口的通信设备、计算机及其他电子设备的产值，在 1992 年，占世界出口总量的比重仅有 5.43%，到 2005 年，这一比例已经上升到了 22.96%。从中可以看到，随着中国制造业的升级，一部分劳动密集型产业已经开始向外转移到了东南亚等国，但技术密集型制造业在继续向中国转移。

中国有可能成为第四个世界制造中心，其原因主要有以下几点：一是中国的劳动力成本低，而且中国农村蕴藏着大量的剩余劳动力，他们能够满足早期劳动密集型产品生产的需要。二是中国注重基础设施建设，在短短的二三十年间，中国的交通、电力、通信等设施的建设就已经走过了发达国家百年以上的道路，给制造业的发展创造了良好的基础条件。三是中国实施的改革开放政策，高效的行政体制，能够为吸引外资提供优惠的条件。四是因为中国是一个资源相对丰富、市场广阔的国家，对跨国公司有相当的吸引力。

当前，围绕着中国的世界制造中心地位，出现了不同的学术观点。有些观点认为中国正在成为制造中心，还有观点认为中国已经是制造中心了，也有观点认为，中国还不是中心并且也不可能成为中心。的确，中国目前的制造业情况与过去的世界制造中心的情况不同：中国这个制造中心在某种程度上只是其他世界制造中心的一种生产布局——是一种新型的国际分工，是一种价值链式的或供应链式的新型国际分工，中国这个制造中心在本质上更像是世界的打工中心，是别的

① 数据来源：国家统计局工业统计司，中经网统计数据库。

② Weekly BIZ. 中国不是唯一选择 制造业回归美国［N］. 朝鲜日报，2011-6-1.

国家利用中国的比较优势在获取利益，中国在价值链中处于低端。在这样的情况下，中国如何走有自己特色的路、如何建立起一个富强的中国，是一个非常值得探讨的问题。关于中国制造业的具体状况，本书的第 5 章具体阐述。

1.1.3.2 第二次世界大战后制造业三次主要转移的基本情况

制造业几次转移的基本情况见图 1–1。

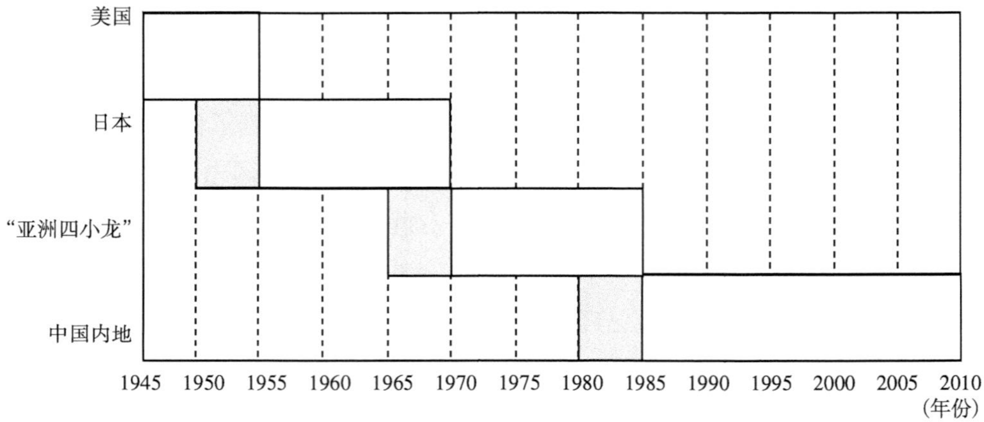

图 1–1 第二次世界大战后制造业转移的基本情况

资料来源：徐滇庆，柯睿思，李昕. 终结贫穷之路：中国和印度发展战略比较［M］. 北京：机械工业出版社，2009：172.

第二次世界大战以后，随着全球化进程的加快，世界资本和其他要素的流动更加频繁，形成了产业转移的高峰。从 1945 年到现在，世界制造业已经出现了三次大的转移，与世界制造中心变迁不同的是，这三次大的转移并不是都产生了世界制造中心，有些转移的结果只是形成了相对的区域制造中心或行业制造中心，而且，这几次制造业的转移，主要是劳动密集型产业的转移，与制造中心的形成并不完全一致。

从图 1–1 中可以看到，这几次转移，主要发生在美国、日本、"亚洲四小龙"和中国内地之间。中间两次转移都只间隔了约 20 年时间，分别是 1950~1970 年及 1965~1985 年，也就是说，这些承接制造业转移的国家或地区都只保有了大约 20 年的时间，就开始出现大量的制造业外移。但是自从 1980 年开始向中国内地转移之后，中国已经作为制造业的承接国走过了 30 年，却还没有出现明显的制造业向外转移，这一方面说明中国与其他制造业转移的承接地有不同之处，另一方面也说明中国有可能将马上面临着制造业大量外移的局面，如果不采取措施积极应对，就会出现第二次世界大战后的第四次大转移。

（1）第二次世界大战后制造业的第一次大规模转移。第二次世界大战后制造业的第一次大规模转移主要是由美国转移到日本。但除了日本承接了大量美国的劳动密集型产业之外，欧洲的部分国家也在这次转移中表现突出。与日本或者后来的新兴国家不同的是，欧洲这些国家早已实现了工业化，这一次制造业的兴盛，只是第二次世界大战后的一个恢复而已，这在欧洲也称为再工业化进程。

欧洲制造业复兴的主要原因，一是因为第二次世界大战后自身重建的需要，另一个关键的原因则是美国主导实施的马歇尔计划（The Marshall Plan），也称欧洲复兴计划（European Recovery Program）。美国为了防止苏联势力在欧洲的扩张，决定援助欧洲，从 1947 年开始执行，经历了近 4 年，共向欧洲投放了 133.2 亿美元（以 2006 年的基准价格，约合 1300 亿美元），在这一计划的扶持下，1950 年前后，欧洲各主要国家的工业生产就恢复到了第二次世界大战以前的水平，并且带来了长达 20 年的繁荣，制造业也在这一时间发展很快，西欧的工业产量在马歇尔计划结束的 1952 年比第二次世界大战前上升了 35%。美国在实施马歇尔计划时做出了特别规定，援助资金中用在制造业投资上的比例应不少于 60%。这一点在德国表现得最为突出，在当时联邦德国政府的调控下，这部分资金绝大部分投向了私人企业，推动了私人制造业的发展，这为德国出现再工业化过程奠定了基础。[①]

以 1955 年的工业产值为基准 100 来计算，到 1965 年时，法国工业增加值为 179.8，联邦德国工业增加值为 189.2，意大利工业增加值为 216.2，均实现了制造业的大幅度增长。但是，随着后来欧洲繁荣后劳动力成本的飞速上升，欧洲制造业又大量向亚洲转移，除了德国以外，欧洲其他发达国家的制造业比例都明显降低了。

（2）第二次世界大战后制造业的第二次大规模转移。1960 年以前，日本的工资处于较低水平，而且上涨得非常缓慢，每年约 4.3%，这导致了美国劳动密集型制造业大量向日本转移。随着日本实现了充分就业，工资上涨速度也加快了，1961~1965 年，平均工资每年上升 9.8%，在 1969~1975 年，平均工资每年上升

① 夏路. 论马歇尔计划对西欧经济的影响［J］. 阴山学刊，2003(3)：76.

17%以上，这使得日本的劳动密集型制造业大量向外转移。

1965~1970年，“亚洲四小龙”（中国台湾、中国香港、新加坡、韩国）承接了这次劳动密集型制造业的转移。1960~1970年，中国台湾地区制造业总值从1960年的59亿新台币上升到了1970年的538亿新台币，10年增长了9倍，中国台湾雨伞业的产量，在20世纪70年代占到了全球产量的70%以上，到1970年时，中国台湾的制造业增加值占GDP的比重，已经上升到了27%。中国香港以服装业为龙头，制造业也飞速发展。1965年，中国香港出口额占世界出口总额的比例为0.5%，1980年，上升到了0.7%；新加坡则由1965年的0.6%，上升到了1996年的2.6%；韩国和中国台湾在这一期间更是上升了2.2%和2.6%。从出口结构更是可以看到制造业的发展状况，1965年时，韩国和中国台湾的农产品出口分别占到了各自出口额的35.6%和62.6%，到了1995年时，则已经下降到了5.2 %和不足1%；制造业产品的份额则大幅上升，韩国、新加坡和中国台湾1965年制造业产品出口占出口总额的比重为59.4%、34.2%和41.5%，到了1980年，这个比重变成了89.9%、53.9%和87.9%。①

“亚洲四小龙”承接制造业的转移有一个从劳动密集型向技术密集型升级的过程。“亚洲四小龙”由于劳动力价格具有优势，转移的首先是劳动密集型制造业，如中国台湾的雨伞业、中国香港的服装业等，但随着这些国家和地区劳动力价格的提高、技术的进步和制造业的成熟，制造业逐渐向技术密集型发展。从出口产品的构成中就可以看到这一趋势：从1980年开始，劳动密集型产品的份额便开始下降，同时资本和技术密集型产品的份额上升。新加坡劳动密集型产品出口的份额持续下降，1980年为8.2%，1995年下降到不足5%，同时资本和技术密集型产品则由36.6%上升到78.3%；1975年，韩国劳动密集型产品在出口总额的比重为49.2%，到1995年则下降到了22.3%。中国台湾的劳动密集型产品比重在20世纪70年代末80年代初达到最大，而后明显下降。由1975年的46.3%下降到1995年的22.5%。②

随着制造业在“亚洲四小龙”的兴起，这四个国家和地区的经济也获得了高速的增长。20世纪70年代，中国香港的经济增长率平均为9.2%，新加坡的经济增长率平均为8.3%，中国台湾的经济增长率平均为9.9%，韩国的经济增长率最

①② 陈明路. “亚洲四小龙”出口增长研究［J］. 当代亚太，1999(2)：56，57.

高，平均为 10.1%，到 2008 年时，韩国的人均名义 GNP 已经增长到了 21580 美元，中国香港为 32950 美元，中国台湾为 17083 美元，新加坡为 36050 美元，均迈入了高收入国家或地区行列。[①]

（3）第二次世界大战后制造业的第三次大规模转移。由于“亚洲四小龙”是非常小的经济体，其劳动力基数低，市场容量有限，随着制造业的兴起，很快实现了充分就业，随之而来的就是制造业工人收入的快速增长，以中国台湾为例，制造业工人工资占产品增加值的比重在 10 年时间上涨了 2 倍多。另外，中国香港、新加坡和韩国制造业的工资水平也在 20 世纪 60~70 年代后期快速上涨，这使得这些国家和地区的低劳动力成本优势逐渐丧失，厂商要想维持较高的投资收益率，必须将劳动密集型制造业转移到劳动力成本低的地区。

1979 年，中国内地开始改革开放，这给“亚洲四小龙”的劳动密集型企业的转移正好提供了一个大好机会，中国香港、中国台湾由于血缘关系，成了向内地转移的“排头兵”，在较短的时间内，数以万计的港资和台资企业就建立起来了。深圳市、福建省凭借自己的地域优势和开放的优惠政策，首先吸引了大量的企业入驻。香港地区把自己的服装生产部门转往了深圳和珠三角地区，台湾地区把雨伞制造业转移到了浙江、福建等地。随后，韩国和新加坡的商人也纷至沓来，韩国主要将企业建在东北、山东等地，新加坡和苏州联合建设了新加坡工业园区，将众多的制造企业转移过来。在 1996 年以前，“亚洲四小龙”是对中国内地进行 FDI 的主力，占到了中国接受 FDI 的 74%，这说明“亚洲四小龙”制造业向中国内地转移的趋势是非常明显的。

在向中国内地转移的同时，也有一些劳动密集型企业向东南亚国家转移，马来西亚、泰国、越南、菲律宾、印度尼西亚等国，也凭借自己的低劳动力成本优势，和中国内地争夺制造业的份额。这些国家也占据了相当的制造业份额。如马来西亚，1985 年时制造业增加值占 GDP 的比重为 19.32%，2004 年时已经增长到了 31.4%，泰国则由 1984 年的 21.92%增长到了 2004 年的 34.5%，均发生了显著的上升。

第三次大规模转移的结果，是接受转移的国家和地区制造业产出在 GDP 中的比重大幅度上升，同时包括中国内地在内的这些地区也获得了快速的经济增长

① 数据来源：世界银行数据库。

机会。其中，中国内地1979~2009年改革开放30年间，经济年平均增长速度为9.8%，是世界上至此保持时间最长的快速增长纪录。泰国的经济增长也非常明显，1985年至亚洲金融危机以前，保持了9%以上的平均增长速度，[①] 与之相对应的是“亚洲四小龙”制造业比例的相对停滞，部分地区甚至出现了明显下降。进入2000年以来，中国台湾制造业出现了负增长，制造业占GDP的比例持续下降，2004年下降至29.5%，2005年降至25%以下。中国香港制造业占GDP的比例则由1985年的22.01%下降到了2003年的4.07%。韩国和新加坡变化不大，在28%徘徊。

1.2 经济增长的主要理论及相关研究文献综述

1.2.1 经济增长的含义

经济增长是指随着时间的推移，一个国家或地区国民收入或产出的持续增加。衡量一个国家或地区经济增长水平的指标是国民收入的增长率，即 $g=\Delta Y_t/Y_{t-1}$。在该式中，g为增长率，ΔY_t 为该年度国民收入比往年的增长量，而 Y_{t-1} 则是往年的国民收入量。衡量国民收入的主要指标是国内生产总值（Gross Domestic Product，GDP）和国民生产总值（Gross National Product，GNP）。由于GDP和GNP的数字也会随着人口的增长以及CPI的增长而增大，因此，剔除了物价上涨因素的人均GDP，也即实际GDP的增长率，更能够清晰地表达经济增长的情况。

经济的增长可以带来就业的增长，可以带来国民可支配收入的增长，可以增进整个社会的福利，因此，经济增长是宏观经济政策追求的首要目标。

西蒙·史密斯·库兹涅茨（Simon Smith Kuznets）在其著作《现代经济增长》一书中给经济增长下的定义是，经济增长不应该只是人均收入或者劳动者人均产量的持续增长，而是包括诸多因素在内的全面增长。

① 数据来源：中经网，国家发改委，国家统计局，国家信息中心。

尼古拉斯·卡尔多（Nicholas Kaldor）在1963年指出：经济增长应具有一定的特征，包括产出的持续增加且增长速度不收敛、产出量接近稳态、产出构成接近稳态，等等。他还认为，不同国家人均产出的增长率会存在较大的差异。[①]

1.2.2 经济增长的各种理论

经济增长一直是经济学研究的重点，随着经济学研究的进步，经济增长的理论也在不断发展。早期的重农主义认为农业是社会财富的真正来源，弗朗西斯·魁奈（Francois Quesnay）发表的《经济表》提出，只有不断从土地中生产出新产品，并对农产品进行交换，才可能有财富的增长，也即经济的发展；重商主义则认为金银是国民财富的唯一形态，金银只有在商品交换中才能够获得，因此，流通领域是财富增长即经济增长的产生来源地，而贸易顺差是国民财富增长的原因。亚当·斯密（Adam Smith）批驳了这两种庸俗的经济学观点，提出“劳动”才是财富的来源。他把劳动分为两种，即生产性劳动和非生产性劳动，只有生产性劳动才能增加价值，从而创造财富。亚当·斯密还认为，劳动分工才能提高生产效率，“看不见的手”会促进分工，分工的细密程度越高，劳动力基数越大，经济增长就越快。同时，亚当·斯密也指出，在经济增长中，资本积累有着决定性的作用。[②]

卡尔·马克思（Karl Marx）肯定了亚当·斯密理论中对于劳动划分的积极意义。马克思认为，如果生产目的是为获得使用价值，从有利于社会进步和发展的角度看，就是生产性劳动，所生产的产品包括物质产品和精神产品，包括有形产品和无形产品。而如果仅仅为了使价值增值，并没有创造新的使用价值，那除了创造剩余价值的那部分劳动，都是非生产性劳动；马克思的这一论断，指出了生产性劳动在经济增长中的作用是不可替代的。

进而，马克思以劳动价值论和剩余价值理论为基础，第一个系统地提出了科学的经济增长理论。[③] 马克思提出了劳动的两重性学说，将资本区分为不变资

---

① Robert J. Barro. Economic Growth（Second Edition）[M]. USA：MIT Press，2004.
② 张媛媛. 亚当·斯密的经济增长思想及其伦理价值［D］. 石家庄：河北大学，2010.
③ 吴易风. 马克思的经济增长理论模型［J］. 经济研究，2007(9).

本和可变资本，指出了新价值创造的来源。马克思认为，抽象劳动创造价值，使得社会财富增长。为了说明经济增长的原因，马克思将社会总产品的生产划分为两个部类，从事生产资料的生产归为第一部类，从事生产消费品的生产归为第二部类。

设两大部类 t 时期社会总产品价值量公式分别为：

Ⅰ：$c_{1t} + v_{1t} + s_{1t} = w_{1t}$

Ⅱ：$c_{2t} + v_{2t} + s_{2t} = w_{2t}$

设 Δc_{it}，Δv_{it}，α_i 分别表示第 i（i = 1，2）部类追加的不变资本、可变资本和积累率。那么，下面的等式：

$$v_{1t} + \Delta v_{1t} + (1 - \alpha_1) s_{1t} = c_{2t} + \Delta c_{2t}$$

这是社会资本扩大再生产，也即实现经济增长的平衡条件。含义是第一部类从事生产资料生产的原有可变资本价值、追加的可变资本价值与本部类资本家用于个人消费的剩余价值之和，等于第二部类从事消费品的原有不变资本价值与追加的资本价值之和。只要满足这样的平衡条件，社会总生产就会不断扩大，从而实现经济的增长。

到了现代，约翰·梅纳德·凯恩斯（John Maynard Keynes）创立了宏观经济学，他提出了宏观经济均衡是经济平衡增长的基础。凯恩斯的简单均衡是指总供给要等于总需求，即

$$C + S + (T - TR) + M = Y = C + I + G + X$$

等式左边表示总供给，即总收入，其中 C + S 表示私人部门收入；T 是税收，TR 表示转移支付，（T – TR）则是政府部门的净收入；M 是进口，表示将用于购买国外产品的那部分收入。等式右边表示总需求，即总支出，其中，C 是家庭部门的消费需求；I 是企业部门的投资需求；G 是政府部门的购买需求；X 是外国部门的购买需求，即出口。

在此基础上，凯恩斯进一步提出了乘数理论，假设边际消费倾向为 b，可以得出在三部门均衡的情况下，国民收入的决定公式：

$$Y = \frac{1}{1-b} \times (C_a + 1) + \frac{1}{1-b} \times G + \frac{1}{1-b} \times TR + \frac{-b}{1-b} \times T$$

其中，$\frac{1}{1-b}$是投资、政府购买和自主消费的乘数，而$\frac{b}{1-b}$则是转移支付和税收的乘数的绝对值，其中税收乘数为负。如果加上进出口部门，还可以得到

外贸乘数。根据以上乘数原理，只要增加相应的自主消费、投资、政府购买、转移支付进出口贸易顺差或者减少税收，那么国民收入就会按乘数效应增长。

凯恩斯的经济增长理论有许多限制条件，是一种在众多假定条件下才能实现的一种增长方式，如果处于滞胀情况下，增加政府购买只会推高物价，并不能够增加实际的 GDP。

在凯恩斯创立宏观经济学的基础上，各种现代的经济增长理论如雨后春笋般涌现出来，以下是几种比较典型的经济增长理论：

1.2.2.1 哈罗德—多马模型

在凯恩斯均衡模型的基础上，罗伊·福布斯·哈罗德（Roy Forbes Harrod）和埃弗塞·多马（Evsey David Domar）提出了哈罗德—多马模型，讨论资本和经济发展之间的关系，这一模型是早期增长模型的来源。

在哈罗德—多马模型中，总产出分为消费和储蓄两大部类，即：

$$Y = C + S$$

模型有两个假设条件，一个是储蓄和产出之间的关系，表示为：

$$S = sY$$

其中 s 表示储蓄率，即储蓄等于平均储蓄倾向，s 越大，表示越高的储蓄倾向。

另一个假设条件是投资与资本系数间的关系，表示为：

$$I=v\Delta Y$$

这里的 v 为投资系数，而投资等于资本系数（即企业家计划的资本产出比）与预期国民收入增量的积。从这两个基本假定，推出两种有意义的增长率：

$$\frac{\partial Y}{Y} = \frac{s}{v} \text{和} \frac{\partial Y}{Y} = \frac{s}{v_R}$$

这两个等式是哈罗德—多马模型的基本等式，其中，前式中的$\frac{\partial Y}{Y}$被称为 g_W，是有保证的增长率，即使各方当事人都感到满意的增长率。而后式中的$\frac{\partial Y}{Y}$则被称为 g_A，为实际增长率。

哈罗德—多马模型指出，经济增长率和储蓄率正相关，同时也与投资效率（资本系数）有关系，从中可以看出储蓄率较高的国家，经济增长较快，投资效率高的国家，也能取得较高的经济增长率。这可以解释为什么日本在 20 世纪 60 年代经济增长得非常快，是因为日本保持了较高的储蓄率和投资效率。

哈罗德—多马模型的另一个结论是，如果实际增长率偏离有保证的增长率（即 g_W），它将偏离有保证的增长率越来越远，这个结论也被称为不稳定性原理或刃峰问题。用这理论来解释穷国恒穷、富国恒富非常容易。

哈罗德—多马模型尽管非常重要，但它毕竟只提供了一个思路，或者说一个起点。仅凭这一模型，还不足以提出相应的经济政策，它也无法解释制造业与经济增长间的关系。

1.2.2.2 索洛—斯旺模型

哈罗德—多马模型的局限性还表现在只考虑了储蓄和资本的关系，没有把劳动力、技术等因素考虑在内，因此是一个有限的模型。罗伯特·索洛（Robert Merton Solow）和斯旺（Swan）在 1956 年提出的有外生储蓄率的增长模型，即索洛—斯旺模型，解决了技术和劳动力因素问题。它结合了外生的储蓄率，产生了一个一般均衡模型。

索洛—斯旺模型的生产函数可以表示为：

$Y = Af(K, L)$

其中，Y 表示总产出，K 表示资本存量投入，L 表示劳动力投入，f 表示产出 Y 是投入的要素 K 和 L 的函数，A 是一个反映投入与产出关系的常数，可以理解为劳动生产率，反映了技术进步的因素。这个模型可以进一步扩展，比如，扩展为柯布·道格拉斯生产函数，如下所示：

$Y = AK^{\alpha}L^{\beta}$

在这一生产函数的基本上，还可以推导得出各个增长率之间的关系，推出如下公式：

$y = A + \alpha k + \beta n$

在这个方程中，y 代表经济增长率，α 是资本产出弹性系数，k 表示资本增长率，β 是劳动力产出弹性系数，n 为劳动力增长率，A 是因为综合要素生产率的增长或者因技术进步引起的产出增加（索洛余量）。这一模型说明了经济增长的三个动力，即增加资本投入、增加劳动力投入和提高综合要素的生产率。生产率 A 还取决于人力资本的改善、技术创新、劳动分工、制度创新和规模效益等。这一模型还有一个重要的创新，即劳动力既要有数量上的增长率，还必须有较高的劳动生产率。

这一模型能够很好地解释中国在承接制造业转移后的表现：中国能够保持

30年的经济快速增长，也是因为中国不但有大量的劳动力供应，人口红利保证了劳动力增长率，同时，制造业也为中国培养了众多劳动生产率高的熟练产业工人，也带来了中国的技术进步，从而继续推高中国的经济增长率。

索洛—斯旺模型主要有两个假设：一是资本报酬递减规律，生产函数是凸函数，二阶导数为负，即资本或者劳动力投入增加会带来经济增长，但这种经济增长是逐渐放缓的，最终经济增长将趋于停止；二是资本和劳动力等要素存在着平滑的替代弹性，这正好解释了发展中国家在劳动力富余的情况下，能够吸引较多的外来投资，因为这时资本有较高的边际替代率。这两个解释，都可以运用在本书中，它解释了制造业转移的动力和发生的原因。

目前对索洛—斯旺模型比较多的一个应用是所谓条件收敛，即真实GDP越低的经济体，其增长率越快，而越发达的经济体，其增长率越慢，之所以会发生这种收敛，索洛—斯旺模型给出了一个解释，由于投入的报酬递减，发达经济体的增长速度相对较低，而发展中国家则会有较高的增长率。①

1.2.2.3 拉姆齐模型（消费者最优化的增长模型）及凯斯—库普曼斯版本

索洛—斯旺模型的一个缺陷是将储蓄率视为一个外生变量，而且保持不变。其实储蓄率是由消费者根据收入和预算等条件而做出的决定，它是动态的，拉姆齐模型正是根据这一想法而建立起来的，而凯斯和库普曼斯则对这一模型进行了改进，使之更能够解释经济增长。

弗兰克·普伦普顿·拉姆齐（Frank Plumpton Ramsey）在1928年提出了自己的模型，他的目的是得到一个储蓄率，这个储蓄率能够满足国家经济增长的要求。模型有基本的假定条件，一是假设没有人口增长，也忽略人口迁移；二是没有技术进步，不用考虑效用的贴现。此外，拉姆齐又假设了一些具体的模型条件：①假设一个只存在一种商品的世界，在这个世界上，具有资本存量的劳动带来一种产出流量，该产出一部分用于消费，另一部分就成为储蓄，使资本存量增加。②假设家庭的目标是让自己的效用最大化，而这一效用是用正效用U（C），也称幸福指数，其中的C是消费量，来减去负效用V（L），其中的L是劳动量。③假定存在着一个极大的效用，即极乐（Bliss），用B来表示，含义为

① Robert J. Barro. Economic Growth (Second Edition) [M]. USA: MIT Press, 2004.

对消费和资本的极度满足。拉姆齐最初提出的模型可以表示为：

$$\min \int_0^{\infty} [B - U(C) + V(L)]dt$$

$$s.t. \quad dK/dt + C = f(K, L)$$

拉姆齐模型的创举是提出了跨时资源的分配问题，这一模型所研究的主要目标是决定总产出应该分配多少给当前的消费，又有多少应该用于储蓄投资，以提高未来的产出，带来未来的消费，在未来产生效用。当即期消费与未来消费产生同等效用时，就是最优的消费决策。

1965 年，凯斯（Cass）和库普曼斯（Koopmans）对拉姆齐模型进行了改进，他们仍然假定不存在技术进步，人口按固定的速度增长，他们采用指数贴现方法，引入了时间偏好率，由此简化得到了拉姆齐模型的凯斯—库普曼斯版本，该模型表示如下：

$$\max U = \int_0^{\infty} u[c(t)]e^{-\rho}dt$$

$$s.t. \quad \Delta K = f(k) - c - nk$$

$$k(t_0) = k_0 > 0$$

其中，U 为效应，c 为人均消费，ΔK 为单位时间内人均资本的变动量，k 为人均资本，f(k) 为人均资本的产出函数，n 为不变的增长率，而 ρ 则为时间偏好率。

凯斯—库普曼斯版本放弃了极乐效用 B 这一目标，解释最大化的效用是由单个家庭的偏好决定的。经济要实现最优的增长路径，必须通过个人未来跨期资本收益和当期消费的约束条件，来实现总效用最大化。[①] 凯斯—库普曼斯版本的拉姆齐模型更好地说明了家庭在收入约束条件下，对消费效用最大的追求，能够产生相应的消费与储蓄的倾向，从而解释了消费边际倾向与储蓄边际倾向变量的变动。

1.2.2.4 阿罗和怀特的“干中学”理论

1962 年，阿罗（Arrow）[②] 提出不断积累人力资本的一个重要途径是边干边学，即“干中学”（Learning by Doing）理论。[③] 在索洛的增长理论中，技术进步是经济增长的重要推动力，但是在索洛—斯旺模型中，技术进步只是一个外生变

① 汤为本.论拉姆齐模型与现代宏观经济学的发展［J］. 中南财经政法大学学报，2004（6）.

② Arrow K. The Economic Lmplications of Learning by Doing［J］. Review of Economic Studies，1962（29）.

③ 罗德明. “干中学”理论评述［J］. 科研管理，1997（1）.

量，它是如何产生的，在索洛—斯旺模型中得不到解释。阿罗试图用“干中学”理论来解释技术进步的产生机理。

怀特（Wright）1936年提出了一个学习曲线，认为生产单位产品所需要的时间会随着产品产量的提升而相应递减，这一递减速度被怀特称为学习速度。用函数表示为：

$$c = ax^{-b}$$

在这个学习曲线中，c为第x单位的产品的投入成本，而a表示第一个产品的单位投入，b是一个进步程度的衡量单位，即The Progress Rate（进步率）。在这一函数的基础上，阿罗认为投资累积的过程也是科学技术的一个累积过程。企业员工在工作的过程中同时是在学习，学习虽然不是工作的责任，但它会伴随着工作出现，使得劳动生产率不断提高。

阿罗的“干中学”理论认为，边工作边学习的效果，是与企业自身的规模大小有关的，规模越大，学习进步率越明显。同时，也与企业的组织结构有关系，还与其所承受外部压力有一定的关系，这些都是影响学习进步率的因素。但这些因素是如何具体作用的，阿罗并没有提出明确的解释。

1.2.2.5 罗默内生增长模型

索洛—斯旺模型的另一个缺陷是将技术进步视作了一个外生变量，而技术进步是哪里来的，在索洛—斯旺模型中并没有得到解释。而且，在以往的增长模型中，都把劳动力按人数来进行加总计算，而忽略了人与人之间的不同，一个熟练的技术工人和一个没有受过培训和教育的文盲，对于制造业的意义是完全不一样的，因此，有必要把导致技术进步的因素放在模型中去，这就是所谓的内生增长。

保尔·罗默（P. Romer）在1986年发表了《收益递增与长期增长》[①]的论文，对索洛—旺斯模型中的局限性进行了探讨。他试图将影响经济增长的因素解释为模型的内生因素，尤其是技术进步这一因素。罗默认为，技术进步是由知识累积和实际生产过程中经济累积的叠加，是人们对研发的投入，促进了生产技术的不断进步。

罗默（1990）在《内生技术进步》[②]中提出了内生的经济增长模型。该模型有

① Romer P. Increasing Return and Long-run Growth [J]. Journal of Political Economy，1986（10）.

② Romer P. M.Endogenous Technological Change [J]. Journal of Political Economy，1990（10）.

三个前提条件：一是技术进步是经济增长的主要源泉；二是完全竞争的市场是技术进步的推动力，企业为了在市场竞争中取胜，只能投入更多、更好、更先进的生产技术；三是创新使知识成为了商品。罗默认为，知识不像一般的产品具有排他性，即一旦被某人使有，其他人就不能使用，或者在占有后其他人必须付出费用才能使用它。知识是不具有排他性的，知识一旦产生出来，任何了解这一知识的人都可以使用它，因此，知识会产生溢出效应。

在此基础上，罗默提出了内生增长模型：

$$Y = L_y^{1-\partial} \sum_{j=1}^{A} X_j^{\partial} = L_y^{1-\partial} \int_0^A X_j^{\partial} d_j$$

在这一模型中，Y 是经济增长的结果，即产出，而 L 是劳动投入，X 是竞争性企业投入的资本产品。罗默将经济分为三个部门，即研究部门、中间品部门和最终产品部门，如表 1–3 所示。

表 1–3　罗默的内生增长模型①

部门分类	投入	产品
研究部门	人力资本、现存的知识量	创意或者知识产品
中间品部门	创意或知识产品，已经有的产出	耐用资本产品
最终产品部门	劳动力、人力资本、耐用资本产品	消费产品

上述的内生增长模型，针对的是最终产品部门而言，最终产品部门投入的，除了劳动力和人力资本外，还有中间品部门所生产的耐用资本产品——如一些先进的生产设备。最终生产部门由于使用了这样的设备，和劳动力、资本相结合，就能够提高生产效率，得到更多产出。中间品部门能够生产出先进的耐用资本产品是一个关键。而中间品部门要能够生产这些产品，需要由研究部门提供创意或者知识产品，研究部门并不直接向最终产品部门出售自己的产品，他们如果不能从最终产品的销售中获取足够的收益，他们就没有创新的积极性，因此，专利和版权等合法的激励机制应该被施行。罗默认为，从以上的模型中可以看出，正是由于有了研究部门的不断创新，才能够带来最终产品部门的产出增长，从而引至经济的全面增长。因此，一个国家要想获得经济的增长，在研究与开发（R&D）上，必须有相应的制度设计或者直接的国家投入。事实上，第二次世界大战后日

① 张建华. 罗默的内生增长论及其意义 [J]. 华中理工大学学报（社会科学版），2000(2)：75.

本、韩国和中国台湾等国家和地区的崛起，正是因为他们在研究与开发上的重视和合理的制度安排。

1.2.2.6 熊彼特的增长理论

从理论提出的时间先后顺序来看，约瑟夫·阿洛伊斯·熊彼特（Joseph A. Schumpter）提出的经济增长理论是早于其他绝大多数经济增长理论，甚至早于宏观经济学的产生。论述放在这里的原因如下：熊彼特的理论在较长的一段时间里是沉寂的，在经济增长还没有触及长期供给曲线这道天花板之前，资本、土地及劳动力等的投入是最重要的因素，“创新”的作用并没有得到人们足够的重视。但是，随着西方经济发展到较高的阶段，社会资源被较为充分利用后，经济增长的天花板开始出现，要打破这道天花板，必须要找到新的经济增长因素，于是，“创新”开始被人们重视。另外，在经济学的研究中，阿罗、卢卡斯、罗默等人不断丰富和发展了关于技术进步引致经济增长的学说，将熊彼特的理论更加明晰化，从而使其又焕发了生机。当代中国，已经碰到了经济发展中的环境和资源的瓶颈，正需要转变经济增长方式，熊彼特理论变得“热门”起来也就不足为奇了。

熊彼特的经济增长理论主要有以下的观点，他在1912年出版的《经济发展理论》[①]一书中指出，创新是经济增长的核心，创新包括以下的一些方式：一是生产一种新的产品；二是运用新的生产方法；三是开辟新的产品市场；四是材料和资源的一种新供应途径；五是企业组织结构的更新。创新会把旧有的结构和机制推翻，因此，这也是一种破坏，不破不立，熊彼特把它称为“创造性破坏”。熊彼特进而认为，创新刺激了投资，引起了经济的繁荣，但是创新并不是平稳的，时高时低，如果创新不足，引发的投资减少，经济就会转于衰退。

熊彼特的贡献在于指出了创新在经济增长中的核心作用，并解释了创新的含义，但如何将创新这种因素量化地解释在经济增长的模型中，熊彼特并没有给出答案。

1.2.2.7 库兹涅茨的经济增长理论

西蒙·史密斯·库兹涅茨（Simon Smith Kuznets）一生著述颇丰，被誉为美国GNP之父，但他最重要的贡献还是在发展经济学领域。他先后在《关于经济增长

① 约瑟夫·熊彼特. 经济发展理论［M］. 北京：商务印书馆，1990.

的六篇演讲》（1959）、《现代经济增长》（1966）、《各国的经济增长》（1971）等文章中从多个方面阐述了经济增长的问题，其中，他对产业结构与经济增长间的关系有独到的见解。他认为，在产业结构中，农业占主导地位向制造业、服务业占主导地位的变化是现代经济增长的重要原因。

库兹涅茨在《现代经济增长》一书中，通过对多个国家的实际数据进行分析，他发现三次产业的变化和演进，是与经济增长紧密联系在一起的。劳动力首先由第一产业向第二产业进行转移，再向第三产业进行转移，总的趋势是第一产业比重下降，而第二产业、第三产业的比重增加，与之相伴的是人均收入的变化和增长。他所提到的劳动力随着产业的结构变化而变化，同时伴之收入变化增长的理论，已经成为了发展经济学一条重要的规律。

库兹涅茨曲线正是反映了这一规律。在产业结构的变化过程中，经济发展与收入差距变化呈现出一个倒“U”字形的曲线。库兹涅茨的这一模型包括农业部门和非农业部门，这种二分法类似于刘易斯的二元结构，库兹涅茨认为，经济增长的过程也就是工业化和城市化的过程，会导致农业产业向现代工业产业转移，在这一过程中，收入的分配差距会发生一个倒“U”字形的变化。在经济发展过程中，当农业占产业结构比重下降，而第二产业、第三产业比重开始上升时，这时原有的社会秩序和经济结构被打破，而重构需要一定的时间，在这一阶段，收入分配的差距会逐渐拉大，从而形成倒“U”字形的上升阶段，直至顶峰。到了经济转型的后期，社会秩序逐渐稳定，经济结构已经逐渐成型，这时收入分配中的不公正问题会逐渐减少，收入的分配会趋于平等，这时，就会由倒“U”字形的顶峰逐渐降下进入经济发展的末端。

库兹涅茨对于经济增长的结论是：现代经济增长要建立在农业部门比重下降，非农业部门比重上升的基础上，农业部门的生产率也要有明显的提高。库兹涅茨认为，工业部门，特别是制造业产出在 GDP 中的比重的上升，能够吸纳大量的劳动力，并推动人均收入的普遍上升。库兹涅茨的这一结论，支持了本书的观点。[①]

1.2.2.8 国内外其他研究成果

综合现代经济增长理论的研究，可以看到，目前的研究主要集中在理论与实

① 钱敏泽. 库兹涅茨倒 U 字形曲线假说的形成与拓展［J］. 世界经济，2007(9).

证结合的层面。在理论研究中，已经开始逐渐超越了索洛—斯旺模型，越来越向内生增长理论聚集。强调技术创新的重要作用，也突出研究了社会组织架构在经济增长中的作用。巴伦特（Parente）和普雷斯科特（Prescott）指出，发达国家通过制度设计，限制了发展中国家吸引先进的生产技术。兰德斯（Landes，1998）认为，中国制度设计存在的问题，是中国在近代不能有效吸引外国技术的原因，因此中国错过了第一次工业革命。

目前中国学者重点研究的是中国经济增长问题。方颖、赵扬（2011）分析了制度对中国经济增长的贡献情况，通过计量分析，认为制度对中国经济增长贡献为正。朱富强（2011）认为，中国经济增长目前所碰到的瓶颈，是无序式的粗放型增长，必须从粗放到集约，从无序到有序，要一个成熟和完善的社会制度来保障经济的持续增长。李子联（2011）认为，目前中国经济要想持续增长，必须突破五个方面的约束条件，包括人力资本、资源环境等。翁媛媛、高汝熹（2011）对过去中国改革开放30年的经济增长经验进行了回顾研究，指出“两高一资”（高增长、高能耗和高投资）的过度扩张的方式必须要改变，提出了未来中国的经济增长，应该从结构调整、人力资本、科技资本投资和城市化发展等几方面入手，寻找新的增长空间。张宇（2010）通过对中国接受FDI的情况分析，指出中国外资依存度过高是我国经济增长的重要特征，应从开放经济视角构建空间增长模型。这可能使我国的经济增长偏离最优路径，在解决办法上，张宇指出，FDI的技术溢出有一定作用。李萍、高楠（2009）分析了中国经济在改革开放30年来，人力资本、物质资本和技术水平三种因素的作用分别是27.1%、53.8%、43.6%，指出，如果不依靠技术进步和管理创新，只凭借资本的投入，中国经济增长会处于“边际报酬递减之痛”，要认识到技术进步对于我国经济增长的重要性。刘伟、张辉（2008）重点研究了中国经济增长过程中技术进步和产业结构变迁的作用，认为，改革开放30年来，虽然产业结构的变迁对中国经济增长的促进有一定作用，但边际效用递减，市场化的力量被技术进步的力量所取代。王任飞、王进杰（2007）运用协整理论和VECM分析了中国基础设施建设与经济增长之间的协整和Granger的因果关系，进而证明了基础设施建设在经济增长中有着重要的主导作用。卫兴华、侯为民（2007）指出，当前中国经济增长已经碰到了资源供给、投资和消费结构协调、产业优化和扩大就业等难点问题，中国必须通过科技创新和体制创新来保障经济的健康和持续的增长。张平、刘霞辉、张晓晶、袁富华、汪红驹（2007）等人认为，目前中国的劳动力供给对经济增长的贡献呈现着“水平效应”的收益递减，中国不可能一直依赖“人口红利”，必须实现经济增长方式的转型，转到依靠技术进步、劳动素质的提升、管理水平和改善等内生的增长因素上来。吴敬琏（2005）认为，中国的增长模式必须改变，不能再沿着“旧工业化”的道路再走下去，应该走“新型工业化”的道路。在传统工业化的道路上，中国有着政府干预过多，要素价格扭曲等问题，必须进一步完善市场，减少政府对经济的直接干预，注重技术进步和企业的管理创新，推动经济的持续、健康发展。

在实证研究中，国内学者比较重视两方面的研究，一个是经济增长的收敛性分析，另一个是经济增长的因素分析。[①] 本书主要集中在经济增长因素的分析这个层面。

1.3 制造业转移的主要理论及相关研究文献综述

1.3.1 国际分工及国际贸易理论

制造业的国际转移是在全球化的背景下在国际分工中形成的。马克思主义政治经济学对于国际贸易分工理论有着重要的论断，揭示了制造业国际转移产生的根本原因和转移的本质，这些论断对于本书有着重要的指导意义。除了马克思主义国际分工理论外，其他的国际贸易理论也对本书有借鉴意义。国际贸易理论先后经历了四个发展阶段，包括了古典贸易理论、新古典贸易理论、新贸易理论、新—新贸易理论。国际贸易理论解释了国际间展开贸易及进行分工的原因——比较优势理论和绝对优势理论，产生优势的原因——H—O 资源禀赋理论、垄断优势理论、重叠需求理论和规模收益递增理论等。这些理论对于找出制造业转移的影响因素和确立一国制造业优势的措施等，都有着重要的意义。

① 王维国，杜修立. 现代经济增长理论及实证研究述评［J］. 财经问题研究，2003(8).

1.3.1.1 马克思主义国际贸易分工理论

在马克思生活的年代贸易保护主义盛行，国际分工和国际贸易都还未普遍发生。马克思在其著作中，并没有专门对国际贸易分工理论进行阐述，但对于国际分工和国际贸易的观点，却广泛分散在《资本论》及其他著作中。马克思的国际贸易分工理论认为：①国际分工是生产力发展到一定阶段的必然产物，国际分工是经济体内部的分工超越了国家的界限，是国内分工的国际延伸；②国际分工是交换的前提，也即是国际贸易的前提，正是因为存在着国际分工，国际贸易才有存在的可能性和必要性；③随着社会生产力的不断发展，国际分工和国际贸易也在不断发展，分工会变得深化、细化，国际贸易的广度和数量都会不断增长；④国际分工和国际贸易反过来又促进了社会生产力的发展；⑤国际分工和国际贸易也促进了世界各国间的联系，即促进了全球化。

马克思主义政治经济学在劳动价值论的基础上，对于国际分工和国际贸易展开的条件进行了分析，提出了国际价值这一衡量标准。马克思对于大卫·李嘉图（David Ricardo，1817）的比较优势理论，既有接受又有批判。比较优势理论的缺陷在于没有提出一个国际公认的价值标准，没有解释清楚优势究竟体现在哪一方面。马克思主义劳动价值论则可以对此进行解释。既然国际贸易中交换的是商品，商品的交换价值又是由社会必要劳动时间决定的，那么在国际贸易中，商品的国际价值就主要体现在国际社会必要劳动时间上，劳动效率高的国家，能够花少于国际社会必要劳动时间来生产某种商品，就必然在这一商品上占据着绝对优势，劳动效率的高低，就形成了不同的比较优势。关于国际必要劳动时间的确定，国内有学者认为，不是由世界各国社会必要劳动时间加权决定，而应该由在这一商品生产中起决定作用的国家的社会必要劳动时间来决定。这样的补充，就使得李嘉图的比较优势学说具有了科学性。

马克思在《关于自由贸易问题的演说》[①] 一文中，对自由贸易的鼓吹者进行了无情的抨击，但这并不意味着马克思是否定国际分工和国际贸易的，他之所以要反对当时的“自由贸易”，是因为他认为这仅仅是资本家为了进一步加强剥削而采取的一种手段，是“资本压榨劳动者的自由”。[②] 这一论断上升到国家层面也是

① 马克思，恩格斯. 马克思恩格斯选集［M］. 北京：人民出版社，1995：215.
② 马克思，恩格斯. 马克思恩格斯选集［M］. 北京：人民出版社，1995：227.

适用的。在世界体系理论中，伊曼纽尔·沃勒斯坦（Immanuel Wallerstein）提出，发达国家利用自己的先发优势，通过资本的投资，对发展中国家进行了剥削。马克思有预见性地指出："经济学家总是在劳动与其他商品相交换的时候去观察劳动价格。可是他们却把劳动与资本相交换这一环节完全置之度外。"[①]

1.3.1.2 比较优势理论

亚当·斯密（Adam Smith）1776 年在其代表作《国富论》中，提出了绝对优势理论。他认为，国际分工与国际贸易的产生，是由于每一个国家都有其自己的绝对优势，即在某种产品的生产条件和劳动效率上比别的国家具有优势，如单位劳动时间更短、产品的质量更高、生产的成本更低等。那么，每一个国家都应该生产自己有绝对优势的产品，再彼此交换，就能够使总的福利增加。与各自单独生产所有的产品相比，每一个参与国际分工和国际贸易的国家，都会从中获得收益的增加。[②]

斯密的这一理论强调了各国的绝对优势，但实际上，一个国家在某种产品上有优势，他也可能在其他的产品上都有优势，如先进的国家，另一些不先进的国家，则有可能在所有的产品上都处于劣势，那么，为什么国际分工和国际贸易仍然可以产生呢？在亚当·斯密绝对优势理论的基础上，大卫·李嘉图提出了比较优势理论（也称为比较成本理论）。他认为，国际间存在着生产要素流动的障碍，生产要素几乎不流动，因此，各国都会在某些产品的生产上存在着不同的劳动生产率，在商品的价值主要由耗费的劳动量决定的情况下，每一个国家都会专注于生产相对劳动成本较低的商品。以两个国家、两种产品为例来分析，先进国家在生产两种产品上都有绝对优势，而不发达国家生产两种产品都处于劣势，按照斯密的观点，不发达国家是没有办法开展生产的。与之不同的是，李嘉图认为：只要这两种产品两国间的差距不是一样的，那么，先进国家就会集中生产比不发达国家优势更大的产品，而不发达国家则主要生产比先进国家差距相对较小的那个产品，即"两害相权取其轻，两利相权取其重"，在这样的分工和贸易下，两个国家都会获得更大的收益。大卫·李嘉图的比较优势理论指出了制造业在各国分布，进行国际分工的主要动因——为了获得更大的收益。[③]

---

① 马克思，恩格斯. 马克思恩格斯选集［M］. 北京：人民出版社，1995：222.

② Adam Smith. An Inquiry into the Nature and Causes of the Wealth of Nations V2（1789）［M］. Kessinger Publishing LLC.，2008.

③ 大卫·李嘉图. 政治经济学及赋税原理［M］. 北京：光明日报出版社，2009：118.

1.3.1.3 H—O 资源禀赋理论及列昂惕夫反论

大卫·李嘉图的比较优势理论虽然很好地解释了国际分工和国际贸易产生的动因，但是，他却没有解释比较优势是如何产生的。在比较优势理论的基础上，伊·菲·赫克歇尔（Eli F Heckscher）与戈特哈德·贝蒂·俄林（Bertil Ohlin）共同提出了赫克歇尔—俄林理论，也即 H—O 理论，该理论试图解释比较优势产生的原因。

赫克歇尔 1919 年在《对外贸易对收入分配的影响》[①] 中论述了各国要素禀赋构成与贸易形态之间的关系，以及贸易对各国收入分配的影响。俄林（1933）在《区际贸易与国际贸易》[②] 中进一步发展了赫克歇尔的要素禀赋理论。赫克歇尔和俄林认为，国际间的贸易中价格起着决定性的作用，而价格的差异是由多种原因导致的，包括技术原因、要素的需求和要素的供给，相对来说，技术及要素需求都趋近或者不变，最终决定商品价格的是要素的供给，即要素的禀赋情况。他们得出一个结论，各国的比较优势产生的主要原因和决定性的因素是各国的资源禀赋，即各要素的富足和稀缺情况。一个国家应该多生产那些相对富足的要素密集生产的一些产品，并用它来出口，交换即进口一些相对稀缺的要素密集生产的产品，这样，就都能够从贸易中获得好处。

从 H—O 理论来看，一个国家要发展哪些制造业，是与它的资源禀赋有极大关系的，这个国家应该大力发展它相对富足的要素密集生产的产品。比如，中国的劳动力相对丰富，就应该多生产一些劳动密集型的产品。

根据 H—O 理论，各个国家都应该出口自己富足要素密集生产的产品，进口自己稀缺要素密集生产的产品。对于这一假说，华西里·列昂惕夫（Wassily Leontief）在 1953 年和 1956 年分别发表了两次研究报告，对美国前一年的进出口商品按要素的丰富程度进行了分类，结果发现，美国并没有按 H—O 理论来开展自己的国际分工和贸易。美国是当时世界上资本最为富足的国家，同时，美国的劳动力也相对稀缺，价格最昂贵，按这样的要素禀赋来看，美国应该进口劳动密集型的产品，同时出口资本密集型的产品，但是实际上，美国出口量最大的是劳动密集型的农产品，而进口产品中，也包括大量的汽车、钢铁等资本密集型的产

① Eli F. Heckscher.The Effect of Foreign Trade on the Distribution of Income [J]. Chap.13 of Readings in the Theory of International Trade, ed. 1919.

② Bertil Ohlin. Interregional and International Trade [M]. Harvard University Press, Cambridge and Boston, 1933.

品。这一情况，被称为“列昂惕夫之谜”。[①]

为了解开“列昂惕夫之谜”，经济学家们提出了若干的补充，试图找出产生这一现象的原因，其中包括统计方法和资料处理问题；自然资源、人力资本和技术的影响；关税和其他贸易壁垒的影响；生产要素密集度反向的问题等，这些研究丰富和发展了原有的国际贸易理论。很多新贸易理论都是在对“列昂惕夫之谜”产生原因的探讨中不断发展起来的。

1.3.1.4 技术差距理论

在 H—O 理论中，赫克歇尔假定各国使用相同的技术。而实际上各个国家之间存在着技术和技术进步方面的差异，并且这个差异还非常明显，影响了各国国际优势的产生。R&D 形成了发达国家在技术上的明显优势。这一优势影响了各国出口和进口的商品，制造业在转移的过程中，与技术的发展是有着密切关系的。

技术差距理论和前文已经提过的产品生命周期理论，都是单独把技术因素抽离出来，分析其变动和相对的国际间差距对国际贸易的影响。波斯纳（M. Posner，1961）提出，一个国家可以凭借技术的优势在贸易中取得较大优势，但随着贸易的发展，技术的示范效应会使得其他的国家也学习和发展这一技术，最终技术就被其他国家所掌握，产生国际技术的一个差距收敛。另一些学者则认为，这种收敛并不一定会产生，格罗斯曼和赫尔普曼（G.M. Grossman and Helpman，1991）指出，由于技术领先的国家在资金投入、教育水平和效率工资等方面都存在着明显的优势，并且技术上的先进又使这些国家从不发达国家身上获得更多的收益，这就使得他们的技术优势会被积累起来，从而先进国家和落后国家的差距不是在收敛，而是在积累中加大。技术差距理论和产品生命周期理论可以看作是对 H—O 理论的发展。[②]

1.3.1.5 重叠需求理论

瑞典经济学家林德（S. B. Linder）1961 年在《论贸易与转换》一书中，从需求方面探讨了国际贸易产生的原因，进而提出了重叠需求理论。H—O 理论可以解释初级产品之间的贸易原因，但不能很好地解释制成品之间的贸易。

所谓的重叠需求是两个发生贸易的国家都存在着的对同一种商品的需求，国

① 高瑛玮. 里昂惕夫之谜综述［J］. 黑龙江科技信息，2011（20）：179.
② 周密. 技术差距理论综述［J］. 经济社会体制比较，2009（3）：186.

际间制成品重叠贸易的发生有着一定的前提条件，一是该产品存在着国内需求，影响该国需求结构的主要因素是平均收入水平；二是参与贸易的国家之间存在着重叠的需求。一个国家，先从国内市场做起，满足国内市场的需求，建立起生产的规模经济，形成一定的国际竞争力，而后再向国外市场拓展。因为厂商为了控制成本，都会先在本国市场内生产和投放新产品，只有当国内市场已经饱和，不能再容纳更多的产品时，才会去开拓国外的市场。如果这时候某个其他国家的潜在进口商品刚好是本国已经饱和的这种产品，这个产品就会进入那个国家的市场，贸易随之而产生。

由以上过程可以得知，只要一种商品在两个国家都存在需求，而且两个国家生产的产品都处于同一品质，进口和出口就可能产生，进口和出口的动机是获得更大的收益，产品的价格和两国的平均收入水平是决定这一行为的主要因素。

1.3.1.6 规模收益递增

艾西尔（Ethier）在 1982 年提出了规模收益递增的理论，保罗·克鲁格曼（Paul R. Krugman）结合产业组织理论，将规模收益递增理论引入国际贸易理论，解释了重叠贸易产生的原因，虽然两个国家都可以生产同样的商品，但是，如果参与贸易的企业形成较大的规模，就可以获得较低的价格，从而在贸易中处于优势。而且，专门化和规模化也能够使产品多样化，以满足各个国家民众的重叠需求。[①]

对于产生收益递增的原因，可以有如下的解释：①专业化分工使大量具有较高技能的熟练工人被培养出来，导致劳动生产率的提高。②大规模生产可以使用更有效率、更专业化的设备，如大片的农场可以使用联合收割机，而小块的农田则不行。③生产企业可以大规模购进生产要素，有可能从生产要素供应商那里获得由于数量较大而得到的折扣，使利益增加。④在生产过程中，会产生一些副产品，当企业规模较大的时候，这些副产品就可以被利用起来，而不是被抛弃掉，如生产煤气的企业，就会大量产生焦炭这一副产品，当企业规模扩大时，焦炭也可以得到充分的利用。⑤辅助设备的开发。在某些情况下，一个厂商的大规模生产引起其他厂商开发辅助设备，如配套的运输、供电、供水、供气、通信、金融等设施，从而使厂商的成本下降，收益增加。

---

① 许鸿文. 规模收益递增对我国参与国际分工的启示［J］. 湖南广播电视大学学报，2005（2）：38.

1.3.1.7 新—新贸易理论

新贸易理论尽管对贸易和分工优势产生的原因进行了解释，但随着全球化程度的加深，国际贸易和国际分工又有了新的发展。越来越多的企业开展了内部化的交易，跨国公司内部一体化，对于这种新形态的国际分工和国际贸易，新贸易理论已经力不从心。2003 年，麦克·莫里兹（Marc Melitz）提出了异质性企业模型，哈佛大学经济系的博尔·安特拉斯（Pol Antras）提出了企业内生边界模型，他们一起创立了新—新贸易理论（New-New Trade Theory），打破了以往贸易理论关于企业同质性的假定，认为企业存在着异质性，从企业建立和运行的微观层面，对现在国际分工和贸易产生的原因、运行的模式进行了分析，提出了新的见解。[①]

莫里兹认为，从事国际贸易的企业为了形成自己的竞争优势，要比只从事国内贸易的企业付出更高的成本，前者被称为边际成本，后者则是沉没成本，两种成本相加，使国际贸易的门槛提高了。因此，只有出口获利大于沉没成本与边际成本之和时，企业才能进行出口贸易，这要求企业有更高的劳动生产率。在此基础上莫里兹认为，企业生产率是企业是否参与国际贸易的关键，只有那些生产率高的企业，才能同时服务于国际和国内两个市场。这种生产率决定企业性质的理论就叫企业异质性理论。安特拉斯发展了这一理论，他针对 FDI 量越来越大的情况进行了研究。他认为，企业可以通过 FDI 的方式进入国际市场，这种方式能够绕过贸易壁垒，能够利用企业已经形成的垄断优势，形成内部化优势。结合异质性理论，企业可以分为三种类型：效率高而且规模最大的企业通过 FDI 替代了出口贸易，使得国际贸易处于一个企业的边界之内；效率稍低但仍有优势的企业以直接出口的方式进入国际市场；效率较低的企业则被限定服务于国内市场，效率更低的企业则被淘汰。

1.3.2 国际产业转移理论

国际产业转移的理论是随着产业转移的兴起而兴起的，在 19 世纪末期已经出现了英国制造业向美国、德国的转移，但制造业大规模转移是第二次世界大战以后。因此，国际产业转移理论产生于第二次世界大战前，在第二次世界大战结束以后逐渐成为热点。目前，关于国际产业转移的理论主要有以下几类：

① 孔欣，宋桂琴. 国际贸易理论新进展［J］. 税务与经济，2011（5）：16.

1.3.2.1 劳动密集型产业转移理论

美国经济学家刘易斯（William Arthur Lewis）在《国际经济秩序的演变》一书中分析了第二次世界大战后美国劳动密集型制造业向日本及其他发展中国家转移的情况，他认为，影响劳动密集型制造业转移的主要原因是劳动力价格和劳动力供应的因素。一方面，20 世纪 60 年代，发达国家由于人口自然增长率的逐步下降，劳动力供给不足；同时，由于经济增长带来的充分就业，使劳动力成本迅速上升。另一方面，发达国家工业的快速发展，对低成本的熟练工人的需求又急剧增长，使得熟练劳动力的缺口不断增大。发展中国家由于工业化程度不高，农业的劳动生产率低，有大量的剩余劳动力，而且劳动力的价格低廉，这样，就形成了发达国家向发展中国家转移劳动密集型制造业的现象。在这一转移过程中，发达国家利用了发展中国家的比较优势——劳动力价格低廉。

1.3.2.2 产品生命周期理论

产品生命周期理论最初由弗农（Vernon）于 1966 年提出，[①] 威尔斯（Louis T. Wells）又进一步发展，[②] 已经成为了国际贸易理论中的一个重要内容，不过，由于产品生命周期理论与制造业转移关系很大，在本书中把它放到了产业转移理论部分。

产品生命周期理论认为，一个产品和生物一样，也有一个生命周期，包括 5 个阶段：①引入期；②成长期；③成熟期；④销售下降期；⑤衰亡期。与这 5 个阶段相对应的，是由创新国向发达模仿国及发展中模仿国转移该产品的制造业。

图 1–2 是威尔斯关于产品生命周期的图解法，其中，图 1–2（a）表示创新国（如美国）某种产品的销售量随时间而变化的情况。图 1–2（b）则表示了创新国（如美国）、发达模仿国（如日本）和发展中的模仿国（如中国）该产品的净出口随时间变化的情况。从图 1–2 中可以看出，最初的引入期，当原产品的创新国（如美国）把产品设计出来时，由于前期投入研发成本高，生产技术还需要进一步改进、熟练的工人还没有形成、成品率不高等原因，因而产量不高但价格较高，但先发的条件使这时美国生产这个产品的厂商具有垄断的优势。

随着市场接受程度的提高，产量也不断提高，价格不断下降，国外市场也被

① R.Vernon.International Investment and International Trade in Product Cycle [J]. Quarterly Journal of Economics，1966 (5)：190.

② L.T. Wells.Product Life Cycle for International Trade [J]. Journal of Marketing，1968 (7).

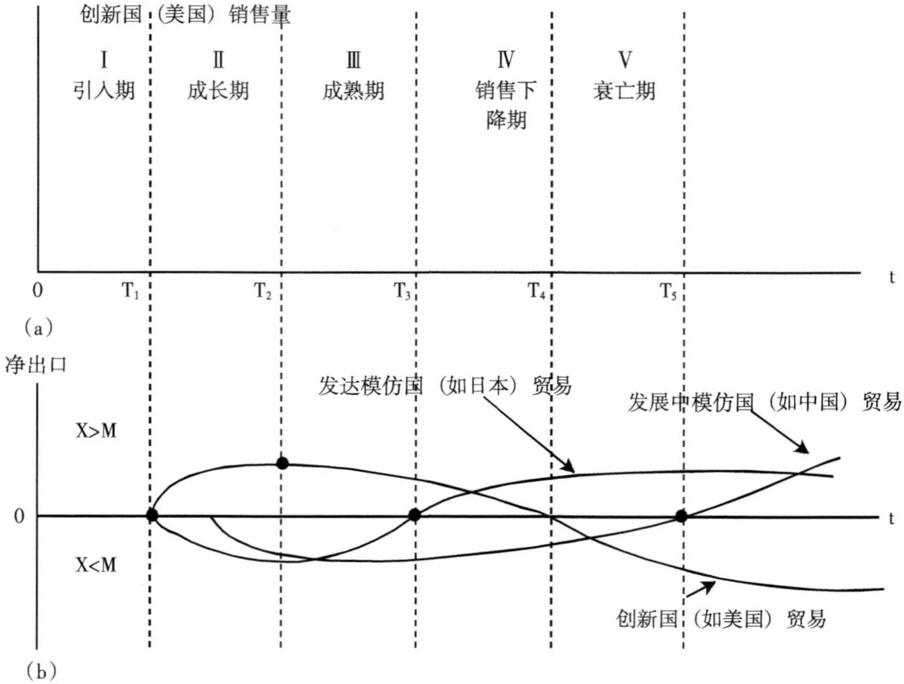

图 1-2　产品生命周期示意图

注：X 表示出口，M 表示进口，净出口 = X – M。

培育出来，出口也增长了，这时产品周期进入了成长期。随着产品技术的完善和标准化以及海外市场的成熟，产量会在美国达到一个峰值，这时产品进入成熟期，海外开始模仿生产这种产品。生产者的数量不断增加，产品的竞争开始加剧，由于创新国逐渐失去了技术优势，而模仿国依据劳动要素的优势，逐渐把这种产品的生产承接了过去，这时，制造业的转移出现。在美国，该产品的生产进入了销售下降期，美国的出口下降，而发达模仿国（如日本）开始向美国出口该产品，这时制造业转移到了日本。产品到了其衰亡期，美国该产品的制造完全停止了，因为发展中模仿国（如中国）已经完全掌握了这种产品的生产技术，并凭借较低的成本，占领了国际市场，这时，美国的出口停止，而发展中模仿国（如中国）开始向美国出口该产品，发达模仿国（如日本）该产品的生产和出口也出现下降。这时，该产品的制造业就完全转移到了发展中模仿国（如中国）。

1.3.2.3 梯度转移理论

梯度转移理论是弗农（1966）的产品生命周期理论在区域经济学领域的应用。[①]该理论认为创新活动存在着按产品生命周期的发展从高梯度向低梯度转移的规律。具体表述如下：每个国家和地区都在全球化分工中处于不同的经济发展梯度上，不同的梯度分享不同的收益，高梯度国家和地区生产的产品一般附加值高，收益率高，低梯度则正好相反。创新是决定不同梯度的关键因素，由于创新要依据所在国家或地区的经济实力，经济发展水平高的国家或地区，由于受教育程度高，科技实力雄厚以及资金充沛，创新能力也相对较强，新产业部门、新的组织管理生产模式、新的产品和新技术等创新主要发生在这些国家和地区，所以，经济发展水平高低也是梯度划分的主要标准。在这些不同的梯度中，高梯度国家或地区在经济发展中处于发达地位，在创新领域具有领先优势，这些国家和地区通过发明创造，不断开发出新的产品，形成新的产业，随着产品的生命周期发展，高梯度国家和地区会将这些产业转移到低梯度国家和地区。[②]

按照这一理论，位于高梯度位置的国家或地区，在对待产业转移时应该有不同的态度和应对方式。高梯度国家或地区要强化自己的创新机制，只有不断地创新，才能在梯度中永远处于有利地位，在某种产品进入销售下降周期时，它会转移到低梯度国家或地区，高梯度国家或地区必须通过创新，来建立起新的产业，否则就会被低梯度国家或地区赶上并出现产业空心化。另外，低梯度国家或者地区首先要强化自己的优势——劳动密集型产业和初级产品，同时，主动引进外资和高梯度国家和地区转移出的产业，加快自己的发展步伐，逐步形成有利于创新的国内环境，同时利用技术外溢和加强教育、科技的投入，将自己的创新活动提升起来，就可能由低梯度国家或地区向上攀升，最终摆脱低梯度的地位，进入高梯度的行列。梯度转移理论对于中国来说具有非常重要的指导意义，中国不仅曾经处于并依然在部分行业处于较低的梯度，但未来中国会逐步进入高梯度行列，在不同的位置都要积极应对，未雨绸缪，才能防止产业转移带来的负面影响发生，进而获得最大的收益。

---

① 何钟秀. 论国内技术的梯度转移［N］. 人民日报，1983-2-6.

② 陈刚，刘珊珊. 产业转移理论研究：现状与展望［J］. 当代财经，2007（1）：91.

1.3.2.4 依附理论（中心—外围理论）

劳尔·普雷维什（Raul Prebisch）首先提出了依附理论，他在20世纪60~70年代指出：发展中国家依附于发达国家，发达国家对发展中国家进行剥削。在此基础上，他进一步提出了中心—外围理论，该理论分析了产业转移对发达国家（中心）和外围国家（外围）的不同影响。由于原材料和初级产品对价格有较低的需求弹性，而工业制成品则具有较高的需求弹性，因此，原材料和初级产品的价格逐渐下跌而工业制成品价格逐渐上涨，会使得发展中国家贸易条件恶化，并产生巨大的贸易逆差。为了改变这样的境遇，发展中国家不得不实行进口替代战略，打开自己的国门，承接发达国家的产业转移，让自己也能够生产一些工业产品。但是，由于发展中国家处于世界体系的外围，他们在资本、技术和管理水平等方面都处于劣势，大量的跨国公司已经具有先发优势，这些公司进入外围国家后，会占据外围国家的市场，在竞争中将外围国家的企业挤垮或者吞并，将劳动密集型企业从自己国家转移到外围国家，利用这些国家劳动力便宜的优势及一些政策上的优惠，从而将外围国家作为自己的原材料出产地和产品的倾销地，获得高额的利润。劳尔·普雷维什认为，虽然这一进程促进了发展中国家的工业化，但是由于“中心”和“外围”的形成，发达国家和发展中国家之间的差距反而拉大了，产业转移对发展中国家来说，主要是产生了消极的影响。①

劳尔·普雷维什的中心—外围理论指出了产业转移会对不同经济发展阶段的国家或地区产生不同的影响，但他主要是看到了产业国际间转移对不发达国家或地区的消极影响，而没有看到产业转移对发展中国家或地区的经济促进作用是主流。而且，就算意识到了有消极影响，也需要积极去应对，因为产业转移是经济发展到全球化阶段的必然产物，是不可避免的，唯有趋利避害，才能使自己的国家和地区在产业转移中充分获利。

1.3.2.5 世界体系理论

世界体系理论由伊曼纽尔·沃勒斯坦（Immanuel Wallerstein）首先提出，它产生于依附理论和中心—外围理论，在20世纪70年代兴起，目前在世界上依然有相当大的影响力。该理论分析了世界各国之间复杂的政治和经济关系，认为经

① Raúl Prebisch. Commercial Policy in the Underdeveloped Countries [J]. American Economic Review, Vol. XLIX, 1959 (5): 251.

过数百年的发展和全球化的进程，世界上已经出现了覆盖全球的一体化的资本主义世界经济体系。在这一体系中，世界各国首先是“一体化”的，这个一体化并不是指世界各国平等或者平均了，而是说世界各国都被包裹在世界体系中，接受着不同的分工和角色，不可能脱离开。其次，这个世界体系呈现出中心—半边缘—边缘的不平等结构，欧洲一批发达国家、美国等居于这个体系的“中心”位置，它们具有在资金、技术和话语权等方面的优势，对处于其他位置的国家或地区展开了剥削；一些中等发达程度的国家或地区则位于这个体系的“半边缘”位置，既被“中心”国家或地区所剥削，同时，它又剥削处于更不利位置的不发达国家；不发达国家位于“边缘”，它们没有优势，只能接受处于“中心”和“半边缘”位置国家和地区的双重剥削。之所以会有这样的结果，是因为中心国家或地区输出制造业的产品，边缘国家或地区则是输出农产品和初级产品、工业原材料和自然资源，半边缘国家或地区既要输出产品到边缘国家或地区，也要接受中心国家的产品倾销，是一种既被剥削又剥削他人的角色。①

与依附体系理论不同的是，沃勒斯坦指出了世界体系的流动性，他认为，中心国家或地区可能下降为半边缘国家或地区，而半边缘国家或地区则可能会滑到边缘国家或地区，边缘国家或地区也有可能上升为半边缘国家或地区或者是中心国家或地区。

在沃勒斯坦的理论中，并没有指出制造业转移的具体过程，但是从他的理论可以看出，制造业在决定国家的位置中扮演着重要的角色。一方面，只有大量出口制造业产品的国家，才能够成为中心或者半边缘国家，制造业的发达程度几乎成为了世界体系中不同位置的分界线；另一方面，低层次国家要想实现“跃升”，只有在承接发达国家的制造业转移过程中，完成自己的工业化和现代化进程，实现制造业的大幅度发展，带动国家其他方面的进步，才有可能上升为半边缘或者是中心国家或地区。普雷维什和沃勒斯坦的思想，对本书有着重要的指导意义。中国必须要抓住制造业向中国转移的机会，趋利避害，防止被边缘化，实现自己的产业升级和世界体系位置的跃升。

1.3.2.6 雁行模式理论

日本学者赤松要（Akamatsu）于1935年在对日本棉纺织工业进行研究的基

① 伊曼纽尔·沃勒斯坦. 沃勒斯坦精粹［M］. 黄光耀，洪霞译. 南京：南京大学出版社，2003：93，162.

础上，提出了雁行模式理论。该理论之所以叫雁行，是因为产业转移就像大雁的队形一样，处于队形中不同时间点位置的国家，承担着不同的任务，扮演着相应的角色，而且大雁会因为一些条件的变化而进行在队列中的移动。因此，该理论也被称作产业转移的候鸟理论。[①]

该理论认为：发展中国家的某一行业，会遵循以下三个阶段的发展历程：一是进口阶段；二是进口替代，即用国内生产来取代进口；三是出口阶段。把这三个阶段分布在坐标上，就像三只飞翔中的大雁。在日本工业化的初期出口产品以棉布、棉纱为主，同时，日本又在进口自己不能生产的纺织设备。通过对国外设备的模仿学习，日本实现了对纺织设备的进口替代，带动了日本国内的设备制造业的发展，又引起了钢铁业、设备制造业等其他工业的发展。最终实现了相关机电产品的出口。这一转移过程符合产业转移的一般规律，即从发达国家向次发达国家，再到不发达国家的转移过程。

赤松要还对产业转移提出了如下的政策建议：一是要重视本地的生产力发展，调整经济结构，重视教育和人力资本的建设。二是要坚持出口导向战略，积极促进国际间的贸易，努力发展外向型经济。三是要依靠本国的内部积累，控制好外债规模和外债结构。四是政府要扮演好自己的角色，实现政府调控与市场机制的紧密结合。

1.3.2.7 边际产业转移理论

在产业转移的原因问题上，日本的经济学家小岛清（Kiyoshi Kojima）于1978年提出了边际产业转移理论，他是从日本向外投资和转移的国情出发来提出这一理论的。日本在第二次世界大战后，经历了借助外资来发展自己到对外投资转变的过程。该理论的基本含义是：从产业转移的转出国家角度来看，如果某些产业在本国已经没有什么发展前景，即已经没有优势，或者将要没有优势，那这一产业就是该国的“边际产业”。同时，这一产业在另一些国家可能正处于优势地位或潜在的优势地位，具有较好的发展前景。那么，作为产业向外转移的国家就应从这些“边际产业”入手，开始依次进行海外直接投资。这样就可以把劣势转为优势，同时继续使“边际产业”获得扩张的机会，这一转化和扩张是在国际范围内形成的，因此，产业转出国将“边际产业”转出后，是由自己的比较劣

① 池尾爱子. 评论·日本的经济思想［M］. 东京：日本经济评论社，2008.

势转化成为了承接转移的国家或地区的比较优势，在整个国际范围内实现了“边际产业”的继续扩张。在这一过程中，进行海外投资的国家获得了投资回报，而接受投资的国家则收获了技术，推进了工业化，提升了自己的产值，这是一个双赢的结局。①

1.3.2.8 国内外的其他研究成果

除了以上产业转移的相关理论外，国内外关于产业转移的理论还有很多。其中比较突出的有从企业微观层面来研究的市场结构理论，该理论认为市场结构状态决定了企业所应采取的竞争策略，弗农（Vernon，1977）认为，在产业转移的过程中，跨国公司与转移承接国家的厂商进行竞争，形成有效竞争的市场结构。②而劳尔（Lall，1984）却认为，由于跨国公司具有资金、技术、管理、营销和规模等领先优势，他们会在转移承接的国家始终占据着较高的市场份额。③

戴宏伟（2006）对产业梯度进行细化，他提出了绝对梯度、相对梯度和间接梯度、直接梯度等概念，结合中国制造业承接和发展的实际情况，他提出了“产业双向转移”的说法，认为中国在“引进来”的同时，也在实现“走出去”，并对中国参与制造业转移的必要性进行了较深入的分析。④

卢根鑫（1997）分析了重合产业的相关问题，他认为，在发达国家或地区和发展中国家或地区，在同一时期存在着生产相似产品的产业，其技术、设施、工艺等都相似，由于发达国家在这种重合产业中，劳动力处于劣势，主要是因为成本过高，因此，产业转移是必然会发生的，由发达国家或地区向发展中国家或地区转移。⑤

韩晶、梁将（2005）认为，制造业在推动中国经济发展中具有非常突出的作用。他们认为，竞争优势和区位优势吸引国际制造业的转移。国际制造业转移对于发展中国家具有两个方面的影响：一方面，发展中国家利用自身的资源、人口等方面的比较优势，承接国际制造业转移，使自己能够更好地参与到全球化当中

① [日] 小岛清. 对外贸易论 [M]. 周宝廉译. 天津：南开大学出版社，1987.

② Vernon，R. Storm over the Multinationals：The Real Issues [M]. Cambridge and Boston Harvard University Press，1977.

③ Lall，S. Multinationals and Structure in an Open Developing Economy：The Case of Malaysia [M]. Germang Heidelbeng Weltwirts Chaftliches Archiv，1984：115.

④ 戴宏伟. 国际产业转移与中国制造业发展 [M]. 北京：人民出版社，2006：94.

⑤ 卢根鑫. 国际产业转移论 [M]. 上海：上海人民出版社，1997：109.

去。但是，另一方面，发达国家可借此控制发展中国家的经济，使发展中国家对他们产生依附。中国要想在这一情况下趋利避害，就要在制度环境方面下功夫，使自己的环境更有利于促进产业成长，从而提高自身的竞争力。[①]

曾璐（2006）用SWOT分析法分析了中国制造业发展的现状，认为中国制造业具有劳动力成本低、劳动力素质高等优势，但也存在着技术创新能力薄弱，国有经济比重不合理等劣势，目前，全球化分工为中国的发展带来了机遇，但也使中国面临着资源和环境等瓶颈问题。中国必须转变发展模式，引导产业在国内进行转移，不断提升制造业的水平，实现产业升级，创造民族品牌，培养产业集群等，才能够使制造业对中国经济的促进作用充分发挥出来。[②]

1.3.3 技术扩散（外溢）理论

FDI是制造业转移过程中的一种重要方式，伴随着FDI的进行，会产生技术外溢效应。技术扩散（外溢）是指在FDI实施过程中，生产中的技术要素，包括人力资本、研发和管理经验等通过各种渠道向被投资国扩散的情况，这种扩散并非是FDI投资方的意愿，并且恰好是FDI反对的。但技术扩散（外溢）在FDI中很难避免，FDI产生的技术扩散也能够促进东道国相关制造业的发展，技术扩散（外溢）理论也就成为了各国制定优惠外资政策的理论依据。本书研究制造业的转移问题，也必须关注制造业转移过程中的技术扩散（外溢）现象。

1.3.3.1 FDI技术扩散（外溢）理论研究

从20世纪60年代开始，随着FDI的日渐普遍，技术扩散（外溢）效应的研究相应兴起，到20世纪90年代，这一方面的研究逐渐成熟，2000年以后，相关理论又得到了继续的发展。最早提出技术扩散（外溢）理论的是马克·德格尔（Mac Dougall），他在1960年分析FDI的外部性时，把技术扩散作为了FDI的一个重要的外部影响。[③]

FDI之所以会带来技术的扩散（外溢），学者们提出了以下几方面原因。一是示范作用。格拉斯（Glass）、塞吉（Saggi）和卡马尔（Kamal，1998）提出，当跨国公司进入东道主国家以后，在东道主国家进行生产，东道主国家才有可能

① 韩晶，梁将. 国际制造业转移与中国制造业的发展［J］. 社会科学辑刊，2005（1）：78.

② 曾璐. 国际制造业转移与中国可持续发展［J］. 经济前沿，2006（3）：26.

③ 江心英，陈丽珍. 外国直接投资技术外溢理论研究综述［J］. 国际贸易问题，2006（6）：126.

对这些先进的产品进行模仿，另外，跨国公司在技术研发和生产管理等方面的先进理念也能够成为很好的示范样本，吸引东道主国家的企业进行模仿，进而实现自主创新。二是“干中学”，FDI 带来的外资企业，会使得东道主国家的本土企业有了学习的榜样，可以进行学习。外资企业出于对成本控制的需要，必须在本土雇用大量的工人，这些工人会成长为熟练的产业工人，从而带来本土该产业的发展。三是后向关联，形成产业配套，促进上下游产业的发展。四是带来了更大的竞争压力，迫使本土企业提高自己的技术水平。

技术扩散（外溢）理论的提出和发展，使东道主国家找到了制定吸引 FDI 优惠政策的理论依据，1999~2002 年世界各国 FDI 政策的变化中，有 1500 多个政策的变化都是有利于 FDI 的，仅有不到 100 项是不利于 FDI 的，这就充分说明了各国对 FDI 过程中技术扩散（外溢）理论的肯定。

1.3.3.2 FDI 技术外溢的实证研究新进展

尽管东道国把技术外溢理论作为了吸引外资、实施优惠政策的一个依据，但大量的实证研究却表明，FDI 并没有促进东道国本土企业技术水平的提高，更糟糕的是，跨国公司绕过了贸易壁垒，利用优惠政策，大量侵蚀东道国的市场份额，挤占民族企业的生存空间，甚至威胁到东道国的经济发展。[①]

在实证研究中，采用截面数据的技术扩散研究所得到的结论是有冲突的，部分学者，包括布洛姆斯特洛姆（Blomstrom）和沃尔夫（Wolff）对墨西哥的计量分析，[②] 斯约霍尔姆（Sjoholm）对印度尼西亚的计量分析，[③] 都表明了跨国公司的 FDI 能够给东道主国家带来技术外溢。但另一些学者的研究，如博伦斯坦（Borensztein）、科科（Kokko）的计量分析却没有带来这样的结论。之所以会有这样的情况，主要是因为截面数据有缺陷，不能反映时间因素的影响和变化，因此之后的研究，绝大多数以面板数据作为样本来进行计量分析。在研究中，学者们不仅注重对 FDI 的投入和结果进行相关性分析，而且还更加注重对技术外溢产生

① 王耀中，刘舜佳，刘佳义．跨国公司技术外溢理论研究的新进展［J］．经济理论与经济管理，2007，(1)：34.

② M. Blomstrom，E. N. Wolff. Multinational Corporations and Productivity Convergence in Mexico［A］// William Bau-mol，Richard Nelson，Edward N.Wolff.Convergence of Productivity：Cross-national Studies and Historical Evi-dence ［C］. Oxford：Oxford University Press，1994.

③ Fredrik Sjoholm. Technology Gap，Competition and Spillovers from Direct Foreign Investment：Evidence from Es-tablishment Data［J］. Journal of Development Studies，1999 (36)：53-73.

的渠道和扩散机制进行了微观化的研究，取得了更为丰富的研究结果。

帕克（Pack）和塞吉（Saggi）的实证研究证明了跨国公司通过后向关联向东道国进行了技术转让。他们构建了一种包括上游本土企业和下游本土企业的模型，这种后向联系就是指跨国公司与上下游本土企业的联系。[①] 研究发现，跨国公司在挤占东道主国家生产同类产品企业生存空间的同时，也在向上游企业和下游的东道主企业提供技术方面的支持，形成后向关联的技术外溢。马库森（Markusen）和维纳布尔斯（Venables）的计量实证研究也进一步表明，通过后向关联这一方式，跨国公司对东道国形成了技术扩散，提高了这些国家企业的竞争力，形成“反哺效应”。[②] 此外，学者的研究还从跨国公司的出资方式、跨国公司的类型、跨国公司与本土企业的技术差距等方面来研究 FDI 后向关联对技术外溢的影响，得到了一些有价值的结论。

综合起来，可以看到 FDI 对于东道国的技术外溢呈现出正外部性，能够促进东道国的经济发展，有利于制造业向东道国转移。这种正外部性主要是通过后向关联，即对上游企业和下游企业的“反哺”来实现的，在实施过程中，合资企业比外商全资企业更有正外部性；技术差距越大，外溢就越明显；进行 FDI 的企业出口倾向越小，产生的后向关联的技术外溢就越大。实证研究不仅继续支持了东道主国家吸引 FDI 的做法，也对东道主国家在政策制定上提出了可资借鉴的建议。

---

① Pack，Saggi.Vertical Technology Transfer Via International Outsourcing [J]. Journal of Development Economics，2001，2（65）：389-415.

② James R. Markusen，Anthony J. Venable. Foreign Direct Investment as a Catalyst for Industrial Development [J]. European Economic Review，1999，43：335-356.

2 制造业对经济平稳增长的作用分析

下面将重点分析制造业在两个方面的作用：一个是经济的增长，另一个是保持经济平稳运行。宏观经济运行的四大目标分别是经济增长、物价稳定、充分就业和国际收支平衡。其中，第一个目标就是经济增长，后三个目标则是指经济保持平稳。经济增长是长期宏观经济运行的目标，经济长期增长的结果是使民众的福利持续增长；物价稳定、充分就业和国际收支平衡则是短期宏观经济运行的目标，它们的实现可以保障民众的福利在短期内不受损失，这些短期经济目标也是长期经济目标得以实现的基础。可以说，长期宏观经济运行目标是要求经济增长，而短期宏观经济运行目标则是要求经济平稳运行，两者结合在一起，就是宏观经济发展的总目标——平稳增长。接下来的分析将说明，制造业在经济的平稳增长中发挥着重要的作用。

2.1 制造业促进经济增长的作用分析

作为产出的组成部分，制造业的增长肯定会促进经济的增长，从新加坡1999~2007年的宏观数据计量分析中可以看到，制造业投资每增长1%，经济增长为0.836%。[①] 但是，这种对经济增长的促进具体是如何产生的，仅凭两者数字的变化说明不了问题，因为其他的产业或者其他的因素变化也有可能导致了经济增长，或者是经济增长的结果导致了制造业的增长。因此，必须从影响经济增长的各个变量入手，分析制造业的作用。

---

① 杨伏琴，蒋兰陵. 新加坡制造业投资与经济增长关系的实证［J］. 统计与决策，2008（24）：240.

前文已经叙述过索洛—斯旺模型的生产函数，表示为：

$Y = Af(K, L)$

扩展为柯布·道格拉斯生产函数，如下所示：

$Y = AK^{\alpha}L^{\beta}$

在这一生产函数的基础上，还推导得出了各个增长率之间的关系，如下所示：

$y = A + \alpha k + \beta n$

以上的函数表明，总产出 Y 的增长主要受资本投入、劳动力投入、劳动生产率和技术进步的影响，这些因素的增长，都可能导致总产出的增长。可以看到，经济增长率主要受资本增长率、劳动力增长率及技术进步引起的产出增加的影响。下面对这几方面的因素进行分析，看制造业是否正面影响这些因素，再间接作用于经济增长。

2.1.1 制造业与投资/储蓄的关系

总产出的增长主要来自投资的增长，而投资的前提是有足够的储蓄。前文已述的哈罗德—多马模型，包含有两种有意义的增长率：

$\frac{\partial Y}{Y} = \frac{s}{v}$和$\frac{\partial Y}{Y} = \frac{s}{v_R}$

这两种增长率都与储蓄有关，哈罗德—多马模型显示，经济增长率和储蓄率正相关，同时也与投资效率（资本系数）有关系，但是，投资效率一般被假定为不变，这时储蓄率就成为了决定经济增长的重要因素。储蓄率较高的国家，经济增长较快。胡雅琴在对中国 1978~2004 年经济增长的数据进行实证研究时发现，“储蓄率对我国人均 GDP 增长的方差贡献率相对较大，随着时间的延长呈上升趋势”。①

那么制造业对储蓄率有什么样的影响呢？首先，制造业会影响民众的投机性需求，进而影响储蓄率。

民众选择把货币存到银行，而不是留在手中满足投机性需求，是储蓄增长的关键。投机性需求的多少，主要是与利率有关，利率越高，民众持有货币的机会成本越高，民众越愿意把钱存在银行；反之，民众则更愿意把钱保留在手中。从

① 胡雅琴. 储蓄率、投资率与经济增长之间的动态相关性研究——基于中国 1978~2004 年间的数据分析［J］. 中南财经政法大学研究生学报，2006（5）.

以上的分析可以看出，除了利率之外，民众的投机性需求也与投机的预期收益有关，如果民众投机收益高，在利率一定的情况下，民众的储蓄意愿就与预期的投机收益呈反向变动关系。设利率为 r，预期投资收益率为 k，那么储蓄的函数可以表示为：

$$S = f(r) - H(k)$$

从上式中可以看出，储蓄与利率同向变动，与投机收益率反向变动。要影响储蓄率，可以变动利率，也可以变动民众的预期投机收益率。一般认为，利率主要是由货币供应量决定的，与制造业关系不大。制造业对利率的影响并不明显，要分析制造业与储蓄率的关系，应主要分析民众预期投机收益率。

民众投机的领域，主要是金融领域，制造业的进入门槛较高，不可能成为民众普遍的投资方向，制造业投资的资金主要来自银行的间接融资。另外，制造业的平均收益率相比其他行业是较低的，见表 2–1。

表 2–1 中国各行业平均利润率

单位：%

行业	工业	交通运输	商业	建筑业	餐饮业	服务业	娱乐业
利润率	5~13	9~14	4~9	6~15	8~15	9~15	15~25

资料来源：国家税务总局就调整核定征收企业所得税部分行业应税所得率答记者问，中央政府门户网站，2007 年 9 月 24 日。调查选择了山西、山东、广东、黑龙江、重庆、甘肃 6 个经济发展程度不同的省市。

表 2–2 北京市主要行业平均利润率

单位：%

行业	信息传输、计算机服务和软件业	文化体育和娱乐业	金融业	交通运输、仓储和邮政业	制造业	建筑业	科学研究、技术服务和地质勘查业	房地产
利润率	24.7	25.1	18.7	17.1	9.2	6.95	17	16

资料来源：《北京日报》2007 年 4 月 6 日。

从表 2–1 和表 2–2 中可以看出，在我国，无论是在北京市还是在全国范围内，制造业的平均利润率都是相对较低的。而金融业、服务行业的平均利润率都高得多。在这种情况下，如果制造业产出在 GDP 中的比重低，金融业特别是金融产品的消费高度发达，民众的预期投机收益就会较高，利率必须上升到一个相对较高的水平，民众才愿意把钱存在银行中。另外，制造业的收益会趋近于利率，当制造业产出在 GDP 中的比重高时，利率会相对稳定在一个理想的水平，无须调高来吸引更多的存款。

民众把钱存到银行只是完成了第一步，第二步是银行要能够把钱贷出，成为企业的投资，如果储蓄率高，但投资不活跃，即投资系数——储蓄/投资转化率低，储蓄对经济增长的作用也很难发挥出来。制造业对投资的影响主要体现在以下几个方面：

（1）制造业的投资需求旺盛，能够吸收较多的资金。制造业是吸引投资较多的一个行业，如果要增加产量，开发新的产品，企业必须投入大量的资金建设厂房、购买机械设备、购进原材料。相对来说，其他的部分行业，如农业需要投入的资金是相对较少的，服务行业需要投入的资金也不高，如表 2-3 所示。

表 2-3　2010 年中国部分行业固定资产投资情况

单位：亿元

行业	制造业	住宿餐饮业	IT 行业	金融业	房地产	商业	物流
投资	74527.74	2971.5	2392.11	475.91	57556.95	5216.36	27819.72

资料来源：中经专网宏观月报。

表 2-3 仅是对固定资产投资情况的反映，从中可以看到，制造业固定资产投资的数额是最大的，几乎等于其他所有行业的总和。

（2）制造业的投资能够直接产生需求，而不同于金融等行业。虽然金融业非固定资产投资很高。但是金融业产生的主要投资是间接投资，间接投资不能直接产生需求，它主要用于购买金融产品，如股票、证券、金融衍生产品等，并不直接用于购买原材料和产品，不能够产生相应的需求来推动经济的发展。

（3）制造业的折旧也较快，需要的流动资金也较多，能够推动资金较快地流动。制造业的设备折旧速度高于房地产的折旧速度，也高于农业或矿山等设施的折旧速度，企业为了获得更高的利润，会加速设施、设备的折旧速度，同时，由于技术进步的原因，企业的设施、设备也必须在较短的时间内折旧完。制造业在运行过程中，还需要数额较大的流动资金，将资金分配在产品形成的各个环节中，保障原材料的购进、中间产品的占款、库存的占款等，这些资金的增长都会带来投资额的增长。

由以上分析可知，制造业能够较好地推动储蓄和投资的增长。

2.1.2 制造业对技术进步的影响

技术进步是经济增长的重要推动力，在索洛—旺斯模型中，技术进步是以一个余量的形式出现的，它的存在增加了经济的边际增长量。在罗默的内生增长模型中，技术进步被解释在了模型内部，这更进一步强调了技术进步对经济增长的重要作用。

制造业与技术进步之间有着重要的相互影响的关系，一方面，技术进步会推动制造业的发展；另一方面，制造业的存在也会拉动技术的进步。而且需要指出的是：制造业占所有的产业的比重越高，就越能够推动技术进步。主要的理由如下：

（1）制造业企业对技术进步的需求是 R&D 的主要动力。这是在前文提到过的罗默的内生增长模型：

$$Y = L_y^{1-\partial}\sum_{j=1}^{A} X_j^{\partial} = L_y^{1-\partial}\int_0^A X_j^{\partial} d_j$$

在这一模型中，Y 这一经济增长的结果是由资本产品的和与总劳动投入两部分共同作用得到的。罗默将经济运行分为了研究部门、中间品部门和最终产品部门这三个部门，它们的关系如图 2–1 所示。

图 2–1　各部门之间的关系

最终产品部门主要就是指消费品制造业企业，它们生产消费产品，它们投入的，除了劳动力和人力资本外，还有中间品部门所生产的耐用资本产品——如一些先进的生产设备。可见，没有最终产品部门——消费品制造业企业的积极需求，中间品部门就没有生产中间品的动力，另外，中间品部门也是制造业的一部分，它们也会对研究部门提出研发需求，在自己中间产品销售不畅的情况下，中间品部门也就缺少对研究部门进行研发的需求，在缺乏需求的情况下，研究部门也就没有了继续研发的动力。由此可见。制造业企业对中间产品以及对技术进步需求的大量存在，是创新活动的主要推动力量。

（2）制造业企业存在着技术进步的巨大需求。在完全竞争市场中，从产品生命周期理论来看，制造业中的各企业要想获得超额利润，必须要尽量保持自己的创新，使自己生产的产品始终处于产品的引入期和成长期，在这一时间内，其他企业还未能够学习和模仿其产品，产品在市场上具有独占性，生产这些产品的企业就可以获得较高的利润回报。等到其他企业能够模仿生产这些产品时，原生产的企业就可以再推出更新的产品。正因为竞争的存在，制造业企业要想使自己的收益最大化，必须不断更新产品，而产品要想更新，就必须进行研发。何平、骞金昌对 1994~2004 年中国制造业企业的调查显示：存在 R&D 的企业一般规模较大、利润较高，而缺乏 R&D 的企业，则相对利润水平低，规模较小。另外，科技活动与企业的生存有正相关的关系，从事 R&D 的企业，生存的可能性高于没有 R&D 或 R&D 很少的企业。[①] 由此可见，制造业企业存在着对技术进步的巨大需求。

相反，制造业以外的其他行业对技术进步的需求却并不显著。比如，服务行业就对技术进步的需求不明显，部分服务业，如金融业、物流行业等，他们也会重视创新，但这些创新多是管理手段的创新，而非具体的科学技术的创新，他们投入研发的比重相对较低，另一些服务业，如餐饮、旅游等，则几乎不需要技术进步，甚至有些部门还保持了数百年的传统特色。之所以会出现这样的情况，是因为服务业获得收益最大化的前提是服务水平的提升，而影响服务水平提升的因素有很多，其中虽然也有技术进步的因素，但主要是管理水平、从业人员素质等其他因素在发挥着作用。

（3）技术进步对经济增长的正面作用也主要是通过制造业来体现的。技术进步对经济增长的作用不是直接体现的，而是通过生产率的提升而体现出来的。索洛（1957）认为，技术进步能够推动生产率的提升，罗默（1981）也提出，技术进步使得资本品的品质提升，消费品生产部门在使用这些资本品（即中间产品，包括机床等生产资料）时，可以大幅提高劳动生产率，从而使得产出的消费品价格下降，同时单位时间内产量也在增加。由于价格的下降，会促使需求的增长，于是产出也就增长了。索洛认为这种贡献率非常高，在对美国 1909~1949 年的劳动生产率进行研究后他提出，技术进步对生产率提高的贡献，达到 80%，[②] 这正好说明了技术进步是生产率提高的主要原因，通过生产率提高，进而提高产出，使经济增长。

---

① 何平，骞金昌. 中国制造业：技术进步与就业增长的实证分析 [J]. 统计研究，2007（9）：6.

② 雷鹏. 基于人力资本、技术进步的经济增长研究 [J]. 南京社会科学，2011（3）：40.

技术进步对其他产业的影响和作用就相对有限了。农业尽管也需要创新，但农业整体对经济增长的贡献有限，增长率一直是各产业中最低的。服务业前文已经论述，它的发展与技术进步的关系不大。

（4）制造业的发展和转移也促进了技术的进步。目前，R&D 不仅是科技部门的事务，越来越多的制造业也已经建立起了自己的研发中心，成为了 R&D 的主力。2010 年，欧盟各国投入的研发经费总额占到了 GDP 的 3%，其中有 2/3 来自制造业企业的研发投入。美国制造业企业对 R&D 的投入也非常大，美国研究开发经费总投入量的 2/3 也来源于制造业，美国专利总量的 90%也属于制造业。根据美国国家科学基金会的数据，2008 年美国企业投入的 R&D 经费达到了 3330 亿美元，而其中最多的就是制造业，达到了 2330 亿美元，占到了总投入的 71%，其中，微软公司该年投入研发的费用为 50 亿美元，这差不多是一个小国一年的全国财政收入了。

不仅是制造业投入 R&D 中的费用决定了制造业对技术进步的推动作用，制造业在发展过程和转移过程中，也在促进着技术进步。一方面，前文所述的“干中学”理论说明了制造业对技术进步的影响。阿罗（1962）认为，投资累积伴随着科学技术的进行。企业员工在工作的过程中同时也在学习，学习虽然不是工作的责任，但它会伴随着工作出现，使得劳动生产率不断提高。另一方面，前文也提到了制造业转移过程中的技术扩散（外溢）效应。在制造业转移的过程中，转移的承接国受到转出国的溢出效应的影响，能够推动技术进步，这不仅在理论上认为是可行的，相关的实证研究也证明了这一点。

2.1.3 制造业对人力资本形成的影响

人力资本是指通过投入教育培训、训练等手段，从而凝结在劳动者身上的知识、技能和健康等与劳动效率有关的因素，它是与有形的物质资本相对应的概念。西奥多·W. 舒尔茨（T. W. Schultz，1960）首次系统阐述了人力资本的理论，他认为人力资本在经济增长中具有重要的作用，这种作用大于物质资本的作用，随着人力资本的投入增长，国民产出也同向增长，它的乘数效应大于物质资本的投入效应。舒尔茨甚至认为，人力资本的投入不存在投资边际收益递减的问题，而是边际收益递增。

关于人力资本投入的总产出模型，可以简单地表述如下。

$$Y = f(K,\ M) \tag{2-1}$$

其中 K 为物质投资，而 M 为人力资本投资，M 又可以表示为：

$$M = M(L,\ E) \tag{2-2}$$

其中，L 为劳动力投入，而 E 则为给予劳动力的教育培训、医疗卫生、公共安全等方面的投入，其中最主要的是教育培训方面的投入。将式（2-2）代入式（2-1），经整理，可以得到包含人力资本的经济增长模型：

$$\frac{dY}{Y} = a\frac{dL}{L} + b\frac{dE}{E} + c\frac{dK}{K} \tag{2-3}$$

式（2-3）中的 a 为劳动力的劳动生产率，而 b 则为人力资本投入的转化率，即在劳动力身上投入的教育培训和其他能够有多少转化为劳动生产率。从式（2-3）可以看出，人力资本对经济增长的作用与劳动力的投入有关，也与劳动力的教育培训和其他投入有关，而且，要想让投入的教育培训资源转化为人力资本，必须也要让 b（转化系数）提高。一般认为，转化系数 b 既与一国的整体教育水平、社会保障水平等有关，又与该国的产业结构有关。

从以上分析似乎可以得出一个结论，即人力资本与教育增长正相关，而经济增长与人力资本增长正相关，进而经济增长就与教育增长正相关，但事实上，教育增长并不总是与经济增长同步，一方面是因为影响经济增长的因素太多，教育增长的作用会被其他因素抵消或隐藏；另一方面，教育增长并不直接与人力资本增长成一比一的正相关关系，还要受到一个转化系数 b 的影响，这个转化系数，主要是指该国的产业结构，是否有利于让受教育者转化为市场所需的人才。

人力资本可以按其用途，分为三个大的部分，第一部分是高端学术型的研发类人力资本，第二部分是工程技术型的应用类人力资本，第三部分则是基础技能型的人力资本。第一部分主要存在于科研院所和企业的一些研发部门，主要是指理工科的学术研究人员，他们的研究成果，才可能成为中间品部门生产资本品的基础；第二部分则是存在于各大企业的技术人员和工程师；第三部分则是广大的产业工人。在这三个部分中，第三部分人数最为庞大，也在整个人力资本中发挥着最重要的作用。

第一部分的学术型研发类人力资本的数量尽管较少，但他们是技术进步的主要推动力量，具有引领的作用。这部分人才的多少，与国家对教育的重视和投入有关，但更与社会相应的需求有关。如果社会不需要这部分人才，国家再多的投入也产生不了明显的效益。20 世纪五六十年代，美国的制造业产出占 GDP 的比重在全世界第一位，对制造业相关领域的研发需求也非常大，制造业研发所需要的主要是理工科人才，因此，美国的理工科人才大量涌现。但随着制造业的向外转移，制造业的比重下降，其他产业，特别是金融业的比重大幅上升，使美国学生的学习意愿发生了很大变化。理工科不再受重视，医学院、法学院和商学院成为了学生们的首选，这就使得理工科高端学术人才的供应减少了。2000~2010 年，美国 40%的产出来自金融领域，其制造业的产出已经下降到了约 11%，长期对金融领域人才的依赖，使美国的金融人才供大于求，相反，对制造业相关的理工科学术型人才的需求不足，使得各高校削减了此类专业的招生人数，学生也不愿意报考，最终的结果是目前理工科的学术型人才供不应求，满足不了美国目前发展的需要，特别是奥巴马总统提出“再工业化”口号以来，美国高端人力资本的缺乏，已经成为制约美国发展的瓶颈，据美国教育部门估计，美国国内对理工科高端人才的培养仅能满足美国 1/3 的需要。为此，美国加大了从国外引进理工科人才的力度，美国国土安全局在 2008 年 4 月 4 日颁布了新规定，该规定延长了理工科学生毕业后的实习期，从原来的 12 个月延长至 29 个月；[①] 2009 年有美国议员提议给留美获得理工科博士学位的外国留学生直接发绿卡，这些做法都是在弥补当年犯下的错误。由此可见，制造业对理工科人才的需求影响了教育中高端人才的培养方向。

第二部分工程技术类的人力资本，是各企业开展研发和维持生产正常运转的主要力量，这部分人才也存在着学校培养与社会需求之间的供求关系，在前文中已经阐述了这方面的作用关系，在此不再赘述。此外，这类人才在学校培养之后进入企业，会在企业中继续学习和成长，企业能否提供相应的环境，是这类人才能否发展壮大的关键。企业 R&D 投入数额是企业工程技术类人才成长环境的指标之一。金融危机以后，2009 年与 2008 年相比，欧洲企业的 R&D 投入降幅为 2.6%，美国下降更为严重，为 5.1%，日本的投入基本持平，与之形成鲜明对比的是，中国内地 2009 年比 2008 年研发投入多了 40%，其次分别是印度（27.3%）、中国香港（14.8%）和韩国（9.1%）。从投入的数额来看，德国 R&D 投入占到了全世界的 10.7%，与之相对应的，则是中国、韩国、德国等的制造业

① 艾迪留学. 美国“再工业化”呼吁理工科人才［N］. 现代快报，2010-8-9.

产出在 GDP 中的比重相对较高。从全球企业 R&D 投入的产业结构来看，排在前几位的均为制造业，包括医药与生物技术、技术设备与硬件、汽车及其零部件、软件与计算机设备、电子器件与设备等。这正说明了制造业企业对 R&D 的重视。[①]这一重视促进了工程技术类人力资本的发展。

第三部分基础技能型人力资本，是存在于各企业的产业工人。这部分产业工人大部分接受的是大学以下的教育，他们在学校学习时，大多并没有明显的专业划分，也未接受多少相关专业的培训，他们的培训和教育主要是由企业完成的。由于按照阿罗的“干中学”理论，劳动力的工作过程也是受教育培训的过程，产业工人在工作中学习和掌握相关技能，优秀的产业工人正是在企业工作的过程中成长起来的。中国自 1978 年起，开始大量承接制造业向中国大陆的转移，与之对应的，就是产业工人数量的不断增长和农业人口的减少，第一产业就业人员的比重由 1978 年的 70.5%下降到了 2010 年的 36.7%，同期第二产业的从业人员却由 1978 年的 17.3%上升到了 2010 年的 28.7%，这个巨大变化的背后，是中国一大批熟练产业工人的产生。目前，中国不仅存在着劳动力的优势，有着 7.6 亿的劳动从业人员，在世界上数量居第一位。而且，在这之中还存在着 2 亿~3 亿具有相应工作技能的产业工人，人力资本投入的增长，使中国经济快速增长。李韩望（1998）对中国 1982~1990 年宏观数据分析后得出，劳动投入对经济增长的贡献率达到了 18%，而蔡昉、王德文认为，1982~1997 年，劳动力投入增长对经济增长贡献达到了 29.02%。[②]

从以上分析可以看出，制造业对人力资本的形成有着较明显的推动作用，同时人力资本对经济增长的贡献也主要是通过制造业来实现的。

2.1.4 制造业与资源禀赋的关系

在古典经济学看来，对于长期宏观经济问题，总产出的数额是由资源禀赋决定的，在经济增长模型中，当社会资源已经被充分利用，并且已经达到了极限的情况下，投入更多的资本，只能提高生产的成本，推高产品的价格，并不能带来产出的增长，即在资源一定的情况下，一国的总产出也存在一个最大值，这个最

① 国家自然科学基金委员会政策局. 全球企业研发投入趋势分析[J]. 科技导报，2011，6（29）：15.

② 蔡昉，王德文. 中国经济增长可持续性与劳动贡献[J]. 经济研究，1999（10）：66.

大值就是资源被极限利用时的产出。古典经济学的这一观点尽管绝对了一些，但也说明了在经济增长中资源的决定性作用。另外，按照 H—O 理论，一个国家或者地区比较优势的产生，主要是由于这个国家或者地区存在着某种资源（要素）禀赋的优势。而比较优势，正是各国参与国际贸易竞争，取得相应收益的一个基础因素。由此看来，资源在经济增长中的确起着重要的作用。

罗默的内生增长模型：

$$Y = L_y^{1-\partial}\sum_{j=1}^{A} X_j^{\partial} = L_y^{1-\partial}\int_0^A X_j^{\partial} d_j$$

在这一模型中，除了劳动力的投入外，主要就是对中间产品和原材料的投入，原材料主要是对资源的消耗，中间产品（如机床、加工设备等）也来自于对原材料的消耗。王亚菲（2011）对中国 1990~2008 年经济增长与资源消耗的数据进行分析，得到一个结论是，人均 GDP 每增长 1%，其中有 0.90%是由上期资源消耗引起的，同时人均 GDP 每增长 1%，也会引起相应的资源消耗的增加。王亚菲分析得出：人均 GDP 每增加 1%，会引起 0.07%的化石燃料的消耗增加，0.22%矿物质的消耗增加，0.03%生物质消耗的增加。这说明经济增长与资源消耗间互为因果。资源如果供应不上，就可能导致经济增长的减缓甚至下降。①

制造业与资源禀赋间，存在着重要的依附关系。制造业的原材料和制造过程中的能源需求，都会对资源造成消耗，从定义上讲，制造业就是指运用各生产要素（包括劳动力、生产设备、资金、技术和信息等），通过对原材料进行加工、组合和改变，使其转化为可供人们使用和利用的消费产品和生产资料用品的一个行业。在这个定义中，前一部分运用的生产要素就包括了生产设备，这是必须运用资源制造出来的，后一部分则需要原材料的投入。整个制造业，都离不开对资源的消耗。第二产业中除了制造业以外的其他产业，如采矿业、供水供电等，也属于资源的消耗大户。相对来说，第一产业农业消耗资源较少，相反能够创造较多的生物资源，第三产业本身就是不生产物质产品的行业，尽管也要消耗资源，但主要消耗的是第一产业和第二产业生产出来的消费品。而且，第三产业中的部分行业，如金融业、商业等，对资源的消耗就更小了。

随着中国承接制造业转移，对资源的依赖程度也不断加深。1959 年时，中

① 王亚菲. 中国资源消耗与经济增长动态关系的检验与分析［J］. 资源科学，2011（1）：26.

国日消耗石油仅为9.96万桶，1978年，中国的石油产量首次突破1亿吨。整个20世纪80年代，中国的石油不仅能够自给自足，还有一部分用于出口，80年代石油工业的出口创汇占了我国所有的出口创汇的25%。但是，随着中国经济的快速发展，石油的消费增长速度远超生产增长速度，2001~2010年，我国年均经济增长速度为10.5%，原油消费量每年增长5.77%，但原油供应却仅增长1.67%。[①]中国的石油不再能够自给自足，而且还要大量进口。到2010年时，石油已经日消耗900万桶，是1959年的近100倍，而且这其中有480万桶是进口的。[②]铁矿石的需求量也随着中国制造业的发展而迅速增加，1978年，中国年消耗铁矿石1.26亿吨，2010年中国年消耗铁矿石10.9亿吨，其中一半以上（约6.2亿吨）是进口的。其他的一些资源，如电力、天然气、铜矿、硅、稀土等，也都随着中国承接制造业的转移而大幅度增长，2010年，中国进口矿物燃料、润滑油及有关原料的金额已经达到了1890亿美元，而这个数字在1994年时还仅仅为40.35亿美元。未来20年，中国的GDP按计划还需要翻两番，如果制造业依然按现行的消耗标准，那么矿产资源的消耗量至少还将增长一番多。按我国对石油的需要量年增长4%计算，到2030年时，中国石油日消耗量约为1900万桶，其中1400万桶需要进口，外贸依存度达到73.5%，而铁矿石的年消耗量将达到2011年的1.5倍，增加进口约5亿吨。如此高的进口量，使中国的资源高度对外依存，现在中国铁矿石的进口量已经占到了全球外贸铁矿石数量的30%~40%，如果再增加5亿吨的进口量，就意味着世界上大约80%的可用于国际贸易的铁矿石都被中国买走，这对中国发展是非常不利的。[③]

由此可见，制造业的发展受到了资源禀赋的掣肘，要想让制造业在未来继续较快地发展，必须解决资源消耗过大的问题，降低制造业产出的单位能耗。

---

① 余斌. 中国经济可持续发展正面临挑战　需消除体制扭曲[J]. 瞭望新闻周刊，2011（12）.

② 数据来源：中国海关总署。

③ 数据来源：中国海关总署，中国国家统计局，中经专网数据库。

2.2 制造业促进经济平稳运行的作用分析

经济平稳运行即经济不出现大的波动，经济波动一方面体现在经济周期的规律性变化上，另一方面则体现在就业、物价和国际收支这三个领域的变化上。经济要实现平稳运行，首先是经济增长的速度不出现剧烈变化。另外，也要保持就业的充分、物价的稳定和国际收支的平衡。在这些经济平稳运行目标的实现过程中，制造业发挥着重要的作用。在下面的分析中可以看到，制造业能够提供较多而且稳定的就业岗位，制造业生产的产品不仅是满足消费需求的直接来源，而且是进出口主要的贸易对象，制造业能够促使短期宏观经济目标实现。另外，可以看到，在经济周期中，制造业有着不可替代的缩短复苏期，加快经济恢复的疗伤作用。这些说明，制造业的适当比重能够使经济保持平稳地运行。

2.2.1 制造业对就业的影响

失业率是指非自愿失业人口占劳动人口的比例，这一指标是考察短期宏观经济目标充分就业的主要指标。要降低失业率，就需要提供更多的岗位给劳动者。与其他的产业相比，制造业能够提供较多的就业岗位，向上的增长空间较大。而且制造业就业岗位的入门门槛较低，能够减少就业市场的摩擦，并且制造业提供的就业岗位是相对稳定的，不会因为企业频繁变化而增加就业的摩擦。

首先，制造业能够提供较多的就业岗位。各个产业能够容纳的就业岗位是不一样的。农业受到土地资源的限制，能够容纳的就业人口相对有限，而且随着农业生产技术的进步，单位土地需要的劳动人数也逐渐下降。国家现代化的进程，都伴随着农业从业人口比例的大幅下降，美国 1790 年时，农业人口比例高达 97.7%，到 1860 年工业化开始后，农业劳动力就下降到了 58.9%，[①] 虽然美国目前拥有着全世界最多的可耕地面积——17345 万公顷（2002 年数据），但在全国

① 吴业勤. 借鉴美国农业人口转移经验加快我国农村劳动力的转移［J］. 唐山学院学报，2007（5）：72.

男性劳动力中，仅3.5%从事着农业生产（2002年数据），[①] 另有数据显示，1983年，美国的农业劳动力仅占全部劳动力的1.9%，约270万人。中国目前的情况是农业实际从业人员大大超过了应有的从业人数，按照张五常的预计，中国农业人口应该减少到当年的20%，[②] 即48526万人的20%，为9705万人，多出来的近4亿人都需要向其他的产业转移，可见，中国农业能够提供的就业岗位不仅有限，而且也缺乏向上增长的空间。第三产业主要是服务行业，是需要由人来做而没有办法通过设备来做的工作，因此该产业的就业吸纳能力最强，能够提供大量的就业岗位，关于这一点，库兹涅茨和霍利斯·钱纳里等学者已经进行了实证研究，得到了证明。目前在发达国家第三产业是就业的第一梯队，承接着最多的就业人口，提供的就业岗位最多。但第三产业存在着就业岗位不稳定的问题，容易带来摩擦性失业和结构性失业。

制造业能够提供较多的就业岗位，这一点从实际数据中也能够看出：2009年，美国制造业产出了1.6万亿美元，仅占美国GDP的11%。但同时美国的制造业企业却提供了1860万个就业岗位，约占企业就业岗位的1/6。金融危机以后，美国总统奥巴马提出了“再工业化”的口号，主要就是指发展制造业，他于2010年8月11日签署了《制造业促进法案》，预计该法案将增加46亿美元的产出，增加9万份新工作。印度以IT软件和资讯服务行业立国，但整个资讯服务行业能够容纳的就业人口只有200万人，不到印度拟就业人口的0.2%，作用微乎其微。2010年，中国城镇总就业人口为1.31亿人，其中，制造业贡献了0.36亿个就业岗位，是各行业中贡献最高的，排第2位的教育业，也只贡献了0.16亿个岗位。而在全社会总的就业人口当中，制造业提供的岗位达到了1亿多个（第二产业就业人数为21842.1万人[③]），占到了总就业人口的28.7%。中国1994~2010年三大产业就业岗位的变化情况见表2-4。

表2-4 中国按三次产业划分的各行业从业人员数量（1994~2010年）

单位：万人

年 份	从业人员	第一产业	第二产业	第三产业
2010	76105	27930.5	21842.1	26332.3

① 数据来源：中经专网数据库。

② 张五常. 中国农业人口应该减到20%［J］. 领导决策信息，2002（17）.

③ 数据来源：中经专网数据库，2011年9月22日数据。

续表

年 份	从业人员	第一产业	第二产业	第三产业
2009	75827	28890	21080	25857
2008	75563	29923	20553	25087
2007	75321	30731	20186	24404
2006	74978	31941	18894	24143
2005	74647	33442	17766	23439
2004	74264	34830	16709	22725
2003	73736	36204	15927	21605
2002	73280	36640	15682	20958
2001	72798	36399	16234	20165
2000	72085	36043	16219	19823
1999	71394	35768	16421	19205
1998	70637	35177	16600	18860
1997	69819	34840	16547	18432
1996	68950	34820	16203	17927
1995	68065	35530	15655	16880
1994	67455	36628	15312	15515

资料来源：中经专网数据库，2011 年 9 月 22 日数据。

其次，制造业能够提供较为稳定的就业岗位。第一产业农业也能够提供较为稳定的就业岗位，但农业能够提供的岗位是有限的。第三产业能够提供最多的就业岗位，但第三产业的就业岗位是极不稳定的，受经济周期的影响非常明显。裘雨明通过对中国 1978 年以来的第三产业就业的吸纳弹性分析得出，在我国，批发零售行业、餐饮业和房地产业的吸纳弹性最高，大于或者接近于 0.8,[①] 这就意味着，经济每增长 1%，就会带来约 0.8%行业就业数量的增长。但是，这几个行业也正是受经济周期影响最大的，经济在衰退时，这几个行业衰退的弹性最大，会带来相应的就业岗位的大幅度减少。金融危机以后的 2009 年，美国人年平均可支配收入减少了 1315 美元，在收入减少后，美国消费者削减了非刚性的消费，据美国人口调查局公布的数据，2009 年初到 2010 年秋，从来没有到饭店就餐的人高达 50.7%，一半以上的人没有外出到饭店就餐，这当然会使美国的餐饮业遭

① 裘雨明. 第三产业就业结构变迁与就业弹性实证分析［J］. 重庆工商大学学报（社会科学版），2004 (4).

遇重创。金融危机以后，美国的失业率上升，一度高达10%以上，餐饮娱乐类行业的失业率远高于此。美国赌城——拉斯维加斯作为一个主要从事第三产业中的旅游博彩业的城市，行业主要包括餐饮业、房地产业和零售行业，这几个行业的就业吸纳弹性最高，因此该市失业率的上升幅度远高于美国的平均水平，在2010年10月时，高达14.7%，受此影响，内华达州的失业率也达到了14.4%，是美国所有州中失业率最高的一个州，而内华达州最主要的行业，就是房地产业。①

德国的失业率在金融危机以后，一度高达9.1%（2009年），但在短短的数月后，德国的失业率就已经下降到了7.1%，已经恢复到了金融危机爆发前的水平。美国2008年的失业率仅为5.8%，2009年就已经上升到了9.3%，2011年时，危机已经发生3年了，失业率却仍然在9.1%的高位徘徊。②

另外，第三产业的行业竞争激烈，特别是零售商业、餐饮业等，随时都有大量这些行业的新店开业，同时也有大量这些行业的店铺歇业，据中国餐饮协会的调查显示，餐饮企业每年倒闭的比重在20%以上。这么高的企业倒闭率，就意味着每年该行业有近1/5的职工失业，虽然餐饮行业每年也有20%的新开张企业，可以吸纳倒闭企业的职工，但在失业和找到新工作期间，会出现摩擦性失业，由此可见，服务业造成的摩擦性失业比例较高。相对应地，制造业企业要稳定得多，所造成的摩擦性失业也相对较少。

但是也要看到，制造业对就业岗位的提供也是有限的。一方面，制造业受到资源禀赋的限制，不可能在社会资源已经得到充分利用的情况下继续较快增长。另一方面，制造业的技术进步伴随着人均资本存量的提高，技术越进步，单位劳动力投入的资本越高，这就意味着在资本增长限制的条件下（也可理解为企业对资本投入的节约偏好），技术进步会带来人力劳动的相对减少，从而引起单位产出就业人口的下降。从长期趋势来看，制造业增长的空间有限，再加上技术进步带来的就业人口的减少，制造业对就业岗位增长的贡献是相对有限的。这也给我们一个启示，要想保持制造业较高的就业吸纳能力，有必要对制造业要素密集度进行有效的引导，通过国家的制度影响，来保障制造业继续提供较多的就业岗位。

---

① 数据来源：美国劳工部数据库。
② 数据来源：世界银行数据库。

2.2.2 制造业对物价的影响

保持物价的稳定是宏观经济发展的短期目标之一，制造业的适当比重则对保持物价的稳定有着重要的意义。

影响物价的因素很多，通货膨胀产生的主要原因是货币的超发，按照费雪方程（Fisher Equation），社会总的实际货币量等于货币供应量乘以货币的周转次数。如下：

$$MV = Py$$

其中，M 为货币的供应量，这是可以由国家货币政策的制定机构来确定的数量，在此模型中，它是一个外生变量。V 是货币在单位时间内的周转次数，即流通速度。P 是物价指数，而 y 则是可交易的商品和服务的数量，即社会总产出。从该式可以推出：

$$P = \frac{MV}{y}$$

再将该式进行求导，可得到下式：

$$\frac{\dot{p}}{p} = \frac{\dot{M}}{M} + \frac{\dot{V}}{V} - \frac{\dot{y}}{y}$$

将$\hat{\pi} = \frac{\dot{p}}{p}$，$\hat{m} = \frac{\dot{M}}{M}$，$\hat{v} = \frac{\dot{V}}{V}$，$\hat{y} = \frac{\dot{y}}{y}$，则可以得到下式：

$$\hat{\pi} = \hat{m} - \hat{y} + \hat{v}$$

该式的含义是，通货膨胀率等于货币供应量的增长速度减去生产的增长速度再加上货币流通速度的增长，在费雪看来，货币的流通速度是稳定的，主要由社会结构和人们的生活习惯而决定，生产领域速度的变化也是有限的，因此物价上涨的主要原因来自于货币供应量 M 的变化。从此式已经可以看出，保持社会商品和劳务产出的稳定增长，是在货币供应量增长不变的情况下，保持物价稳定的一个重要因素，如果 M 和 V 都保持不变，而产出增长，则物价不但不会上涨，还会下跌，从上式可以看出，商品和劳务产出的增长，能够抵消货币增长和流通速度增长的负面影响。

这里的社会商品和劳务的产出，主要由三大产业提供。从通货膨胀的定义来看，非加速型的物价上涨，由于有相应的预期，不会带来实际收入水平的下降，因此，非加速型的物价上涨在某些经济学家看来，不能被算作通货膨胀。在三大产业当中，第一产业农业的增长速度较为缓慢，相对保持稳定。同时由于农业在GDP中的比重越来越低，因此并不能对产出的增长产生较大的影响。第二产业工业的增长受到了资源禀赋和投资数额的影响，增长的速度相对比较稳定。但第三产业却不一样，其增长速度是非常不稳定的，表2–5是中国2000~2010年第三产业各行业的增长速度。

表2–5 中国第三产业增加值指数

行业＼年份	2010	2009	2008	2007	2006	2005	2004	2003	2002	2001	2000
交通运输、仓储和邮政业	108.9	104.2	107.3	111.8	110.0	111.2	114.5	106.1	107.1	108.8	108.6
批发和零售业	114.3	112.1	115.9	120.2	119.5	113.0	106.6	109.9	108.8	109.1	109.4
住宿和餐饮业	110.0	105.5	109.6	109.6	112.6	112.3	112.3	112.4	112.1	107.6	109.3
金融业	110.0	118.2	113.3	127.6	125.9	113.8	103.7	107.0	106.9	106.4	106.5
房地产业	105.8	111.3	101.0	124.4	115.5	112.2	105.9	109.8	109.9	111.0	107.1
其他行业	108.0	107.8	111.0	111.3	110.8	111.9	112.6	110.8	113.6	112.9	113.0
平均	109.6	109.6	110.4	116.0	114.1	112.2	110.1	109.5	110.4	110.3	109.7

注：本表按可比价格计算（上年＝100）。
资料来源：国家发改委、国家统计局、国家信息中心等。

从表2–5中可以看到，中国第三产业的增长速度较不稳定，特别是金融业和房地产业，其增加值指数最高为127.6，最低仅为101，相差约1/4。相对来说，工业的增加值指数却比较稳定，表2–6是中国1995~2004年的工业年增长率。

表2–6 中国工业的年增长率

单位：%

年份	1995	1996	1997	1998	1999	2000	2001	2002	2003	2004
年均增长率	13.9	12.1	10.5	8.9	8.1	9.4	8.4	9.8	12.7	11.1

资料来源：国家发改委、国家统计局、国家信息中心等。

从20世纪70年代开始，有许多经济学家不再认为货币的流通速度变化不明显，开始关注货币流通速度的变化情况。在凯恩斯把货币需求划分为交易需求和投机需求的基础上，弗里德曼（Milton Friedman，1963）进一步提出货币的需求函数。

$$M = f\left(P, r_b, r_e, \frac{1}{P}\cdot\frac{dP}{dt}, \omega, Y, u\right)$$

在该式中，M 为财富持有者手中名义货币总量，r_b 是市场债券的利息率，而 r_e 则是预期的股票收益率，$\frac{1}{P}\cdot\frac{dP}{dt}$ 为预期的资产收益率，ω 为非人力财富和人力财富之间的比例，Y 为名义收入，u 为其他的影响因素。$\frac{1}{P}\cdot\frac{dP}{dt}$ 也即预期的价格变动率，可以记为 r_p，于是由该式，弗里德曼进一步推导出了货币流通速度的函数：

$$V(r_b, r_e, r_p, \omega, y, u) = \frac{1}{f(r_b, r_e, r_p, \omega, y, u)}$$

该式的含义是，货币的流通速度受到市场债券的利息率、预期的股票收益率、预期的资产收益率，非人力财富和人力财富之间的比例和人们的偏好等诸多因素的影响，并不是一个常量，而是会在短期内作出轻微变动的量，流通速度的改变，会进一步影响到货币总量，从而使物价发生变动。

博尔多（Bordo）和乔恩雷（Jonung）在 1987 年提出了“制度假说”，认为金融业的发展会影响货币的流通速度。起初，纸币对金属货币的替代，会使得货币的流通速度降低，但是后来，随着金融市场的发展，特别是金融工具的大量普及，金融业比重的上升，使得货币流通的速度加快，呈现出“U”形的发展态势。由于货币的总供给量是由货币供应量乘以流通速度得到的，流通速度越快的国家，其货币供应量占 GDP 的比例越低。2009 年，中国货币供给占 GDP 的比重为 64%，而同期，美国货币供应量占 GDP 的比重却只有 12%，这说明美国货币流通速度远高于中国的流通速度。而且，1990~2009 年，美国货币供应量占 GDP 的比重还下降了 2%，说明美国货币的流通速度在继续加快。在 1990~2009 年，中国货币的流通速度下降了 1.22%，而同期美国货币流通速度却加快了 1.32%。[①] 结合美国相对下降的制造业产出在 GDP 中的比重和相对上升的金融业比重，货币流通速度的变化自然就容易找到原因了。

通货膨胀的假说还有一类，就是成本拉动型的通货膨胀，除掉原材料上涨的因素，成本拉动型的通货膨胀主要是因为预期通货膨胀率超过了实际通货膨胀

① 李俊. 货币供给、货币流通速度与通货膨胀的关系研究［J］. 武汉金融，2011（3）.

率，或者说工资增长率超过了劳动生产率的增长率，使工资水平超过了充分就业率下应有的工资水平，从而产生成本拉动型的通货膨胀；一方面，不同的行业，工资增长率是不一样的，工资增长较快的行业，其工资增长的速度超过了社会平均劳动生产率的增长速度，必然会对物价起到推动的作用。另一方面，如果某行业收入水平远高于社会平均收入水平，使收入差距拉大，也会对物价产生影响。表 2-7 是我国 2006 ~ 2010 年各行业工资收入的增长情况。

表 2-7　2006~2010 年中国各行业工资收入的增长情况

年份／情况／行业	2010		2009		2008		2007		2006	
	年工资（元）	增长率（%）	年工资（元）	增长率（%）	年工资（元）	增长率（%）	年工资（元）	增长率（%）	年工资（元）	增长率（%）
农林牧渔业	17345	16.32	14911	15.07	12958	16.89	11086	17.56	9430	13.49
采矿业	44496	16.41	38224	11.10	34405	21.24	28377	16.61	24335	17.98
制造业	30700	15.42	26599	9.95	24192	15.84	20884	16.24	17966	14.02
电力煤气及水的生产和供应业	48323	13.25	42668	8.84	39204	15.96	33809	17.54	28765	14.73
建筑业	28127	14.22	24625	14.39	21527	14.76	18758	14.34	16406	14.42
交通运输、仓储和邮政业	41536	14.66	36224	10.45	32796	15.34	28434	15.48	24623	15.32
信息传输、计算机服务和软件业	66598	11.15	59919	5.79	56642	15.07	49225	9.97	44763	10.37
批发和零售业	33520	15.46	29031	13.68	25538	22.26	20888	17.77	17736	16.37
住宿和餐饮业	23812	12.36	21193	8.79	19481	14.32	17041	12.07	15206	9.74
金融业	80772	14.95	70265	13.62	61841	25.10	49435	25.85	39280	21.88
房地产业	36392	11.66	32591	7.47	30327	14.77	26425	17.04	22578	9.70
租赁和商务服务业	38502	12.19	34318	8.14	31735	17.69	26965	14.03	23648	12.65
科学研究、技术服务和地质勘察业	57316	12.68	50866	10.57	46003	18.32	38879	21.84	31909	16.31

续表

行业 \ 情况 \ 年份	2010		2009		2008		2007		2006	
	年工资（元）	增长率（%）	年工资（元）	增长率（%）	年工资（元）	增长率（%）	年工资（元）	增长率（%）	年工资（元）	增长率（%）
水利、环境和公共设施管理业	27229	10.91	24551	10.68	22182	16.36	19064	18.12	16140	9.40
居民服务和其他服务业	28665	11.52	25704	8.00	23801	10.45	21550	13.81	18935	13.78
教育	39624	13.08	35042	16.09	30185	15.38	26162	23.79	21134	14.42
卫生、社会保障和社会福利业	41132	13.06	36380	11.21	32714	15.77	28258	18.24	23898	13.54
文化、体育和娱乐业	42245	10.25	38319	11.09	34494	12.50	30662	17.36	26126	14.16
公共管理和社会组织	39329	8.44	36268	10.05	32955	16.98	28171	23.11	22883	11.60
平均	36539	11.62	32736	12.00	29229	17.23	24932	18.72	21001	14.36

资料来源：中经专网，中经网统计数据库，2011 年 9 月 22 日数据。

从以上的统计数据来看，制造业平均工资水平略低于全行业平均工资水平，2010 年行业平均工资为 36539 元，而制造业平均工资水平仅为 30700 元。制造业平均工资的增长率也与全行业平均工资增长率相当或更低，在表 2-7 中，除 2010 年制造业工资增长率 15.42%超过了平均增长率 11.62%外，其他年份制造业的工资增长率都远低于平均增长率。由此可见，制造业的工资水平和增长率，对稳定物价起到了重要的正面作用。相反，从表 2-7 中也可以看到：金融业工资水平与工资增长率远在平均水平之上。2010 年，金融业的平均工资已经达到了 80772 元，是各行业平均工资的 2.21 倍。另外，金融业的工资增长率也在全行业平均水平之上，从 2006 年到 2010 年，没有一年低于平均水平，2007 年和 2008 年，工资增长率更高达 25%以上，这样高的增长率，已经远远超过了劳动生产率的增长率，当然会不利于物价的稳定。

2.2.3 制造业对国际收支的影响

宏观经济的目标是要实现内部均衡和外部均衡。其中内部均衡包括物价的稳定和充分就业，而外部均衡则是指国际收支的平衡，不存在逆差或者是有适当的顺差。如果国际收支失衡，则会带来汇率及利率的变动，使短期宏观经济发生波动，如果产生了逆差，则还有可能影响到宏观经济的增长。

国际收支平衡用 BP=0 来表示，其中：

$$BP = nx - F$$

其中，nx 为净出口，它是与本国收入水平及汇率有关的变量，如果用 q 表示不受收入和汇率影响的自发出口，m 表示边际收入进口倾向，n 表示实际汇率变动时的出口倾向，即国外价格与国内价格比率变动时的边际出口倾向，用 E 表示汇率，P_f 表示国外价格，P 表示国内价格，则可以将其表示为：

$$nx = q - my + n\frac{EP_f}{P}$$

而 F 则是指资本净流出，与本国利率与国外利率有关，可以将其函数表示为：

$$F = \sigma(rf - r)$$

国际收支失衡主要是指出现国际收支逆差，要减小收支逆差，可以用弹性分析法来解决，该方法主要是通过汇率的上升，即 E 的增大，在其他指标不变时，使 nx 增加，从而能够弥补资本净流出带来的逆差。按照马歇尔—勒纳条件，汇率上升（本币贬值），要想使国际收支改善，必须使出口商品和服务需求对汇率上升的弹性与进口商品和服务需求对汇率上升的弹性相加大于 1。其含义是指：当汇率上升时，出口商品和服务增长所带来的外汇收入的增长，应该比汇率上升后，由于进口商品和服务相应涨价所带来的购买中使用的外汇增长还要多，才会使得汇率上升带来国际收支的改善。

制造业是进出口商品的主要提供者，当制造业产出在 GDP 中的比重较高，使制造业产品在出口商品中占据主要份额时，由于制造业产品的成本主要由原材料和工人工资构成，本币贬值相当于实际工资在国际市场上的下降，那就会使得制造业产品的成本下降，使得出口商品的价格下降，出口商品在国际市场上更有竞争力，出口增长较明显。同时，由于本币贬值，从国外进口的产品相对价格上升，如果进口国制造业发达，国内商品相比更有价格优势，就可以采用进口替代，使进口相应减少。由此可见，制造业的比重较高，可以使进口下降需求和出口上升需求的弹性都加大，从而符合马歇尔—勒纳条件，在汇率上升（本币贬值）时，国际收支得到改善。

再按吸收分析法的观点来分析，总需求可以表示为：

$Y = A + B$

其中，Y 为总收入，而 A 则是国内消费和投资总需求（假设不存在政府部门），称为国内总吸收，B 表示国际商品和服务贸易的收支。可以推出：

$B = Y - A$

将上式求差分，可以得到：

$\Delta B = \Delta Y - \Delta A$

该式的意义为：在汇率上升即本币贬值的情况下，要想让国际收支得到改善，要么是在不增加总收入的情况下，减小了国内吸收，即 A；或者是总收入 Y 的增长超过了吸收 A 的增长。最好的情况是，汇率的上升，既带来了总收入的上升，又带来了吸收的减少。吸收分析法依然得出一个结论——在不减少收入的情况下，要使出口增长来使国际收支得到改善。

这一方法可以简单理解为增加净出口，包括在进口不增加时增加出口，在进口增加时使出口增长更快。当然，能够同时出现进口的减少和出口的增长，就更能较快地减少逆差。

制造业是出口商品的主要提供者，第三产业服务业由于需要“人”来提供服务，很难将服务与提供服务的“人”割裂开来，像酒店服务、餐饮服务、运输服务等，都需要在提供服务的当时当地完成消费，因此，第三产业在出口中占的比例不高。第一产业——农业倒可以提供较多的出口产品，但农业产品是出口的初级产品，附加值低，不能够为出口国带来较高的收益。按 H—O 理论来看，农业产品也受到了可耕种土地等禀赋的限制，中国作为一个人口众多，相对人均土地资源有限的国家，农业产品出口的增长有限。相反，制造业却存在着较大的出口空间，一方面，国家可以采取进口替代政策，将进口产品转为由国内生产替代；另一方面，国家可以采取出口替代政策，不断提升本国产品在国际市场上的占有率，这自然可以使净出口 nx 增加。

目前，制造业已经成为中国出口的主力军，在中国出口的产品中，2010 年，工业制成品的比重为 94.82%，机电和高新技术产品在我国出口贸易中比例很高。

我国制造的轻工产品已经出口到世界 200 多个国家和地区，中国制造的产品，有 220 多种产量居于世界第 1 位。表 2-8 是我国 1994~2010 年出口产品的分类情况。可以看到，初级产品出口额占总出口额的比例由 1994 年的 16.29%下降到了 2010 年的 5.18%，同期工业制成品占比则由 83.71%上升到了 94.82%。

表 2-8 1994~2010 年中国出口产品的分类情况

年份	总额（万美元）	初级产品（万美元）	占出口比例（%）	工业制成品（万美元）	占出口比例（%）
2010	15779.00	817.00	5.18	14962.00	94.82
2009	12016.00	631.00	5.25	11385.00	94.75
2008	14306.90	779.60	5.45	13527.40	94.55
2007	12204.60	615.10	5.04	11562.70	94.74
2006	9689.80	529.20	5.46	9160.20	94.53
2005	7620.00	490.00	6.43	7129.00	93.56
2004	5933.26	405.49	6.83	5527.77	93.17
2003	4382.28	348.12	7.94	4034.16	92.06
2002	3255.96	285.40	8.77	2970.56	91.23
2001	2660.98	263.38	9.90	2397.60	90.10
2000	2492.00	255.00	10.23	2237.00	89.77
1999	1949.31	199.41	10.23	1749.90	89.77
1998	1837.09	204.89	11.15	1632.20	88.85
1997	1827.92	239.53	13.10	1588.39	86.90
1996	1510.48	219.25	14.52	1291.23	85.48
1995	1488.00	215.00	14.45	1273.00	85.55
1994	1210.06	197.08	16.29	1012.98	83.71

资料来源：中经专网，中经网统计数据库，2011 年 9 月 22 日数据。

在金融危机中，第二产业抗击外贸衰退的能力也比第三产业要强。印度第三产业发达，第二产业较弱，中国则相反。中国是第二产业特别是制造业较强，第三产业比重却稍低。在 2008 年的经济危机影响下，2009 年印度的出口总额比 2008 年下降了 19.9%，进口额也减少了 23.9%。相比之下，中国的表现就要好一些。与 2008 年相比，2009 年中国的出口和进口分别下降了 16.0%和 11.2%。

2.2.4 制造业与经济周期的关系

经济周期是指经济在发展过程中出现扩张与紧缩交替发生的一种经济现象。

卢卡斯（1981）在《经济周期理论研究》[①] 一书中提出，经济周期是经济实际增长对长期平衡增长趋势的一种偏离。即经济不是平稳地、匀速地增长，而是起起落落，增长率在不断地发生着变化。经济周期与经济波动的不同在于，经济周期是循环往复的经济波动，但并不是所有的经济波动都是经济周期。制造业对经济周期的影响既有正面的，也有负面的，也就是说，制造业产出在 GDP 中的比重较高既存在着加重经济周期的不利影响，同时制造业产出在 GDP 中的比重较高也有利于经济从经济周期的不利影响中恢复。

（1）从产生经济周期的原因来看，制造业较高的比重容易引发经济周期的经济波动，要么使经济获得较快的增长，要么使经济陷入衰退。实际经济周期理论认为，经济周期中经济波动的根源来自冲击，这正是经济周期产生的原因，冲击有以下几种：一是技术进步的冲击；二是供给冲击；三是需求冲击；四是制度冲击；五是货币冲击；六是心理冲击；七是金融冲击；八是政府冲击；九是其他原因（如自然灾害、战争等）。[②] 所有的冲击研究都表明，技术冲击是最重要、最常见也最值得分析的冲击，在所有的冲击中，该冲击的作用效果最大，是主要的波动源。例如，罗曼（Roman）就认为经济周期波动的根源是实际因素，而不是货币供给波动这样的名义因素，因为货币的供给波动只会带来名义产出的波动，而不会影响实际的产出。他认为，能够影响实际产出的主要是技术冲击。[③]

技术进步主要体现在制造业当中，古典宏观经济学认为，技术进步会带来生产设备的革新，现代经济学进一步指出，技术进步还会促进劳动生产率的提高，随着劳动生产率的提高，技术进步可以使经济在现有资源禀赋和劳动力数量的限制下获得更大的产出。一方面，技术进步使劳动生产率提高，促进经济较快增长，世界上的第一次工业革命和第二次工业革命，都是由技术引发经济的高速增长，而这些增长主要是在制造业上体现出来的。因此，技术进步的冲击通过制造业发生作用，可以使得经济出现快速增长的波动。

但是，从另外一方面看，技术的进步也会使得供给增长的速度超过了需求增长的速度，此时就有可能产生供给的过剩。卢卡斯的制造业企业供给函数为。

---

① [美]卢卡斯. 经济周期理论研究 [M]. 北京：商务印书馆，2000.

② 陈英. 经济周期原因与中国经济增长原因初探 [J]. 经济研究导刊，2011 (3)：19.

③ Roman A. Ohrenstein. Business Cycle Analysis in Talmudic Literature [J]. International Journal of Social Economics，1993 (1)：20.

$$y_i = h(P_i - P) + y_i^*$$

其中，y_i 是企业的实际产出，P_i 是企业产品的价格，而 P 则是市场总价格水平，而 y_i^* 则是企业潜在的产量，由于企业并不知道市场的价格 P，只能估计、预测，估计、预测一方面来自社会机构的有关预测 $\hat{P}$，另一方面也来自企业自己的分析调整。假设 b 是企业的调整系数，则可以用下式来表示企业的估计：

$$P^e = \hat{P} + b(P_i - \hat{P})$$

结合以上两式可以推出总供给函数：

$$y = nh(1 - b)(P - \hat{P}) + y^*$$

在上式中，如果企业产生了技术进步，则企业的劳动生产率获得提高，单位产品的成本下降，在预测价格不变的情况下，企业扩大生产有利可图，因此企业会加大投资，提高产出。在技术进步因素的影响下，企业扩大生产并不一定多雇用工人，而只是提高了人均资本存量，通过劳动生产率的提升来提高产出，这时，就出现了企业产出和工人收入不同等增长的局面。

而社会的有效总需求主要是由消费需求、投资需求、政府购买需求和出口需求等四方面构成的，在技术进步的冲击下，由于企业技改投入的需要，投资需求会随着技术进步增长，但消费需求、政府购买需求与出口需求的增长并不与技术进步同步，而且在资本的约束条件下，技术进步还会带来单位资本雇用人数的下降，消费需求不但不会上升，还会由于失业率的上升而产生消费需求的下跌。

由于市场经济自我调节的局限性，制造业企业从自身角度出发扩大生产使总供给增长，但需求增长的速度赶不上供给增长的速度，从而产生超额的供给，经济失衡。制造业企业的库存增长，占款增多，企业流动资金缺乏，呆账、坏账发生，引起经济的衰退。从这一点上看，制造业企业是引起经济周期的重要因素之一。

（2）由于工资黏性和价格黏性的存在，制造业产出在 GDP 中的比重较高会加剧经济周期中的衰退并延缓经济的恢复。按照新凯恩斯主义的观点，市场价格不能迅速调整为均衡价格的原因在于黏性工资和黏性价格。黏性价格主要是由菜单成本造成的，价格每一次的变动都会给厂商带来价目表制作、通知和宣传等产生的成本增加。黏性工资主要是由长期工资合同造成的，在工会存在的情况下，工人会与企业签署一定时期的工资合同，合同中会依据通货膨胀的预期而写入一个工资的增长率，这一增长率能够保证工人的收入不受物价上涨的影响。但在经济衰退时，该增长率反而会使实际工资水平远高于经济增长率，从而造成实际工资的上升，使企业雇用意愿降低，造成失业率的上升和产出的萎缩。制造业的价格黏性和工资黏性更为突出，一方面，在西方国家，制造业中工会最为健全，其工资合同最为完善，能够使企业存在着较大的工资黏性造成的成本压力。另一方面，在存在工资粘性和价格黏性的情况下，市场价格不能迅速调整为均衡价格，失衡会长时间存在，经济周期下滑会更严重。

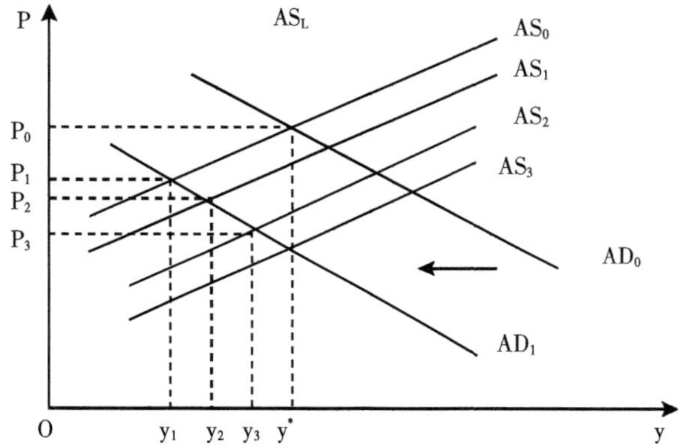

图 2–2　在工资黏性和价格黏性假说下的经济周期变动情况

图 2–2 显示了在 3 年期的用工合同影响下的经济周期。在假定为 3 年期的用工合同情况下，原均衡点价格为 P_0，同时产出为自然失业率情况下的 y*；当经济发展衰退时，总需求曲线 AD_0 向左移动到 AD_1，由于工资合同的原因，工资存在着黏性，并不能够马上发生调整变化，此时总产出下降到 y_1；在第一批合同到期时，厂商和工人调整了工资，实际工资水平下降，雇用工人增长，总供给曲线由 AS_0 变动到 AS_1，产出增长到 y_2；随着第二年第二批合同到期，总供给曲线由 AS_1 变动到 AS_2，产出增长到 y_3；直到第三年第三批合同到期时，工资才能够全部调整到位，总供给曲线 AS_0 才最终右移到 AS_3，此时产出恢复到 y*。由此可见，由于有工资黏性的存在，经济周期被拉长了，在没有政府干预的情况下，在 3 年期合同的假定下，经济至少要 3 年才能恢复到原有水平。

（3）同样的原因，在有政府干预的情况下，制造业较高的比重也会使得经济复苏较为容易。在经济复苏阶段，由于国家采取积极的财政政策和扩张性的货币政策，会带来国家购买需求和投资需求的增长，以直接弥补经济衰退对需求的减少。在存在工资黏性和价格黏性的情况下，只要政府的救市政策及时，就可以使经济迅速得到恢复，保持经济的稳定发展，其效果如图 2–3 所示。

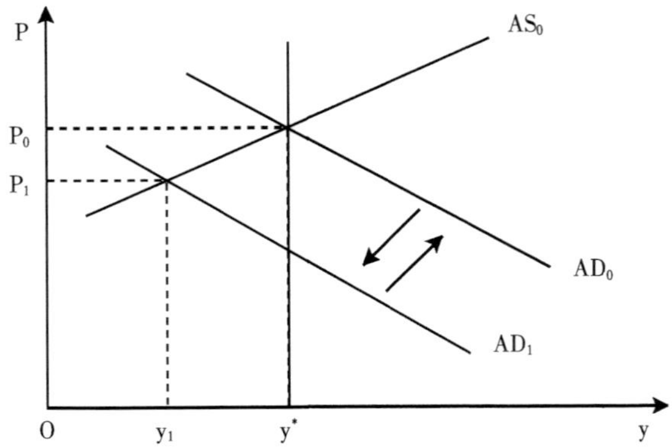

图 2-3　存在工资黏性和价格黏性时经济政策的作用

当经济发生衰退时，总需求曲线 AD_0 向左移动到 AD_1，由于工资合同的原因，工资存在着黏性，并不能够马上发生调整变化；如果此时政府采取经济政策扩大需求，使总需求曲线 AD_1 再向右移动，恢复到 AD_0 的位置，此时总产出没有下降，同时价格也不发生变化，企业也就没有了改变合同的必要性。前文已经叙述，制造业的工资黏性和价格黏性都比较突出，使政府的经济政策能够产生较为明显的效果。由此可见，在制造业比重较高的情况下，只要政府按照预期增加相应的有效需求，就可以较快地扭转经济周期的衰退，使经济较快恢复。

（4）人们心理和社会传播对经济周期也有影响。随着心理学和社会学在宏观经济学中的引入，宏观经济学也变得富有“人情味”了，一方面，人们会对未来进行预期，在预期悲观时，出于理性经济人的假定，人们会采取相机的决策，减少投资和减少消费，这会进一步带来需求的不足；另一方面，从社会学的角度来看，人们存在着个人理性与群体的无意识，人们有“羊群效应”或者从众心理，当悲观情绪出现时，由于信息不对称，人们会相互传播这种情绪，加剧这种情绪对经济的负面影响。相对来说，制造业能够更好地恢复人们的信心，而虚拟经济，特别是金融业很难恢复人们的信心。前文已经叙述了制造业对就业的影响，在经济衰退期，制造业也会产生一定的倒闭或裁员的现象，但在经济复苏阶段，制造业新开工的企业会不断地增加雇用工人数量，使就业明显增加，而同时金融业并无太大的机会使就业增长。另外，制造业只要开工生产，就能产出实实在在可以看到的产品，不像金融业只是账面上的数字变化。当制造业企业进行新的投资，修建厂房、购买设备和采购原材料时，其热闹的场面也会给民众的心理产生“复苏”的感受，这种心理在民众中放大，就会形成对经济良好的预期，从而愿意增加消费或者增加投资，使经济获得恢复的动力。反之，金融业很难使民众有“真实”的感受，预期要差得多。

从以上分析可以看出，制造业对于经济平稳运行的总体影响是正面大于负面，制造业在促进就业方面表现突出，对物价的稳定也起到了重要作用，同时也有利于增进出口。在对经济周期的影响方面，制造业有可能会加剧经济的下滑，但是在经济复苏方面却有着重要的促进作用，这也正好解释了为什么制造业产出在 GDP 中的比重较高的国家在金融危机后恢复较好。

2.3 制造业的其他作用

2.3.1 制造业与国家安全的关系

对于制造业的作用，不能只看它在经济方面的作用，也要看到它在非经济领域的作用。制造业与国家安全有着重要的关系。制造业与国防工业息息相关，国防工业的许多技术来源于制造业，国防军事中的许多用品也是由制造业生产出来的，如车辆、通信设备、服装、房屋的建筑用具等，一个国家维持一定的制造业产出在 GDP 中的比重，拥有相应的制造能力，是对这个国家安全的一个重要保障。

（1）国防军事工业本来就是制造业的组成部分。国防的武器设备需要由制造业来提供，如果自己不能生产，就只有通过国际贸易购买，但武器设备在许多国家属于禁运的物资。例如，出于战略遏制的需要，美国和欧洲国家很少允许向中国出售武器。就算通过国际贸易能够买到想要的武器，但是武器设备如果不统一，规格不一致，就存在着敌我识别困难和后勤补给困难。印度就是因为既进口了美国的武器，又进口了欧洲的武器，还进口了俄罗斯的武器，结果使自己成为了万国武器的博览园，光是为各种规格型号的武器配足零部件，就会极大地推高军费开支。因此，要想保证国防的稳固，国家只能依靠自己发展军事工业，而发展军事工业，制造业就是必不可少的基础。

（2）制造业能够为国防工业提供技术支持。先进的技术能够保持一个国家的国防优势，这些技术既可以用在军事设备上，也可以运用在民间。技术在国际间是非自由流动的，不少国家都对核心的、关键的技术实行了控制，不允许流向其他国家，特别是处于战略对手地位的国家，如一些西方国家对中国就实行了技术封锁，一些大型通信设备的制造技术、一些新材料的制造技术等，都不允许传到中国，因此，各国的军事技术进步，主要还是靠自己的研发。在西方国家，企业已经成为了军事技术进步的主要推动力量，这些企业在生产军事设备的同时，也生产民用产品，他们根据军方的需要，进行研发，也把民间领域研发中所得到的成果运用到军事设备的生产中去，不断推出新的技术和产品，以保证能够从军方拿到足够的订单。

（3）制造业是国防信息安全的保障。现代的战争，信息已经成为了决定性的因素，不管是信息获取还是信息的加密和信息的干扰，都需要用到如感光器材、摄录设备、计算机、交换机、发射器等设备，这些设备如果都产自国外，就可能留有“后门”，给信息的失窃带来隐患。如果遇到战争爆发或者是遭到禁运等制裁时，这些设备的缺乏也将导致国家的国防实力下降。另外，如果依赖国际贸易，这些来自国外的设备也不方便维护与检修；如果将维护与检修外包，又容易给谍报人员留下可乘之机。

（4）制造业能够为国防工业形成制造能力的储备，应付战争的需要。制造武器和制造民用品，所用的技术和设备在许多地方是一样的。和平时期的制造业，在战争时期很容易转化为军事工业，第二次世界大战时期，德国之所以不能够攻克斯大林格勒，就是因为苏联拥有强大的制造能力储备，斯大林格勒有拖拉机制造厂，在德军围城时，苏联人能够从制造厂中源源不断地生产出坦克来，用不断补给的物资来应对德国单纯的消耗，最终拖垮了德军。

（5）制造业还是国内物资供应的保障。在战争时期，为了削弱敌对国家的实力，军队都会对国际运输线进行打击，阻止物资的国际运输。这就要求战争中的国家拥有自己相对独立的制造能力，能够不依靠外界的力量就生产出国家正常运转所需要的产品，防止自己在战争中被拖垮。在和平时期，为了达到某些目的，国际社会也会采取禁运等方式来制裁一些国家，被禁运国家如果对外界依赖程度较高，很多产品不能自己生产，其经济就会受到重创，甚至人民的日常生活都难以为继。例如，1948 年第一次柏林危机时，苏联几乎封锁了所有西占区进出柏林的道路，战后的柏林几乎没有制造能力，所有的物资都需要从外面输入，当时柏林市每天生活所需要的物资近1500吨，在被封锁之后，柏林的市民就面临着生活的困境，不仅不能保证生活的质量，连生命都受到了威胁，在陆路和水路被切断后，只能依靠美英等国的飞机来运送物资，情况十分危急。再如，古巴长期被美国封锁，由于制造业不健全，许多产品自己无法生产，造成长期的物资短缺，人民生活水平低下，连20世纪50年代的汽车都长期在使用。由此可见，一个国家必须保证自己有齐备的制造业，才能保障自己的国家安全。

因此，从国家安全需要的角度出发，一个国家必须保持有一定规模的制造业。

2.3.2 制造业与产业空心化

产业空心化是一个有争议的概念，理论界主要有以下两种解释：一种是从企业的微观角度来解释，是指大量的跨国企业把自己的生产、研发和经营部门转移到国外劳动力成本较低的国家和地区，在原企业所在国家只剩下一个企业的空壳，就像是一个已经被吸光了蛋白与蛋黄的鸡蛋，如果这样的企业在某个产业内普遍存在，就可以理解为该产业已经出现了空心化。如果这样的企业在整个国家或地区普遍存在，则可以说该国或该地区出现了产业空心化。另一种是从行业结构的角度来解释的，是指发达国家实施了超工业化的战略，放任资本从实体产业中抽离，转而投向股市或者是其他金融产品市场。[①] 或者是发展中国家盲目实施跨越式发展，使服务业过度发展，服务业的比重超过了应有的比重，产业结构严重失衡，物质生产部门的比例下降，非物质生产部门的比重过高，或者是实体经济比重较低，虚拟经济比重过高。例如，美国、冰岛、澳大利亚等国，服务行业特别是金融业的比例过高，产业空心化已经非常明显。

此外，还有一种对产业空心化的定义，胡春力（2011）提出：产业空心化是指在一个产业部门中，缺乏创造力和缺乏精细生产、复杂加工的能力，技术水平较低，只能代工或者组装生产，而不能原创或者生产复杂、精细的产品。这种定义并不是本书要讨论的产业空心化，本书把这种情况看作是产业的结构低端化。[②]

产业空心化的危害主要体现在以下几个方面：

一是大量空壳企业的出现，降低了这些企业对所在国的贡献，对经济增长的

① 董杰. 我国面临的“实业空心化”压力与对策［J］. 中国市场，2010（9）：52.
② 胡春力. 我国亟待解决产业空心化问题［J］. 机械工业标准化与质量，2011（7）：7.

促进作用减弱。一个国家财富的增长，应该是产品和服务的生产能力的增加，但在一些西方国家已经把财富简单地等同于货币数量的增加，美国在 1990 年以后，经济出现了较快的增长，主要是由于经济的泡沫化造成的，其经济的增长，主要由金融业和房地产业贡献，这些行业的增长就是货币数量型的，所带来的不是真正财富的增长，而仅仅是账面上数字的增加。当金融危机爆发后，账面上的数字缩水了，经济也就自然萎缩了。

二是产业空心化不利于提高就业率。产业空心化是大量资金从实体经济中抽离，转投到虚拟经济当中，虚拟经济的单位资本就业率是非常低的。而制造业和服务行业是提供就业岗位最多的行业，虚拟经济的比重过高，就会造成制造业投资不足，使能够容纳的就业人口下降。美国在金融危机以前，靠服务业吸纳了大量的就业人口，但在金融危机发生后，由于有效需求不足，大量的服务业企业倒闭，使失业人口骤增，失业率最高曾超过 10%。在经济复苏阶段，由于产业的空心化，尽管政府大量投入了救市资金，但这些资金大部分陷入了虚拟经济的金融“黑洞”，单位投入产生的就业岗位非常有限，美国的失业率长时间保持在 9%左右。

三是产业空心化会导致货币的供应与需求结构失衡。[①] 由于产业空心化伴随着非物质生产部门的过高比重，在其中占较大成分的虚拟经济对货币的需求是高度投机性的，会随着金融市场的繁荣和衰退产生“过山车”一般的变化，不再仅仅只是对利率敏感，而且敏感程度非常高。这就打破了传统的货币供给与物价之间的同向变动关系，使物价的变动是非理性的。1990~2007 年美国的 CPI 保持稳定，只是因为依赖进口大量廉价商品的原因。当这些进口商品的价格上涨或是美国的金融市场发生大的变化后，美国的 CPI 就呈现出了较大的波动。在金融危机爆发后，2008 年的 CPI 最高为 5.6，而 2009 年 CPI 最低时仅为-2.1，短短一年间，两者间波动的幅度高达 7.7，这对经济的损害是非常大的，同时也会影响到民众的福利。

四是产业空心化扭曲了市场对资源的配置作用。对资源配置产生作用的市场包括劳动力市场、货币市场、产品市场和外汇市场等，其中产品市场对生产资料起着最为关键的配置作用。要让产品市场充分发挥作用，必须要保证市场是健全

① 仲崇文. 虚拟经济对实体经济的双重作用［J］. 经济导刊，2011（7）：108.

的。但是，产品市场会随着产业空心化的产生，变得不够完善，大量企业的空壳化和实体经济中资本的抽离，使出现产业空心化国家的产品市场显得越来越单薄。虚拟资本的投资者希望得到的，是在金融市场上的高额回报，而不是产品市场上的产出回报，他们对产品市场没有兴趣，他们只关心怎么让资本在金融市场上增值。这样一来，产品市场就会弱化，逐渐丧失对资源配置的功能。

五是产业空心化不利于人民物质生活的保障，增强了对其他国家的依赖。在产业空心化出现后，原物质生产部门生产的产品都转移到了国外，自己不能生产人们日常生活所需要的生活资料和社会日常运转所需要的设施设备，需要从国外进口。这样一来，就增加了对国外的依赖，一旦进口商品的价格上涨，或者是由于产出国的原因而供应紧张，就会严重损害消费者的福利。

六是产业空心化蕴藏着巨大的危机，容易造成经济基础崩溃。产业空心化同时伴有金融业的超常规发展，金融业等非物质生产部门与物质生产部门的不同之处在于，其存在着杠杆效应，在盈利时，可以有超常的回报，但在亏损时，也有乘数倍的损失。例如冰岛，在 2000 年以前，还只是一个以渔业为主的国家，但在 2000 年以后，政府完成了银行的私有化，鼓励银行业向国际市场开拓，冰岛的投资者发现金融业的利润率远远超过了渔业的利润率，于是资金纷纷涌向了国际银行业。到 2007 年时，其国内生产总值仅 193.7 亿美元，银行业的虚拟资产却是 GDP 的几倍。当美国金融危机爆发时，这几大银行的资产几乎全部损失，造成了国家大约 1000 亿欧元的负债。

另外，还可以看到，尽管虚拟经济回报率高，但这些行业通常需要大量的资金投入，是富人才能玩得起的游戏，经济在产业空心化以后，就会出现贫富差距拉大的现象。2011 年美国出现的“占领华尔街”现象，就是对这一结果的抗议。

从定义上就可以看出，产业空心化主要是由制造业产出在 GDP 中的比重下降造成的，而制造业的比重之所以会下降，就是因为制造业的向外转移，这种转移是与资本由实体经济向虚拟经济的大量转移同步发生的。可以看到，正是发达国家制造业的大量向外转移造成了产业的空心化。一方面，企业出于利益最大化的需要，把自己的生产制造和研发等部门向劳动力成本较低的国家转移；另一方面，由于各行业利润率的不同，利润率较高的金融服务业挤占了制造业的生存空间，资金更多地由实体经济流向了以金融业为主的虚拟经济，制造业只有远走他乡。20 世纪 90 年代以来，美国为了发展新兴产业，推动了风险投资领域的复兴，在风险投资带动了 IT 行业和网络经济的兴盛后，风险投资的盈利效用被当成了主要目的，大量资金涌向金融行业，更多的金融衍生产品被设计出来，美国的金融业得到了进一步的发展，同时造成了制造业的相对弱化，产业出现了加速的空心化。

2.4 制造业与其他产业的关系

2.4.1 制造业与第一产业的关系

第一产业主要是农业、畜牧业、林业和渔业，是广义上的农业。第一产业为国家提供着粮食产出，是国家运行的基础，如果第一产业不能保证国民的粮食和其他食物的供给，这个国家就会丧失自主权，产生对其他国家的依赖性，国民的日常生活就没有了可靠的保障，由此可见，第一产业是国家的基础产业，它有着不可替代的作用。中国作为一个人口大国，更需要保证第一产业的适量发展，不能因为重视第二产业、第三产业的发展，而放任第一产业衰败。

由于第一产业受到土地、水及气候等客观条件的限制，不可能保持较快的增长速度，我国 1996~2007 年，第一产业增长值的增长速度（按上年为 100 的可比价格计算）平均为 5.49%，扣除物价上涨因素，年均增长约为 3%。相比之下，第二产业的平均增长速度为 18.8%，扣除物价上涨因素，也有 15%以上。第三产业的增长速度平均为 10.8%，扣除物价上涨因素，在 7%以上。由此可见，第一产业并不能够成为经济增长的主要动力，而第二产业、第三产业在增长方面起到了主要作用。

从第一产业和制造业之间关系来看，第一产业与制造业必须协调发展。制造业和第一产业的关系主要体现在以下几个方面：

一是第一产业是制造业的基础。第一产业不仅解决着全体国民的吃饭问题，而且还为第二产业、第三产业提供着原材料和市场。制造业的主要制造原料有相当大的一部分是由农业提供的，服务业也离不开第一产业提供的农产品。同时，第一产业也成为了制造业的巨大市场，不仅第一产业农业、林业、牧业、渔业生产所需要的生产工具、设施设备等需要由制造业来制造提供，第一产业的从业人员也是制造业所生产的消费品的重要消费市场。

二是制造业可以带动第一产业的发展。由于制造业可以将农、林、牧、渔业生产的产品进行加工，加工成为食品和其他消费品，因此制造业就成为了第一产业产品的一个重要出口。目前，我国正在大力推进农业产业化。农业产业化的含义是以龙头企业为依托，以农户为基础的，将农业与相关的制造企业和服务业进行联合的组织经营形式。即是将农业生产出来的农产品进行加工，创造出更高的产值，从而使农业从业人员获得更高的收入，保障农业发展的积极性，同时也为市场消费者提供更多高质量的、丰富的加工过的农产品。发达国家的第一产业产值与农产品加工业产值之间的比重为 1∶3，而我国 2000 年时仅为 1∶0.8,[①] 还有很大的增长潜力。如果要大力推进农业产业化，就必须要抓好龙头企业，让制造业在其中起好牵引的作用。

三是制造业可以承接第一产业从业人员的大量转移。随着我国工业化进程的加快，第一产业从业人口数量不断减少，同时第二产业的就业人数在不断增加，在这一过程中，制造业承接了大量农业、林业、牧业、渔业就业人口的转移。第一产业要实现产业升级，提高农业的生产效率，必须减少农业从业人员的数量，最保守的估计，截至 2010 年，中国农村的剩余劳动力在 1 亿人以上。张五常（2008）认为，在中国，与第一产业规模相适应的农村劳动力只应该保留 2008 年人数的 20%，那就意味着还有 4 亿劳动力应该转移出去。同时，中国经济要保持高增长，要想继续推进工业化同时大力发展服务业，必须向第二产业、第三产业大量补充劳动力。目前我国制造业、建筑业和服务业都是承接第一产业劳动力转移的主要方向。我国三大产业的变化情况，可以分为 1978 年以前和 1978 年以后两个阶段。第一个阶段，即 1949~1978 年，主要的特点是第一产业的比重下降和第二产业的比重上升，第三产业略有下降。1952 年，第一产业、第二产业、第三产业增加值占 GDP 的比重分别为 51.0%、20.9%和 28.2%；1978 年，第一产业、第二产业、第三产业增加值占 GDP 的比重变化为 28.2%、47.9%和 23.9%。第二个阶段，1979 年以后，主要特点是第一产业比重继续下降和第三产业的比重上升，第二产业总体保持稳定。2009 年，第一产业、第二产业、第三产业增

① 胡宝贵等. 新农村建设中的农村产业发展研究［M］. 北京：中国农业出版社，2008：196-200.

加值占 GDP 的比重已经为 10.6%、46.8%和 42.6%。2013 年，中国产业结构调整发生了历史性的变化，第三产业增加值占 GDP 的比重首次超过了第二产业，达到了 46.1%。第一产业比重不断下降主要原因是第一产业产值增长的速度，远低于第二产业、第三产业产值的增长速度。这种比重的下降，带来了第一产业大量劳动力的转出。1952 年，我国第一产业、第二产业、第三产业的就业人员占劳动力比重为 83.54%、7.39%和 9.07%，但到了 2006 年，这个比重已经变成了 42.60%、25.20%和 32.20%，从 1952 年到 2006 年，我国农村的从业人员减少了近一半，这些减少的比例分别增加到了第二产业和第三产业中。从数据中也可以看出，第三产业在接纳就业人员方面做出的贡献更大一些，但不可忽视制造业在承接劳动力转移中也发挥了重要的作用。

由以上分析可以看出，制造业适当的比重，不仅可以保证第一产业健康发展，同时也能够引领第一产业的升级，使第一产业的基础地位得到应有的巩固。

2.4.2 制造业与服务业的关系

在不同的国家，服务业的涵盖内容有所不同，但一般来说，服务业是指生产服务、销售服务和销售产品的部门集合，它和制造业不一样，制造业主要是生产产品，而服务业除了销售产品外，也要生产服务和销售服务。在我国的国民经济核算体系中，服务业被等同于第三产业。在本书中，服务业主要是指生产服务和销售产品、销售服务的企业。

制造业和服务业间存在着关联性，这种关联性更多地是以后者对前者依附的形式出现。制造业是物质生产部门，服务业是非物质生产部门，服务业不能脱离开制造业而存在。科恩（Cohen）和齐斯曼（Zysman）在 1987 年提出，服务业的发展必须建立在制造业发展的基础上，因为制造业为服务业的发展制造出了需求，没有制造业的存在，也就不存在对这些服务的需求。

服务业包括消费性服务业和生产性服务业，消费性服务业则是指最终面对消费者的服务行业，如宾馆、餐饮、电影、旅游、娱乐等行业。而生产性服务业是指与制造业依附存在着的服务业，是为制造业和其他产业的生产过程服务的，如维修服务、物流运输行业、电子商务、通信服务、会展服务和企业的后勤服务等，它贯穿于制造业的上游、中游和下游领域，它并不直接面对消费者，只为制造业企业服务。从这一分类即可看出，服务业有很大一部分是离不开制造业单独存在的。

服务业依附于制造业主要体现在以下三个方面：

（1）服务业所需要的各类消耗品，都是由第一产业和制造业提供的，如餐饮服务业所需要的各种农产品，是由第一产业产出并经制造业加工出来。服务过程中大量消耗的制成品，都是制造业生产的，服务业没有了第一产业、第二产业提供的物质保障，就成了无水之源。

（2）服务是附着在相应的产品上的，相应产品的产出，会催生出相应的服务。例如，汽车这一产品，它先后催生出了汽车租赁业、汽车维修业、汽车保险业、汽车装饰（改装）业、汽车美容清洗业，还有汽车影视、汽车音乐等。

（3）服务业直接服务于制造业。制造业中的内部服务功能分离出来，会形成一种专门为制造业服务的服务业。随着制造业的发展，服务业中的贸易、物流、金融、酒店、教育、医疗等，会随着制造业的发展而增加。关于这一点，迈克尔·波特（2001）认为，为制造业企业服务的服务业其发展趋势有三个特征：一是制造业对服务业的需求在不断增长，需求也变得越来越专业化。说明制造业对服务业的发展有促进作用。二是越来越多的制造业把原先内部自我进行服务的活动，外包给了专业的服务机构，使得新的服务企业不断产生，这说明制造业催生了新的服务领域，促进了服务业的发展。三是原来由政府公共部门负责的服务事务逐渐转由民营负责，如供水、供电、交通等。[①] 以上三个方面的特征，都使得制造业对服务业的需求增强了：一方面是制造业越来越离不开服务业，服务业成为了制造业重要的支撑；另一方面，是制造业的发展带动了服务业的发展，拓展了服务的领域，深化了服务的内涵，如新产品、新技术的运用，会使得相应的新的营运和维修的服务产生。这说明制造业推动了服务业的发展。

从以上分析可以看到，服务业与制造业是毛与皮的关系，服务业本来就是为其他的产业以及产业的劳动者提供服务的，特别是为制造业服务，如果第一产业和第二产业都不存在了，"皮之不存，毛将焉附？"仅仅存在着服务业，服务业就会失去所服务的对象，也就没有了存在的意义。在现实中当然不会出现完全没有第一产业和第二产业，仅仅存在服务业的情况，但一些国家产业空心化，服务业比重过高，会类似于这种仅有服务业的情况。美国服务业产出占 GDP 的比重，

① 迈克尔·波特. 国家竞争优势［M］. 李明轩，邱如美译. 北京：华夏出版社，2001.

从1970年的61.22%上升到了2008年的77.35%，同期制造业却由26.65%下降到了13.44%，两者之间的比例已经非常不协调。

同时也要看到，服务业对制造业也有促进作用，服务业为消费者服务，同时也为第一产业和第二产业的发展服务，服务业的存在，可以促进第一产业和第二产业的发展，也会促进制造业的发展。可以看到，随着现代服务业的兴起，制造业的各个环节都可以得到相应的专业服务，从而使制造业可以更进一步地深化分工，专注自己领域的发展，使制造业的生产效率不断地提高。

在全球化的背景下，出现产业空心化的国家，是通过国际贸易、国际分工来实现制造业与服务业的关联的。例如，美国就是通过进口、离岸经营、外包、产业链国际化等方式，来实现国内服务业与国外制造业的对接。美国服务业所需要的制成品，主要是通过进口国外制造业生产的产品来满足，美国这样做的结果，一是使得自己加深了对外国的依赖性，形成了对国家经济安全的威胁；二是形成了巨大的贸易逆差，加剧了国际收支的不平衡，影响到经济的稳定发展。美国在第二次世界大战以后，20世纪70年代以前，产品和服务贸易大部分时候保持顺差，随着制造业的大量转移和服务业比重的上升，美国的产品和服务贸易也出现了逆差，而且逆差还不断加大，从1972年第一次出现的34亿美元，迅速增大到最高峰2006年的7663亿美元。[①] 因此，利用全球化来实现制造业和服务业的互联是存在着巨大隐患的，中国不可蹈前车之覆辙。

服务业和制造业相互依赖的程度正在逐渐加深，必须保持制造业适当的比重，让制造业和服务业协调发展，从而保证经济的健康、平衡增长。

2.4.3 制造业的产业链作用

从上文制造业与农业和服务业的关系论述中，已经能够看到它们之间存在着相互依存的关系，这种依存关系主要是由产业链体现出来的。产业链是指在同一产业内和不同产业间，由于相互间生产、服务彼此关联，构成了相互依存的价值链关系的一些企业集合。产业链可以分为三种类型，分别是以矿业、原油等原材料为核心的原材料资源型产业链，以制造业为核心的某种产品的产业链和以服务业为核心的终端驱动型的产业链。

① 数据来源：世界银行数据库。

其中，最重要的是以制造业为核心的产业链。在这一产业链中，制造业企业相互之间存在着产业链的上下游关系，同时，制造业也与上游的原材料生产企业和农业，与下游的服务企业，存在着产业链关系。在这些不同产业企业形成的产业链中，制造业起着引领的作用，它也是产业链存在的基础，如果没有了制造业，产业链就难以形成。产业链的构成可以用图 2–4 来表示。

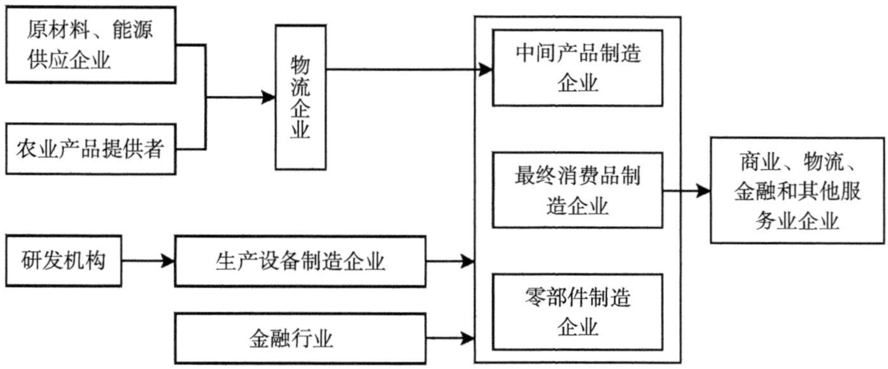

图 2–4　以制造业为核心的产业链结构

如图 2–4 所示，一件产品的生产，需要众多配套企业的协作。按照比较优势理论，为了获得更多的收益，随着市场化的发展，企业各自专注于自己擅长的领域，分工越来越细，产业链的构成环节也就越来越多。首先，原材料和能源供应企业要提供相应的材料和能源供给，如矿石、原油、煤炭、电力等；农业产品提供者则提供制造业作为原材料的农业产品；这两个部门的产品都通过物流企业，送到制造业企业中进行下一步的制造。研发机构进行新技术的开发，研发机构的技术经过生产设备制造企业的采用，制造出新的设备，提供给制造消费品的企业；处于核心位置的制造业又分为中间产品的制造企业、零部件制造企业和最终消费品制造企业。中间产品的制造企业和零部件（含包装）制造企业的产品进入最终消费品制造企业，装配或进一步制造成为最终推向市场的消费品。产品要到达消费者手中，还需要服务行业的配合，如物流企业提供运输和仓储服务，金融企业提供信用消费服务，商场或电子商务企业成为面向消费者的终端，把商品最终送到消费者手中，在送到之后还有安装、维修和提供耗材等服务。

从这个产业链的结构就可以看出，制造业在其中起着中流砥柱的作用，如果没有制造业的需求，原材料和能源提供企业、农产品提供者就没有了生产的动力，物流企业也没有服务的对象，研发机构及设备制造企业也缺乏开发新设备的动力。对下游来说，制造业也起着引领的作用，能够带动相应产业的发展。

另外我们也要看到，在制造业的内部，产业链也发挥着明显的作用，产品的制造需要相应的零部件及中间产品的配合，一个大型制造企业的发展通常会带来一个产业集群的兴起，如汽车行业，就是产业链效应的典范。汽车这一产品，是众多的钢铁产品、纺织产品、橡胶产品、塑料制品、电子产品综合而成的，汽车产业的发展，会带动零部件产业的发展，只要汽车产业发展好了，众多的上游企业都可以获得发展的机会。以广东省为例，2005 年汽车装配制造企业的产值为 849.48 亿元，占全省 GDP 的 3.9%，但由于汽车产业链的关联作用，橡胶制品行业、金属产品制造业、电气机械及器材制造业、通信设备计算机及其他电子设备制造业、仪器仪表制造业等均获得了较快的发展，其产业链对广东省经济的贡献达到了 16.61%，成为了区域经济的支柱型产业。①

再如，富士康这个代工企业，它本身的产值超过千亿元，由于它在制造电子产品的过程中，需要大量的配套电子器件的生产企业和其他服务业，进行面板制造、软件开发、IC 设计、晶圆制造、封装测试、包装设计和制作、仓储物流等工作，这些产业链上的其他企业，所形成的产值是富士康企业的数倍，达到几千亿元。在增加产出、创造价值的同时，富士康及其产业链还带来了大量的就业机会。它在入驻四川省成都市后，直接雇用的工人已经超过 10 万人，与之关联的上下游配套企业，又雇用了约 10 万名工人，这 20 余万名工人在成都西部开发区的生活起居，又带来了众多的配套服务业发展，如餐饮、商场、娱乐、银行、保洁等，这些配套产业又将形成数万人的就业岗位。

制造业之所以会出现产业链中的关联集群扎堆发展的局面，一是因为这样可以免除运输带来的损失，降低物流费用。一些配套的设备，如水、电、气供应和污水处理以及配套服务业等，是不可能与制造业企业分离的，必须在一起共生。二是劳动力价格产生着影响。制造业的成本主要是由劳动力价格和原材料价格决定的，制造业企业会选择在劳动力价格较低的地区开展生产，这使得以制造业为核心的产业链和其他产业链有了很大的不同。

---

① 桂寿平，卢爱华，陆丽芳. 汽车产业链关联效应分析及对区域经济影响的研究 [J]. 商业研究，2007 (8)：93.

有两种产业链在促进关联企业发展方面存在着一些局限性：一是以矿业等资源、原材料为核心的产业链，它受到了国家资源环境禀赋的限制，而且由于劳动力成本较高带来的制造业的转移，很可能出现矿产企业与下游冶炼制造企业分离的局面。例如，澳大利亚，采矿业的利润高于冶炼行业的利润，加之劳动力价格较高，大量的冶炼行业向外转移，国内只专注做采矿业，这样就没有形成产业链对经济的关联拉动。二是以服务业为核心的产业链，该产业链同样存在着关联拉动程度不够的问题，只要产品的价格优势能够弥补运输成本的损失，零售业总是倾向于全球采购。例如沃尔玛，它是全球最大的零售企业，2010 年销售额达到了 4200 亿美元，它是一家美国企业，但它的产品主要来自中国、越南、墨西哥、泰国、孟加拉国、菲律宾、印度尼西亚、柬埔寨、尼加拉瓜等劳动力成本较低的国家，来自美国本土的产品很少，其供应链对美国经济的拉动作用也就非常有限。

3 制造业转移与经济平稳增长相关性的实证分析

前文已经从理论上分析了制造业与经济平稳增长之间的关系，指出制造业在经济增长和防止经济波动方面都有着积极的作用。下面从经济实际运行中的数据来证明，制造业保持较高的比重，能够使经济的增长平稳。验证分为两大部分。第一部分是通过对 2010 年世界各主要经济体的截面数据进行分析，验证制造业产出在 GDP 中的比重与经济增长率之间存在着明显的相关性，同时对制造业产出在 GDP 中的比重、第三产业的比重和经济增长速度这三个变量进行回归分析。2010 年是 2008 年金融危机后的复苏阶段，选取这一截面，能够更好地反映制造业促进经济复苏的作用。第二部分是对美国和德国制造业的发展进行回顾，证明了制造业对美国和德国经济增长的重要促进作用，同时也总结了美国和德国促进制造业发展的有益经验及产生产业空心化的教训。

3.1 世界部分主要经济体 2010 年截面数据的计量分析

3.1.1 世界 37 个主要经济体 2010 年经济增长与制造业产出在 GDP 中的比重间的相关性分析

本计量分析，是为了验证制造业较高的比重对经济平稳增长的正相关关系。前文分析中已经得出：制造业对经济增长有促进作用，特别是在经济周期的恢复阶段，制造业有加快恢复的作用，以下的计量分析主要是验证这一假设。

进行分析的样本。本书首先选取了2009~2010年17个主要经济体的数据，包括：澳大利亚、巴西、加拿大、中国、法国、德国、印度、意大利、日本、韩国、墨西哥、菲律宾、俄罗斯、新加坡、泰国、英国、美国。

在此基础上，本书又选取了一些与中国经济发展程度相当或中国制造业可能转移过去的经济体的数据，包括：阿根廷、孟加拉国、柬埔寨、捷克、埃及、印度尼西亚、哈萨克斯坦、老挝、马来西亚、巴基斯坦、波兰、南非、斯里兰卡、土耳其、乌克兰、委内瑞拉、越南。另外，为了使数据更有代表性，还增加了西班牙、荷兰、新西兰等发达经济体。其相关的数据见表3-1。

表3-1 2009~2010年世界37个主要经济体的宏观经济数据

国家	2009年经济增长率（%）	2010年经济增长率（%）	2009年制造业产出在GDP中的比重（%）	2009年第三产业比重（%）	2010年CPI（2005年=100）	2009年通货膨胀率（%）
阿根廷（Argentina）	0.85	9.160	21	57.90	154.31	1.39
孟加拉国（Bangladesh）	5.74	5.830	18	52.80	144.61	1.34
柬埔寨（Cambodia）	−1.87	6.700	18	41.50	147.58	1.42
捷克（Czech Rep）	−4.15	2.320	24	60.50	115.00	1.13
埃及（Egypt）	7.16	5.180	17	53.40	173.14	1.56
印度尼西亚（Indonesia）	4.58	6.100	26	39.20	150.65	1.41
哈萨克斯坦（Kazakhstan）	1.20	7.000	11	54.50	161.97	1.51
老挝（Laos）	7.42	8.417	11	37.10	127.38	1.20
马来西亚（Malaysia）	−1.71	7.156	25	35.90	114.03	1.12
荷兰（Netherlands）	−3.92	1.767	6	72.90	107.94	1.07
新西兰（New Zealand）	0.79	2.500	15	65.80	115.25	1.12
巴基斯坦（Pakistan）	3.63	4.358	18	54.90	180.78	1.59
波兰（Poland）	1.65	3.817	19	64.40	115.20	1.12
南非（South Africa）	−1.68	2.841	15	65.80	139.62	1.34
西班牙（Spain）	−3.72	−0.144	13	68.10	112.42	1.10
斯里兰卡（Sri Lanka）	3.54	8.011	19	57.60	171.14	1.62
土耳其（Turkey）	−4.83	8.945	17	63.10	153.12	1.41
乌克兰（Ukraine）	−14.80	4.200	17	38.10	195.36	1.79
委内瑞拉（Venezuela）	−3.29	−1.906	16	46.10	294.30	2.28
越南（Vietnam）	5.32	6.783	21	38.80	166.87	1.53

续表

国家	2009 年经济增长率（%）	2010 年经济增长率（%）	2009 年制造业产出在 GDP 中的比重（%）	2009 年第三产业比重（%）	2010 年 CPI（2005 年=100）	2009 年通货膨胀率（%）
澳大利亚（Australia）	1.374	2.700	10.0	68.4	115.78	1.13
巴西（Brazil）	-0.645	7.490	15.0	66.2	125.69	1.20
加拿大（Canada）	-2.462	3.070	11.0	64.5	108.87	1.07
中国（China）	9.220	10.300	42.0	43.4	115.43	1.12
法国（France）	-2.632	1.480	11.0	77.5	107.82	1.06
德国（Germany）	-5.078	3.630	19.0	69.0	108.18	1.07
印度（India）	6.771	9.720	16.0	54.6	151.42	1.35
意大利（Italy）	-5.217	1.296	16.0	70.9	109.91	1.08
日本（Japan）	-6.283	5.120	20.0	69.3	99.61	1.00
韩国（Korea）	0.319	6.162	28.0	60.9	116.10	1.13
墨西哥（Mexico）	-6.161	5.500	19.0	58.3	124.22	1.19
菲律宾（Philippines）	1.148	7.632	21.0	53.1	127.97	1.23
俄罗斯（Russia）	-7.814	4.034	15.0	57.8	162.77	1.52
新加坡（Singapore）	-0.770	14.470	18.0	74.0	113.63	1.11
泰国（Thailand）	-2.363	7.803	34.0	44.2	115.54	1.12
英国（United Kingdom）	-4.875	1.251	11.0	75.7	114.48	1.11
美国（United States）	-3.486	2.854	13.0	77.4	111.66	1.10

资料来源：世界银行数据库，2001。

对上述所有 37 个国家的数据进行制造业产出在 GDP 中的比重与经济增长值之间的相关性分析，具体做法是用 2010 年的经济增长率减去 2009 年的经济增长率，得到这些经济体金融危机以后经济恢复程度的一个指标，再与这些经济体 2009 年制造业产出占 GDP 比重的数据进行相关性分析。这个分析的结论是：经济增长率和制造业产出在 GDP 中的比重呈现出一定的相关性，如表 3-2 所示。

表 3-2 2009~2010 年世界 37 个主要经济体经济恢复与制造业产出在 GDP 中的比重之间的相关性分析

	经济增长率（%）	制造业产出在 GDP 中的比重（%）
经济增长率	1	0.44
制造业产出在 GDP 中的比重	0.44	1

资料来源：根据表 3-1 数据分析得到。

当我们将样本缩小到17个主要的经济体数据时，可以发现，经济增长率和制造业产出在GDP中的比重的相关性关系得到了提高。

表3-3 世界17个主要经济体2009~2010年经济恢复与制造业产出在GDP中的比重之间的相关性分析

	经济增长率（%）	制造业产出在GDP中的比重（%）
经济增长率	1	0.534
制造业产出在GDP中的比重	0.534	1

资料来源：根据表3-1数据分析得到。

以上的分析说明，制造业的确与经济增长有明显的相关性，制造业可以促进经济的增长。在对经济周期作用的方面，制造业产出在GDP中比重越高的国家，在金融危机以后恢复越快，这验证了前文的假说。制造业在经济周期开始时，由于受到消费需求减少的直接影响，制造业并不能减缓经济下滑，而且冲击主要是由制造业的技术冲击产生，制造业产出在GDP中的比重较高还有可能造成经济的较大波动。但在恢复阶段，同样由于冲击主要在制造业产生作用这一主要原因，加上制造业对财政政策的反应明显和有效恢复民众的信心等其他原因，制造业的比重较高，经济恢复得较快，效果较好。这一点在上面的分析中得到了显著的验证结果。

3.1.2 制造业产出在GDP中的比重、第三产业比重与经济增长率的关系分析

下面采用表3-1世界37个主要经济体2009~2010年经济增长率、2009年制造业产出在GDP中的比重和第三产业比重的数据对其进行回归分析，其中自变量为制造业产出在GDP中的比重（Manufacture）以及第三产业比重（Third Industry），因变量为经济增长率（Develop Rate），得出结论见表3-4。

表3-4 经济增长与制造业产出在GDP中的比重、第三产业比重之间的回归分析结果

因变量：经济增长率				
方法：最小二乘法				
样本量：37				
模型包括样本量：37				
自变量	系数	标准差	T-检验	概率
C	0.045933	0.037241	1.233415	0.2259

续表

自变量	系数	标准差	T-检验	概率
制造业比重	0.175603	0.084198	2.085585	0.0446
第三产业比重	-0.043350	0.046604	-0.930184	0.3588
R 方差	0.213688	因变量标准差		0.052310
调整后的 R 方差	0.167434	因变量均值		0.033027
回归标准差	0.030135	赤池信息准则值		-4.088626
残差和	0.030877	施瓦茨信息准则值		-3.958011
对数拟然值	78.63958	F 统计量		4.619909
德宾—沃森统计量	2.056852	F 统计量的概率		0.016793

资料来源：根据表 3-1 数据自行分析得到。

从表 3-4 回归结果可以发现：在 0.05 的置信水平下，制造业产出在 GDP 中的比重越高的国家，其经济增长率显著性地越高，这进一步验证了制造业对经济增长的显著作用。同时在以上的回归分析中也可以看出，第三产业比重过高对经济增长起到一定的负作用，但是其回归系数不显著。以上分析说明，在经济恢复的过程中，制造业产出在 GDP 中的比重越高的国家经济恢复能力越强。

3.2 美国制造业情况分析

3.2.1 美国产业结构变化及制造业转移的基本情况

根据美国三次产业的结构调整及美国工业化的进程，可以把美国近代的产业结构变化分为三个阶段，第一个阶段是 1950 年以前工业化阶段，第二个阶段是 1950~1970 年的工业化后期及制造业首次转出的阶段，第三个阶段是 1970 年以后的后工业化时期及产业空心化发展的阶段。

（1）美国建国至 1950 年，美国成为“世界工厂”，制造业成为最重要的产业。这一个阶段是从美国建国直至 1950 年，这一段时期美国从一个农业国家转变成了工业国家，并且成为了“世界工厂”，实现了制造业立国的目标。这一个阶段又分为三个不同的历史时期：

第一个时期是从美国建国至 1884 年，这一时期是美国的前工业化时期，在这个时期，农业居于最重要的地位，美国总人口中有90%以上从事农业生产，1869~1878年，美国三次产业的占比情况分别为50%、36%和14%，农业所占比重超过工业14%，而服务业的比重还不到农业的1/3。

第二个时期是19世纪末期到20世纪初，这个时期是美国工业化的早期阶段，英国的制造业产出在GDP中的比重下降，同时美国制造业的比重上升，两国呈现着此消彼长的局面。19世纪后期，美国开始了工业化进程，工业所占的比重上升速度加快，1884年以后，美国的工业产出开始超过农业，成为了美国的第一大产业。到了1900年，美国成为了工业国家，完成了由农业国家向工业国家的转化，工业产出达到了农业的两倍，同时，制造业的产出也在迅速增长，1860年美国的制造业总产出仅排世界第4位，但到了19世纪80年代，就已经跃至世界第1位，1894年，美国的制造业产出已经增长为英国的两倍，此后美国长期都保持着制造业世界第一的位置，世界制造业中心——“世界工厂”已经从英国变迁到了美国。[①] 到20世纪20年代，工业和制造业在美国国内的比重上升到了历史最高位置，第一产业比重已经下降到28%，第二产业比重上升为53%，第三产业也上升为19%。

第三个时期是从20世纪初到1950年，在这一时期发生了第三次产业革命，美国的劳动生产率得到了极大的提升，同时，美国借第二次世界大战，占据了世界制造业的绝对优势地位。第二次世界大战是一个“分水岭”。美国在第二次世界大战中，本土并未遭受大的损失，反而从中获得了巨大的利益。由于需要为战时的盟国提供大量的战争物资和生活物资，美国的工业生产能力在短期内得到了迅速的提高，第二次世界大战结束后的1948年，美国的工业产值是欧洲和日本加在一起的229%，美国生产了世界上超过60%的工业制成品，美国的出口占全球出口额的39%，美国的GDP总量占到了西方七国的65.8%，制造业成为了美国最重要的产业。这段时间的特点是农业继续下降，制造业快速增长，大量的就业人口从农业转移到第二产业、第三产业。虽然美国的制造业产值增长很快，但随着美国人对服务需求的增长，美国的第三产业得到了更快的发展，到1950年，美国的第一产业已经下降到7%，第二产业为40%，第三产业成为第一，占53%。[②]

① 戴宏伟. 国际制造业转移与中国制造业发展［M］. 北京：人民出版社，2006：84.

② 黄苏. 战后美国产业结构变化的主要趋势［J］. 世界经济，1986（6）.

（2）1950~1970 年，美国劳动密集型制造业企业大量倒闭，制造业的地位下降，服务业成为美国的主导产业。从第二次世界大战后，随着美国劳动力成本的不断上升，美国的劳动密集型制造业的优势逐渐丧失，大量的劳动密集型企业被迫倒闭或者向资本密集、技术密集型转型。出于保持相对优势的需要，美国加大了对技术密集型企业的投入，技术密集型企业在所有制造业中的比重上升，形成了在计算机、核能、医疗设备、航空航天等方面的领先优势。这段时期，美国的产业结构变化情况是：第一产业的比重继续下降，到 1970 年已经下降为 3.54%。第二产业特别是制造业的增长速度减慢，在整个 GDP 中的比重由 1950 年的 40%下降到了 35.25%，制造业下降到了 26.65%。同时第三产业快速增长，由 53%增长到了 61.22%，服务业已经成为了美国的支柱产业。

同一时期，日本的经济经历了高速的增长，从 1950 年到 1973 年的 20 余年间，日本的经济年均增长率为 7.5%，制造业是日本经济迅速增长的主要推动力，日本利用自己劳动力成本较低和研发方面的比较优势，制造业增长得很快。1965~1971 年，日本主要制造业产品的产量占全球制造业产量的比重分别是：钢铁为 54%，造船为 54%，汽车为 46%，电子民用产品为 90%，制造业总的份额占到了世界的 10%，日本已经从美国手中接过了接力棒，成为了新的世界制造中心——“世界工厂”。

（3）20 世纪 70 年代的滞胀危机以后，美国放任制造业产出在 GDP 中的比重的持续下降，追逐金融产出的虚高，形成了产业的空心化。

1973 年的石油危机加剧了美国的“滞胀”，美国在 1974 年和 1975 年，连续两年出现经济负增长，GDP 分别下降了 0.52%和 0.20%，同期通货膨胀率却高达 11.04%和 9.13%，为了医治“滞胀”，货币主义者弗里德曼开出了保证货币供应稳定适量增长、政府不干预经济的“药方”，随着货币政策的稳定，金融行业的投资风险降低，金融业所占比重悄然上升。美国 1970~2008 年三次产业结构变化情况，见图 3-1。

20 世纪 70 年代以后，美国对传统工业进行了技术改造，特别是 20 世纪 90 年代的克林顿政府时期，注重高新科技的发展，提高制造业科技含量，使技术附加值高的产业在美国继续保持优先优势，并以此形成了 90 年代的经济繁荣。但克林顿政府的经济政策是以刺激民间投资的方式作为高新企业的投资来源的，这种对民间投资和金融衍生产品的过度支持造成了大量资金由传统制造业向金融业

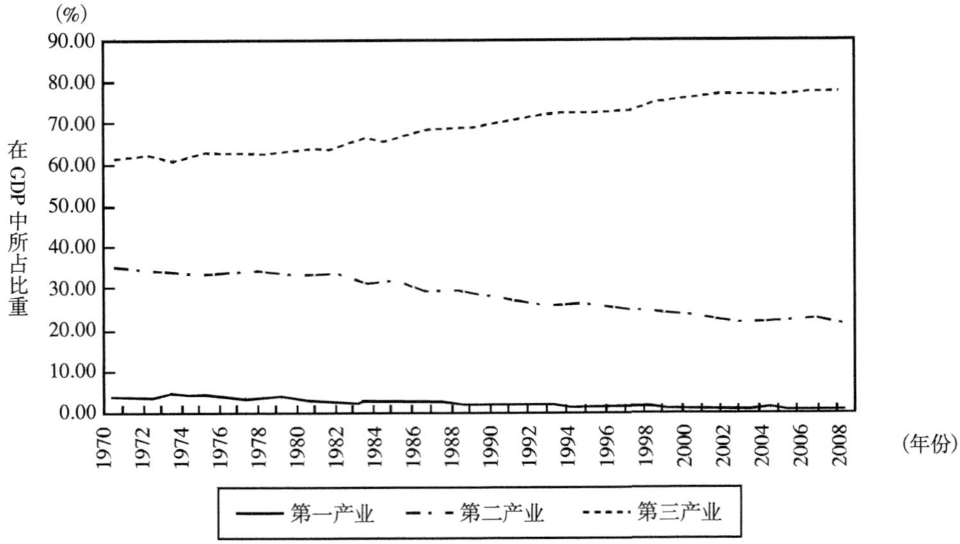

图 3–1 1970~2008 年美国三次产业结构变化情况

资料来源：世界银行统计数据和美国劳工部数据。

转移。同时，政府对产业结构采取不干涉的态度，奉行“新自由主义”的经济政策，放任制造业的继续向外转移，美国的制造业产出在 GDP 中的比重继续下降，从图 3–2 可以看出，在 1995 年以后，美国的工业产出及制造业产出在 GDP 中的比重有加速下降的趋势。

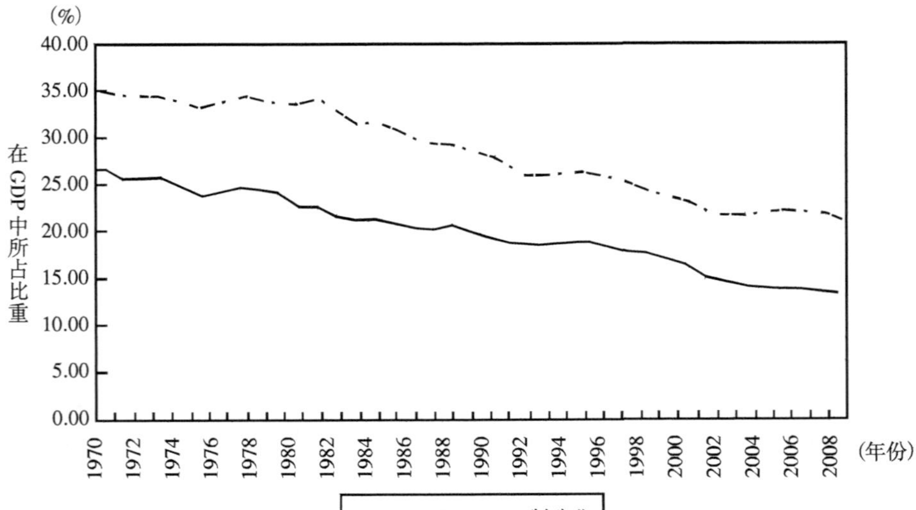

图 3–2 1970~2008 年美国工业产出和制造业产出占 GDP 总量的变化情况

资料来源：世界银行统计数据和美国劳工部数据。

从 1970 年到 2008 年，美国的三大产业比重变化情况是：第一产业由 3.54%继续下降到 1.24%；第二产业从 35.24%下降到 21.41%，其中制造业的产出由 26.65%下降到了 13.33%；第三产业则从 61.22%上升到 77.35%。

在出口产品中，工业制成品占美国出口额的比重，有一个先升后降的过程，同时，美国的金融、保险及其他服务业占出口额的比重却逐渐上升，从 20 世纪 70 年代后期到 80 年代，美国制造业产品占出口额的比重平均在 75%左右，到了 2000 年，上升到最高 83.15%，但后来一路下滑，2008 年时，仅占 66.79%。服务业占出口比重却上升到了 16%，如图 3-3 所示。

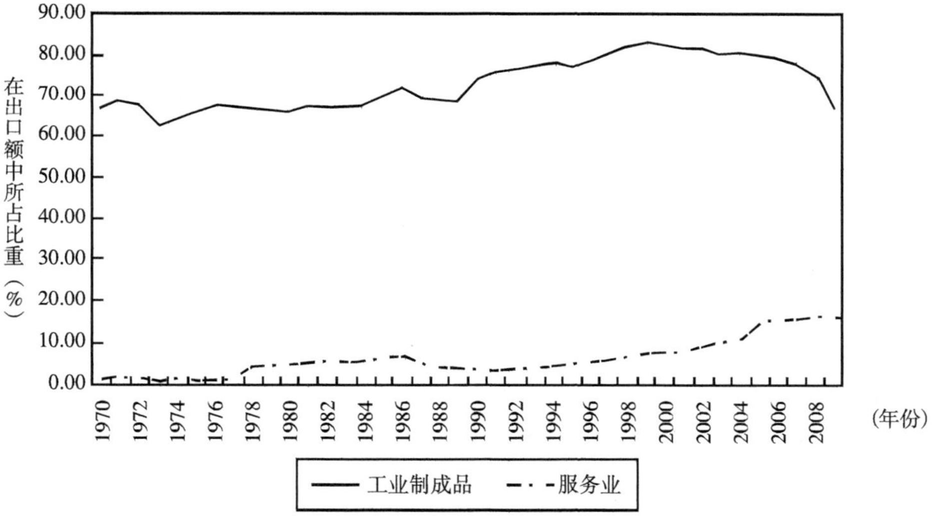

图 3-3 1969~2008 年美国制成品出口和服务业出口占出口总量的变化情况

资料来源：世界银行统计数据和美国劳工部数据。

3.2.2 美国促进制造业发展的政策及制度分析

工业化帮助美国迅速成为世界第一强国。除了第二次世界大战这一偶然因素外，美国的制度和政策也是美国能够在 20 世纪中叶成为世界制造中心的主要原因，在工业化的过程中，美国采取了许多政策来支持制造业的发展。学习、借鉴这些制度和政策，有助于中国在当前成长为世界制造业中心。美国促进制造业发展的主要政策和制度主要有六个方面。

（1）实行积极的财政政策，形成完备的基础设施。在工业化的进程中，美国政府扮演了重要的角色。通过发行公债的方式，美国政府能够实施积极的财政政策。美国政府在1866~1886年，每年财政预算支出的20%以上用于支付国债利息。到第一次世界大战以前，美国国债达到了60亿美元。政府利用这些公债积极支持工业企业发展，给予企业奖励和补贴。另外，政府也利用公债发行所得的资金，进行基础设施建设。美国由于国土面积广阔，交通设施的建设显得特别重要，19世纪中叶，美国国内的基础设施建设获得了突破。1862年，林肯签署了建设太平洋铁路法案，批准建设连接美国东西部的铁路，1869年，这条横贯美洲大陆的太平洋铁路建成通车，使美国成为了一个真正意义上连接太平洋和大西洋的大国。以铁路为主的道路建设带动了美国的工业进一步发展。到19世纪80年代，美国的铁路网已经成型，它加速了美国沿线工业的发展，快捷地运送劳动力、原材料和各种制成品，催生着新的工厂不断产生。

高速公路网是美国基础设施建设的另一个重要突破。美国高速公路建设起步于20世纪30年代，由于美国通过了《联邦资助公路法案》和《公路税收法案》，使高速公路的建设形成了以联邦政府投入为主，州政府投入为辅的格局，促进了高速公路的修建。2004年时，美国拥有的高速公路通车里程为8.87万公里，居世界第1位。同时，美国还拥有着数量更为庞大的普通公路，美国的公路总里程约90万公里，承担着美国物流运输的主要任务。

20世纪30年代，罗斯福执政期间，美国遇到了大萧条，为了提振经济，美国实施了积极的财政政策，大量增加政府购买。尽管这些措施的目的主要是为了增加有效需求，增加就业和实际产出，但同时这些政策也极大地促进了美国的基础设施建设。到第二次世界大战爆发前，联邦政府支出的种种工程费达到180亿美元，美国政府借此修筑了近1000座飞机场、12000多个运动场、800多所校舍与医院。"罗斯福新政"期间，美国设立了名目繁多的工赈机构，包括从事长期目标的工程计划为主的"公共工程署"和"民用工程署"，其中"公共工程署"投资40亿美元，"民用工程署"投资近10亿美元，在全国范围内兴建了18万个小型工程项目，包括校舍、桥梁、堤坎、下水道系统及邮局和行政机关等公共建筑物。由于有罗斯福新政，横贯美国的66号公路也能够在1938年得以完工，这条长达3943公里的公路，是当时连接美国东西部的重要交通线，促进了人员和物资流动，给美国带来了新的繁荣机会。"罗斯福新政"期间建设的基础设施，为美国在第二次世界大战后成为世界制造中心奠定了坚实的基础。

（2）形成完善的产权制度，保障人们的财产权，充分发挥市场在资源配置中的主要作用。美国的工业化是靠市场的资源配置作用来保障的。而市场要能够充分发挥作用，就必须要有完善的产权制度作基础，美国于 1787 年通过的《联邦宪法》规定了联邦政府有统一规定税收、贸易、货币等方面的权力，使统一的国内大市场有建立的可能性，而不再是分裂的各为其政。1791 年，美国通过 10 条修正案的《权利法案》保障了公民的基本权利，其中就包括了对人民财产权和人身自由权的保障（修正案第四条），《权利法案》与《联邦宪法》形成了美国产权制度的基础。在此基础上，美国颁布了多项法案，厘清了公民和企业之间、企业和企业之间、企业和政府之间等各类关系，对现代公司的设立和运营，对投资活动的开展都做出了详细的规定。美国还实施了土地私有制度，在 1862 年颁布了《宅地法》，规定土地私有，并且居住满 5 年的移民可以获得 160 英亩土地。这些法案使得美国的市场化程度较高，能够保障工业化的进行。

（3）建立中央银行制度，保障货币的正常供给。美国在独立战争以后，各州实现了独立的货币制度，货币政策缺乏统一，银行货币发行混乱。1863 年，美国制定了《国民银行法》，次年颁布了《国民银行法修正案》，逐渐建立起了全国性的统一货币银行体系，把货币发行统一了起来，并建立起了存款准备金制度。美国虽然没有名为中央银行的机构，但却有实施中央银行职能的部门——美联储，在 1913 年以前，美国的财政部实施着中央银行的职能，在这之后，美联储承担了美国货币政策的制定工作。同时，美国还积极鼓励民间投资，建立和完善纽约证券交易所，美国投行成为投资的主力军，金融资本和制造业的结合，使大型托拉斯成为了美国工业的主流。同时，美国还制定吸引投资的政策，大量吸引外资，美国在 1914 年吸引的外资是 1843 年的 33 倍。

但金融资本的繁荣也造成了过度的投机，从而引发了 20 世纪二三十年代的大萧条。针对萧条，出现了著名的“罗斯福新政”，1933 年罗斯福政府所采取的政策，有一大部分是关于金融领域的。政府向银行注资，让银行有钱支付，恢复民众对银行的信任。同时对银行实施许可证制度，淘汰了约 40%不合格的银行，放弃金本位，禁止黄金出口，先后通过《提供证券实情法》、《证券交易法》和《银行法》，加强对银行和证券市场的管理，这样就保障了金融在工业化进程中的输血功能。

（4）实施强迫教育法，保障人才供给。美国在 19 世纪时，通过了强迫教育法，要求学龄儿童必须上学。对于学龄儿童的年龄要求也在不断提高，从最初的

14岁，提高到了15岁，直到现在的18岁。所有的儿童必须要在学校接受普遍为10年的教育。美国绝大多数州有义务教育的相应政策，儿童上学是不用交学费的，而且许多州还要提供免费的午餐。为了获得教育投入必要的资金，美国运用了当时唯一能够运用的资源——土地，在19世纪50年代由林肯签署，通过了《莫里尔法》，联邦政府划拨土地资源给各州，各州在出售这些土地时，必须至少资助一所高等院校。在《莫里尔法》实施后，美国共有1300多万英亩土地转到各州，先后创立了69所赠地学院，极大地促进了美国的机械工程教育，基础教育的普及和高等教育的推进，为美国保证了高素质的劳动力供给，为美国的工业化储备了力量。①

（5）重视科技投入，保障专利权，不断提高劳动生产率。美国非常重视对高等院校的投入，美国各州有40%的经费是投向教育的。1850年，美国有116所高等院校，1900年，学校已经超过了400所，高等院校成为了科研的主力军。目前，世界上排在前20名的高校，有17所在美国。

为了尽可能提高劳动生产率，美国政府非常重视保护法人和自然人的发明专利。1787年美国通过的《联邦宪法》中明确规定了有关专利保护的内容，第1条第8款规定："为推动科学和实用技艺的进步，对作家和发明家各自的著作和发明，在一定期限内保障其享有排他的专有权。"1790年，美国颁布了《专利法》；1802年，美国专门成立了专利局。② 在专利有关规定的保障下，经政府批准的专利权数量增长很快，1790~1800年为276项，1840~1850年增长为6480项，而1850~1860年增加到25200项，1860~1870年为71800项，1890~1900年更是增加到了234956项。与专利数量同样快速增长的，是美国的制造业产出。

依据着巨大的科技实力，美国虽然错过了第一次工业革命，却参与了第二次工业革命，使自己在第二次工业革命中成长为了世界制造业的中心。甚至到了20世纪80年代，美国还主导了以电子科技为主的第三次科技革命，使自己的制造业产品在1999年仍然保持了出口额83.15%的比重。

（6）美国实施了贸易保护政策，维护了国内企业的利益，促进了幼稚产业的成长。早在1789年，美国时任财政部部长的汉密尔顿就提出了《关于制造业的报

① 杨克瑞. 美国高等教育与经济的腾飞——1862年《莫里尔法》再探［J］. 内蒙古师范大学学报（教育科学版），2003（4）：2.

② 中国中央电视台节目组. 大国崛起——美国［M］. 北京：中国民主法制出版社，2006：158.

告》，指出了制造业对美国经济的重要作用，批驳了当时人们重视农业、轻视商业和制造业的观点。在这一报告中，他也提出，要发展美国的制造业，就必须实行贸易保护政策，虽然这一报告在当时并没有获得国会通过，但后来的美国政府却沿着这一思路实施了贸易保护，使美国的工业有了更好的成长机会。

美国在工业化之初，承受着来自英国、德国等欧洲国家的强大压力。由于美国错过了第一次工业革命，在 19 世纪初时，美国的工业化程度远低于欧洲的水平，国内工业与欧洲国家的工业水平相比，有着较大的差距。因此，美国在打破国内各州之间贸易壁垒、实现国内市场统一的同时，却对外实施了贸易保护政策。1816 年，为了防止英国的工业制成品冲击美国的市场，美国通过了新的关税条例，设立了极高的工业制成品关税，在南北战争期间，美国把关税调整至 48%，并一直维护到 20 世纪 30 年代。1890 年，美国出台了《麦金莱关税法》，大幅度提高了工业产品的关税，特别是提高了羊毛、毛纺织品和棉纺织品的关税，如对纺织品的高档产品，除了课以每磅 12 美元的从量税外，还加征 50%的从价税。美国政府也规定，通过《麦金莱关税法》所获得的收入，用于奖励和补贴工业的发展。从该法令开始，美国明确了幼稚工业的定义和使用范围，把关税由一种财政收入的手段转变成为了保护本国工业发展，实现进口替代的主要措施。

虽然在 1894 年，美国曾经出台《威尔逊—高曼关税法》，降低了羊毛和毛纺织品的关税，但 1897 年，美国又出台了《丁利关税法》，不仅重新对羊毛和毛纺织品征收关税，而且将所有商品关税水平恢复到了《麦金莱关税法》时的水平，还有部分商品被提高了关税，至此，美国的贸易保护主义达到了顶峰。除了关税壁垒以外，美国还大量采取非关税壁垒的方式来保护自己的工业，如 1815 年，美国通过了《敌国贸易法》、《许可证法》和《禁运法》等，授权政府用政令的方式禁绝包括纺织品在内的一些产品从英国的进口。美国的这些举措，保护了国内的幼稚产业，使美国的企业能够有机会成长起来。美国是倡导自由主义的国家，却在工业化期间实行了贸易保护政策，设立了很高的关税壁垒和非关税壁垒。在 2008 年金融危机以后，美国重拾贸易保护主义大旗，接连抛出《轮胎特保案》、《钢铁法案》、《汇率法案》等措施阻止中国产品进入美国，以促进美国制造业的发展，带动美国就业。这一点，对于正在工业化进程中的中国，是有相当借鉴意义的。

3.2.3 形成美国产业空心化的原因分析

美国产业空心化的主要表现是工业，特别是制造业产出在 GDP 中的比重处于较低水平，同时第三产业服务业，特别是代表虚拟经济的金融业比重处于较高水平。美国 2008 年金融危机爆发时，其第二产业产出占 GDP 的比重为 21.41%，制造业仅为 13.44%，服务业的比重却高达 77.35%。[①] 其中金融业 2006 年时达到最高，占比 8.3%。[②] 产业空心化是导致金融危机爆发的原因之一，同时也是使美国在金融危机中遭受重大损失而且恢复缓慢的原因。

造成美国产业特别是制造业空心化的原因主要有以下几个方面：

（1）美国服务业比重的上升，有人们服务需求增长的客观原因。随着美国居民收入的增长，用于购买服务的比例也在上升，美国商务部经济分析局提供的数据表明，1950~1984 年，美国居民的可支配收入由 2066 亿美元增加到了 25781 亿美元，增长了 11.5 倍；但同期购买商品的支出却没有同步增长，仅增长了 6 倍；同时，用于购买服务的支出却增长了 17.5 倍。由于服务支出增长的速度远高于商品支出，使居民用于购买商品和服务的支出比重，由 1950 年的 67.2%和 32.8%，变化为 1984 年的 50.2%和 49.8%，两者已经基本持平，在这一需求变化的影响下，为消费者服务的服务行业得到了大发展的机会，投资更多地进入这一领域，其比重自然上升。

（2）美国产业的空心化，有资本逐利的原因。也有政府放松对经济干预的原因。源于 20 世纪 70 年代的货币主义，使美国政府相信政府干预经济是有害的，美国越来越倾向于只使用单一的货币政策，通过调整货币供应量的方式，来让经济发挥自我修复的功能。这一政策的结果是使得资本自由地涌向平均利润率更高的领域。

一方面，美国劳动力成本的不断上升，将制造业转向劳动力成本较低的亚洲等国更能给企业带来丰厚的利润。企业出于利益最大化的追求，必然会将制造业转向劳动力成本较低的新兴经济体。自 1945 年以后，这种转移一直在进行，先

① 数据来源：世界银行数据库。

② Robin Greenwood and David Scharfstein. The Growth of Finance [J]. Journal of Economic Perspectives, 2013 (2):3.

是转移到日本，后是转移到“亚洲四小龙”，20 世纪 80 年代中国改革开放以后，这种转移迅速加快，近来还有转向东南亚、南美各国的趋势。

另一方面，由于存在着行业利润差，特别是金融业的平均利润率高于制造业，迫使资本大量转向虚拟经济领域。金融业本来是为其他产业服务的一个行业，按照马克思主义经济学的观点，金融行业的利润，是从制造业中分得的利润。但随着美国金融行业的逐渐兴盛，金融资本已经逐渐脱离产业资本的循环，独立形成了一套价值产生体系，这套价值体系甚至不需要与实体经济发生任何联系。美国金融行业所获得的利润，已经由 1975 年只相当于实体经济的 73%，上升到了 2008 年的 115%，美国金融行业的平均利润率，几乎是制造业的 2 倍以上，金融业已经成为了最赚钱的行业。① 因此，大量资本被高额利润所吸引，由实体经济转投虚拟经济，造成了美国产业的空心化。

这从另外一方面说明了政府干预的必要性。目前中国也出现了行业利润率不平均的情况，一位民营企业家说：“我是一个千人企业的老总，一年下来累死累活，只能挣到一百多万元的利润，而我的老婆到上海投资了 10 套房产，8 年下来赚了 3000 多万元。”如果政府对此不加以干预的话，中国也必然会出现产业畸形发展的情况。

（3）美国产业的空心化还有政府对高新科技发展促进政策的副作用。1983 年，里根政府成立了工业竞争力总统委员会，提出向信息产业进军，从而拉开了美国政府发展以信息技术为主的高科技产业的序幕。1991 年，布什政府决定发展 22 项高新技术，其中有 7 项都是信息技术。克林顿政府则在 1993 年提出了“建立信息高速公路，振兴美国经济”的口号，颁布了《国家信息基础设施行动计划》（National Information Infrastructure Action Plan，NII），并由国家投入牵头，加大对信息产业的投入，在 NII 计划中，投向信息产业的资金主要来自政府。②美国以信息产业为主的高新科技促进政策，使美国经济在 1990~2008 年出现了经济较快增长、经济繁荣的局面，这段时间美国经济的增长速度平均为 3.21%，同期 CPI 保持在 2.76，失业率也保持在 5.36%这一接近自然失业率的水平。这种局面让美国政府认定该政策是正确的，以致放任了产业的空心化趋势。

---

① 牛文俊. 战后美国利润率长期变动的研究［D］. 天津：南开大学，2009.

② 范晓虹. 美国的信息资源开发战略［J］. 图书情报系统，1999（1）：23.

在大力发展信息产业的同时，美国政府进一步放松了对经济的干预，主张经济的自我调节功能。这使得资金更进一步的由实体经济转向虚拟经济。美国制造业的空心化，很长一段时间以来，被其虚拟经济的放大效应掩盖了。所谓虚拟经济的放大效应，是指通过金融产品的杠杆作用，以高科技的名义产生的实体经济在虚拟经济中的放大。例如，美国微软公司，2005 年时产值为 386 亿美元，但其股票市值却超过了 2700 亿美元。

美国发展的高科技，主要是以信息产业为主的高科技领域，这一领域催生出了围绕信息的收集、储存、设计、处理和发布等多个新的服务部门，其对服务业的促进作用远远超出了对制造业的促进作用。美国的高新科技产业体现在几个方面，制造业是其中的一个方面，但制造业在美国的比重本身就不高，2007 年仅为 11.7%，而且，高新科技在制造业中的比重也非常低，在机械制造业中，高科技仅占 0.9%的产出；在运输工具（包括汽车）等产品的制造中，占到了 1.4%的产出，在非金属制品中，占 0.4%，初级产品占 0.5%，食品、造纸、纺织品为 0.5%的产出。在第三产业中的信息产业，如出版业、广播电视业等，也不到 0.5%，就连程序设计和科技服务，也只占到了 GDP 总量的 5.8%，[①] 由此可见，美国的高科技产业并未直接成为美国经济增长的主要力量。但美国高新科技的相关政策为什么又促进了美国经济在金融危机之前，特别是 20 世纪 90 年代的大繁荣呢？这主要是因为，高新科技对经济增长的促进作用是通过虚拟经济的繁荣体现出来的。

房地产业的过度发展也是美国产生空心化的原因之一。2008 年爆发的次贷危机，就是美国房地产虚假繁荣导致的。因为金融衍生产品的催化剂作用，次级抵押贷款成为了美国房地产业拓展的主要工具，在美国房地产业兴盛的同时，次级抵押贷款风险也累积了起来，当房价上涨的时候，账面的财富掩盖了这些风险，一旦房产泡沫破灭，房价下跌，次级抵押贷款风险也就暴露出来了，成为了实际的损失，而且还被金融衍生工具数十倍的放大。美国人将货币等同于财富，这是一种错误的观念。亚当·斯密在《国富论》中早就指出：一个国家的财富，是指这个国家生产人们所需要的商品和服务的能力。能力越强，其财富越多。房地产业的泡沫，是绝不能等同于国家财富的。

① 马云泽，刘春辉. 美国产业空心化与金融危机［J］. 桂海论丛，2010（3）.

总的来说，美国的产业政策是不完善的，与日本、韩国、德国等国家明确的产业发展政策不同，美国缺乏全面的产业政策，对经济的干预较少，主要是通过对科研的投入方式来引导产业的发展。由于美国放任资本从制造业中抽离，转而投向金融业为代表的虚拟经济领域，其大力发展信息产业的政策对制造业提振作用非常有限，反而进一步加剧了服务业虚高的趋势，这样的产业政策，自然会得到一个产业空心化的结果。

3.3 德国制造业的情况分析

3.3.1 德国产业结构变化及制造业转移的基本情况

德国是较早实现工业化的国家，在戴宏伟（2006）看来，世界制造中心第一次迁移不是从英国直接到美国，而是先从英国迁移到了德国，再迁移到了美国的。德国产业结构的变化可以分为四个阶段：第一个阶段为 1870 年之前的工业化前期；第二个阶段为 1870 年至 20 世纪初的工业化时期；第三个阶段为 20 世纪初至第二次世界大战结束前的工业化后期；第四个阶段为第二次世界大战后到现在的制造业新的发展期。

（1）1870 年前德国的工业化前期。由于德国现代国家形态形成较晚，统一的德意志国家直到 1871 年普鲁士战胜了法国之后才得以建立，在这之前，德国是以普鲁士、奥地利及若干小邦国、领地组成的一个松散联邦。国家形态的落后制约了德国经济的发展，尽管在 18 世纪末期德国就已经兴建起了一些近代工业，并在之后的几十年得到了一定的发展，但工业化程度仍然非常低。在 19 世纪初期，德国的农业人口占到了总人口的 4/5，工业相对于其他欧洲国家来说，非常落后，直到 1840 年，德国的生铁产量仅相当于法国的 1/4，更只相当于英国的 1/7。工业产值相当于法国的 5/8，英国的 2/5，蒸汽动力更差，只相当于英国的 1/15。[①]

① 程广中. 从铁路建设看德国产业革命的道路［J］. 社会科学战线，1987（3）：188.

尽管这一个阶段德国没有完成工业化，但德国工业化的开始却始于这一时期，德国经济史学家霍夫曼（W. G. Hoffmann，1958）认为德国的产业革命始于19世纪20年代，程广中认为德国产业革命的初期应该是从19世纪的三四十年代开始的。[①] 由英国人发明的蒸汽机在德国开始被运用，1835年，德国人在巴伐利亚建成了自己的第一条铁路，只比英国晚了10年，比法国晚了4年。德国的工业化尽管开始得较早，但由于国家尚未统一的原因，工业化进程较慢，到1870年统一的德意志国家建立以前，工业化水平仍然低于同期的英国、法国和美国。德国的工业产出占世界工业产出的比例为13%，同期美国已经达到了23%，而英国依然保持第1位，为32%。

（2）1870年至20世纪初的工业化时期。普法战争以普鲁士的胜利而告终，1871年德意志国家的统一为德国的工业化进程奠定了良好的基础，普法战争为德国赢得了20年和平发展的时间，德国还从法国得到了50亿法郎的战争赔款，这些赔款推动了德国经济的迅速发展。另外，德国还从战争中得到了阿尔萨斯—洛林地区，这一地区丰富的铁矿石资源使德国的工业得到了宝贵的原材料保障，1871~1894年，被称为德国的“工业与经济增长年”，鲁尔区成长为全欧洲最重要的工业中心。

在这期间，德国抓住了第二次工业革命的契机，第二次工业革命是与德国工业化进程同步进行的，可以说，正是德国和美国在工业方面的极大进步，带动了第二次工业革命的产生。如西门子—马丁炼钢法（Siemens-Martin Process）使得德国人可以从低品质的铁矿中大量炼出高级钢，提高了德国的钢铁产量。而霍夫曼（August Wilhelm von Hofmann）发展了合成染料技术，使德国形成了新的化学染料工业。德国的工业革命与第一次工业革命有所不同的是，德国发挥了后发优势，利用英法已有的技术进行改良，制造出比英法更为先进的蒸汽机及其他产品，得到了“英法开花，德国结果”的结局。

到19世纪末，德国从事农业生产的人口已经下降到了总劳动力人口的1/3，同时德国的工人数量已经占了总劳动力人口的2/5。德国生产众多的工业制成品并销往欧洲乃至世界各地，1886年时，英国人描绘道：“身上的衣服是德国缝制的，少女们周末穿的漂亮披风与上衣来自德国。更让人吃惊的是生活中有许多东

① 程广中. 从铁路建设看德国产业革命的道路［J］. 社会科学战线，1987（3）：188.

西都产自德国，如孩子们的玩具、童话书、厨房用品、排水管、收音机、纸张、铅笔，就连周末歌剧院里上演的歌剧也是由德国人创作的，演员无一例外是德国人。”[①] 1906 年时，德国工业产值占世界工业的比例已经超过了英国，达到了 16%。德国在钢铁工业、化学工业和电力工业等方面领先于其他国家。在这一时期，德国不仅完成了工业化，还成为了仅次于美国的世界制造中心，在经济总量上，1913 年德国成为世界上第二大的经济体。

（3）20 世纪初期至第二次世界大战结束前的工业化后期。20 世纪初期至第二次世界大战结束这段时间，德国卷入了第一次世界大战和第二次世界大战，经济发展受到严重影响，产业结构上出现了泛军事化的特征。第一次世界大战时，由于德国准备不足，物资生产不足以供应战争需要，德国只能通过印钞来弥补开支，结果造成了恶性的通货膨胀。在第一次世界大战后，德国战败国的身份又给自己带来了战争赔款的负担，使德国的经济遭受了重大的损失，直到第二次世界大战前，德国才恢复了元气。

在第二次世界大战前和战争期间，德国政府对经济实施了严密的控制，要求经济按照国家的意志运行，如 1942 年 3 月 21 日，希特勒颁布了“保护军事工业经济”的命令，1943 年 9 月 21 日又发布类似的命令，强调进一步集中对经济的管制，保证对军备生产的原材料、资金和劳动力的供给，这使得军事工业占据了经济的主导地位，经济变得畸形发展。1939 年，德国的军费开支占到了 GDP 的 23%，德国已经成为军国主义国家。尽管在国家的干预下，德国的工业一直到 1942 年都还在增长，并且在 1944 年上半年时达到顶点，但很快陷入了停滞状态，1941 年，德国粗钢的产量为 270 万吨，1942 年已经下降到 225 万吨。第二次世界大战结束时，德国经济遭到了毁灭性的打击，国家经济濒临崩溃。

（4）第二次世界大战后到现在的制造业新的发展期。第二次世界大战以后，德国分裂为联邦德国和民主德国（以下提到的德国，在民主德国和联邦德国分开情况下皆是指联邦德国），国家遭受了严重的破坏。第二次世界大战后一段时间，德国工业中的主要支柱产业是钢铁。德国在美国的帮助下，经济得到了迅速的恢复，第二次世界大战后美国对欧洲实施了“马歇尔计划”，德国从中得到的贷款总额高达 44 亿美元，而 1950 年德国的 GDP 也不过 231.4 亿美元。朝鲜战争爆发

① 中国中央电视台节目组. 大国崛起——德国［M］. 北京：中国民主法制出版社，2006：139.

后，德国为美国生产武器和其他战争物资，进一步获得了经济发展的机会，1957年，德国的经济总量就超过了500亿美元，达到515.6亿美元；1964年，突破1000亿美元；1951~1960年，增长速度高达8.26%，[①] 其中制造业也得到了快速的发展。1960年，德国三大产业产出的占比分别为5.5%、53.5%和40.9%，到1970年时，第一产业进一步下降到3.9%，第二产业继续上升，达到57.6%，第三产业略有下降，占38.7%。

进入20世纪70年代后，德国劳动力成本较高的劣势已经非常明显，出现了劳动密集型制造业向外转移的趋势，国内的经济产业结构开始发生转变，这种变化主要体现为第三产业逐渐超越第二产业，成为占比最高的产业。但德国的第三产业不同于美国的第三产业，其金融业比重是较低的，而且主要是依附于第二产业出现的服务业，如针对德国所生产的机械设备而产生的整套技术解决方案，为企业提供的培训，设备的调试和售后服务等，这些服务业是不可能离开德国的制造业而单独存在的，而且德国正是依靠之前制造业所开拓的市场，而让服务业顺势而上的。客户在购买了德国的产品后，也就自然会选择德国的服务。随着服务业比重的迅速上升，1975年，德国的三大产业比重就已经变化为2.9%、47.7%和49.4%，1980年，德国的第三产业更是上升到了53%，超过了总产值的一半。如图3-4所示，20世纪80年代末期，德国出现了服务业快速上升、工业和制造业产出在GDP中的比重快速下滑的情况。

20世纪90年代以后，由于德国采取了相应的产业政策，对过快的产业结构调整进行了干预，这一干预取得了明显的成效。如图3-4所示，整个20世纪90年代，德国的工业下降速度较慢，在20世纪90年代末期和21世纪初，甚至还出现了工业和制造业比例的微幅上升。1990年，德国的三大产业比重为1.29%、35.48%和63.23%，其中制造业的比重为25.92%；2001年，德国的三大产业比重已经变化为0.98%、28.86%和70.16%，其中制造业的比重为22.37%；2005年，德国的第一产业为0.96%，第二产业略有上升，变化为30.43%，第三产业下降到68.61%，其中制造业也上升到了23.77%。这种“逆流而上”的变化，说明了德国政府干预产业结构的产业政策已经取得了一定成效。

① 数据来源：德国联邦统计局、欧洲央行。

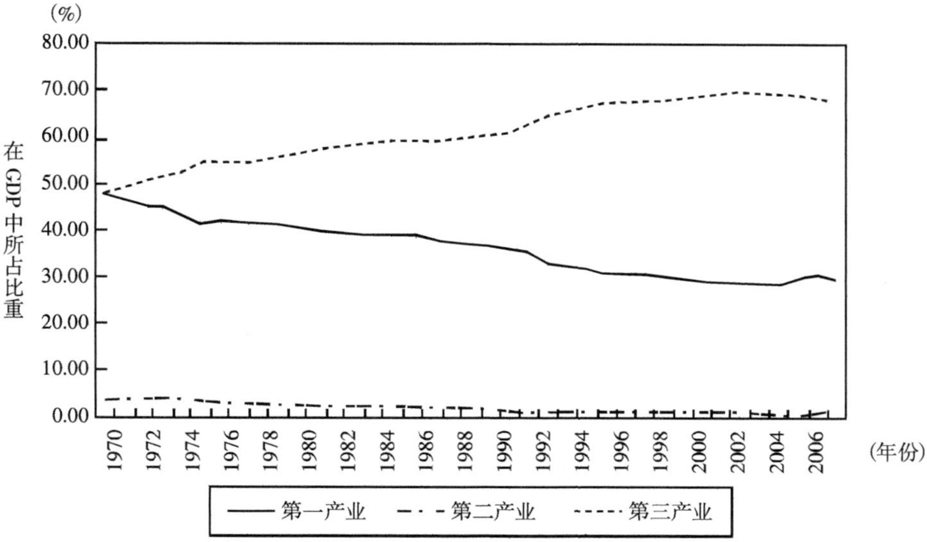

图 3-4 1968~2007 年德国三大产业结构变化情况

资料来源：世界银行数据库。

3.3.2 德国制造业对德国经济的影响

直到现在，德国仍然是发达国家中工业和制造业比例最高的国家。在 2005 年时，德国工业产出占 GDP 的比例高达 30.43%，制造业产出占 GDP 的比例也占到了 23.77 %。同期美国的工业产出仅占 GDP 的 22.14%，而制造业更是仅占到了 13.87%。德国制造业提供了较多的就业岗位，保障了德国较低的失业率，如 1993 年时，德国制造业产值虽然只占到了 GDP 的 22.64%，但吸纳的就业人口却达到了约 1100 万人，占全国劳动力人口的 38%。正是由于德国保持了较高的工业特别是制造业的比例，才使得德国虽然在金融危机中也受到了较大的损失，但在复苏阶段却能够恢复得较快，失业率下降较快，而且没有出现反复。可以说自金融危机爆发以来，德国是整个欧元区经济表现最好的国家。2009 年，德国的经济下滑了 4.7%，失业率也略微上升为 7.7%，同期美国增长率为–2.44%，失业率高达 9.8%；2010 年，德国经济恢复增长，增长率为 1.21%，失业率已经下降到 7.0%，为 19 年来最低，同期美国经济尽管获得了较快的恢复性增长，但失业率还是高达 9.8%；到 2011 年，美国的失业率也高于 9%，[①] 德国

① 数据来源：美国劳工部。

却保持在 7.2%。[①]

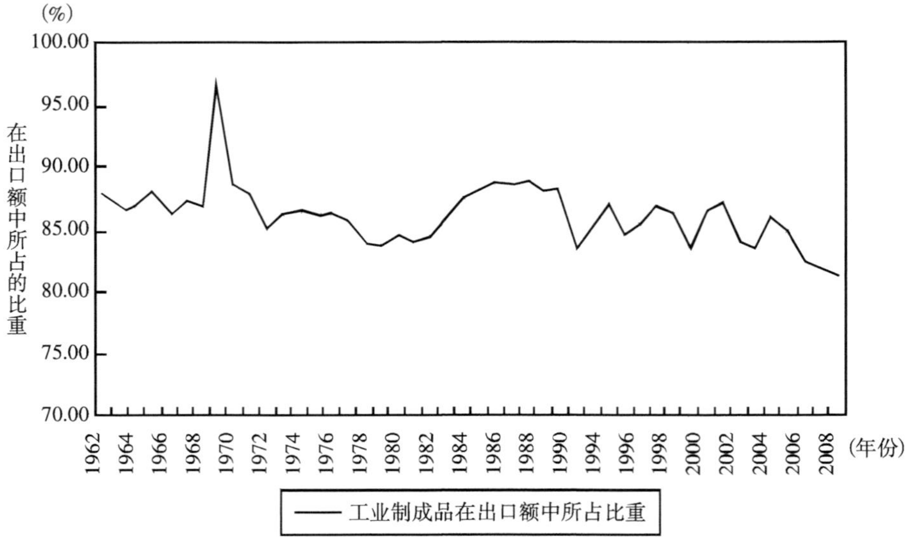

图 3-5 1962~2008 年德国工业制成品在出口额中所占的比重

资料来源：世界银行数据库。

德国制造业使其在出口贸易中获得了巨大的利益，从图 3-5 中可以看到，工业制成品一直是德国出口贸易中的主力。1960 年以来，比例从未低于过 80%，其中最低是 2007 年的 81.54%，最高年份是 1969 年的 96.79%。1960~2007 年平均为 86.26%。而美国工业制成品占出口的比重，仅在 19 世纪 90 年代末和 21 世纪初超过 80%，最高仅为 1999 年的 83.15%，2009 年，已经下降为 66.79%，1962~2009 年平均仅为 71.38%。与德国相比，美国的工业制成品占出口额的比重比德国平均低了 14.88%。

由于德国一直保持着制造业产品的出口优势，德国的出口一直呈现着平衡和略有顺差的较好情况，如图 3-6 所示，德国在 20 世纪 90 年代前，进出口基本平衡，在 90 年代后，保持着出口顺差，除了 2007 年、2008 年受到金融危机影响外，其余年份出口呈现了较快的增长。相反，美国的制造业由于大量向外转移，工业制成品出口的优势在逐渐减弱，如图 3-7 所示，自 20 世纪 70 年代后，美国的贸易一直处于逆差状态，而且除了 90 年代中期逆差有所缩小以外，其余逆差

① 数据来源：国际货币基金组织。

一直在加大，其经常项目逆差在 2006 年达到了 8006.18 亿美元的高峰。

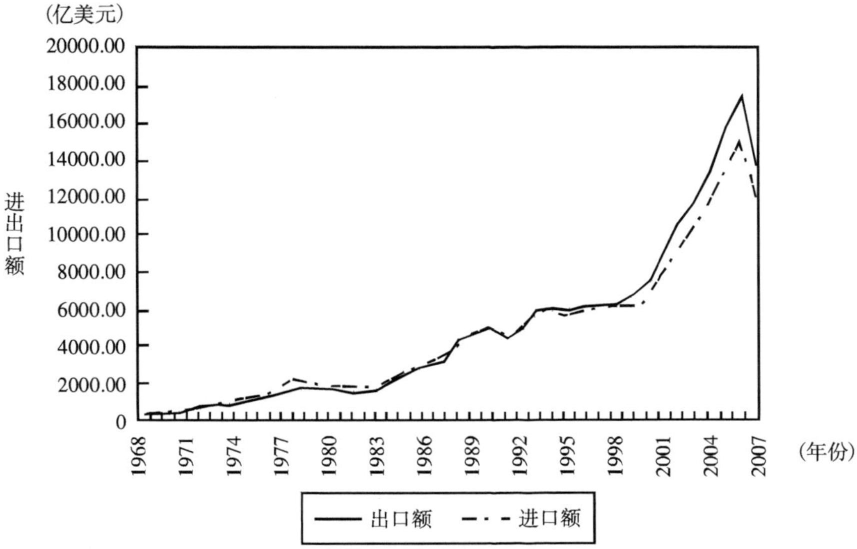

图 3-6　1968~2007 年德国进出口额变化情况

资料来源：世界银行数据库。

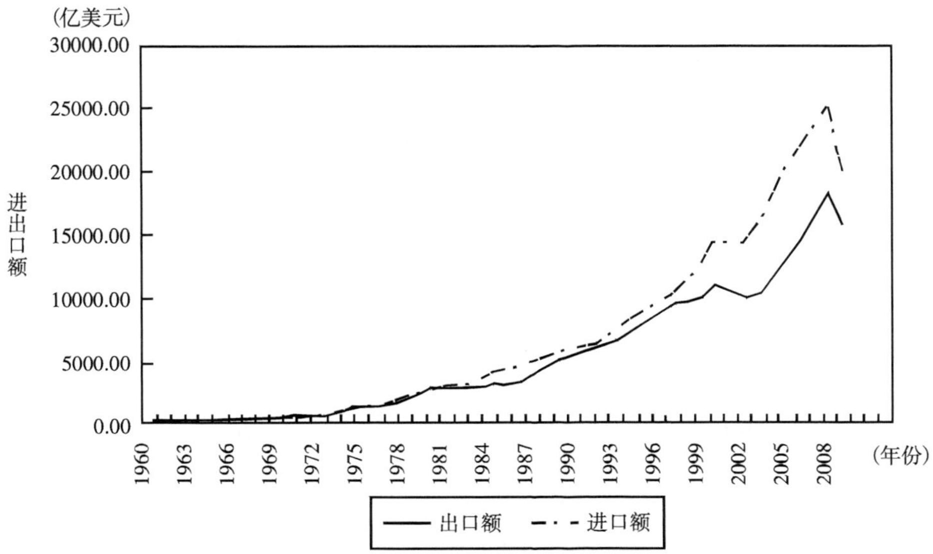

图 3-7　1960~2008 年美国进出口额变化情况

资料来源：世界银行数据库。

德国制造业的较高比例，也保障了德国经济的稳定，物价指数在较长的时间内都保持在较低的水平。1989~2006 年，德国的通货膨胀率除了在 1990 年为

5.08%、1991 年为 4.43%以外，其余年份均未超过 3%，特别是 1993~2004 年，都稳定在 2%以下，1989~2006 年平均的通货膨胀率为 2.04%。1990 年和 1991 年的物价波动，可以认为是民主德国、联邦德国统一所造成的影响，之后德国迅速消除了这一不利因素，保持了物价的稳定。

3.3.3 德国制造业中的结构变化情况

德国制造业在其 200 余年的发展历程中，其结构一直在发生着变化，以适应国内外条件的变化，保持其竞争优势。在工业化的初期，德国主要是发挥自己资源禀赋的优势，大量生产钢铁、羊毛和其他纺织品、化学制品。19 世纪末到 20 世纪初时，德国的酸、碱等基本化学品的产量居世界第 1 位，染料产品占据了世界染料市场的 4/5。

第二次世界大战以前，德国由于工业的军事化倾向，制造业以军品生产为主，产业结构是畸形的，但军品的制造和生产也为德国积蓄了制造业的生产能力，在第二次世界大战结束后，战时军事工业迅速转向民用，在美国的援助下，德国的制造业迅速得以恢复。第二次世界大战后初期，德国急于恢复经济建设，因此经济是以满足内需为主，大力发展能源工业、钢铁工业、机械工业、化学工业和建筑业。随着经济恢复正常，德国的建筑业已经不再是支柱产业，同时制造业中的钢铁工业也逐渐退居二线。1960 年，德国的钢铁工业占工业产值已经下降到 6.7%。

相对于美国来说，德国的劳动力价格较低，同时德国也拥有制造业的基础，因此德国在战后迅速承担起了欧洲主要的消费品生产责任，承接了从美国转出的制造业企业。第二次世界大战结束后到 20 世纪 70 年代，德国作为欧洲主要的制造业强国，大量生产各类工业制成品，特别是一些轻工产品，这导致了德国机械制造业在制造业中的比重下降。20 世纪 60 年代，德国机械工业的产值年均增长 10%，1960~1970 年下降到了 5%，德国机械制造业逐渐下滑，1984 年，机械制造业产品出口额占世界机械制造业总出口额的 18.7%，已经低于美国。

进入 20 世纪 80 年代以后，德国的制造业面临着新的挑战。在这一时期，以中国为代表的亚洲劳动力成本低的优势明显，而日本、韩国的产品质量优良、性能出众，德国制造业与之相比，并不具有性能和价格方面的优势，因此，德国调整了制造业的产业结构。德国自身的优势是在技术方面领先，具有大量的人才和技术储备。按照罗默的内生增长理论，企业可以通过研发，将知识与资本相结合，生产出耐用资本品，保持自己的技术领先优势。德国通过政策鼓励，进一步加强了研发，在耐用资本品的生产，如机械产品、大型医疗设备、电机和电气产品等方面拥有了世界领先的水平，同时舍弃了一些技术含量不高或自己缺乏竞争优势的制造领域，如家用消费电子产品、纺织品等，不与日本、“亚洲四小龙”及后来的中国在自己不擅长的领域竞争。一些初级产品也逐渐退出了出口市场，如通用钢板等。1990 年，德国机械产品的出口额占世界机械产品出口额的比重上升到了 21%，超越了美国和日本，跃居世界第 1 位，并保持到现在。

由于及时调整了产品结构，进入 20 世纪 90 年代以后，德国的对外贸易并没有像美国那样出现出口的增长减缓，而是继续迅速发展。1994 年德国进出口总额为 9771.1 亿美元，2005 年则增加到了 2.08 万亿美元，年平均增长率达到了 9.5%。2007 年的出口额是 1990 年的 2.7 倍，进口额则增长了 2.36 倍，年平均增长率分别为 10.8%和 8.2%。由于出口额增长速度超过了进口额的增长速度，贸易顺差也在迅速放大，从 1990 年的-93.68 亿美元增加到 2007 年的 1645.91 亿美元，2005 年更是创纪录地达到了 2365.05 亿美元。从图 3-6 可以看出，1990~2002 年进出口贸易额缓慢增长，但从 2002 年起，进出口总额曲线变得较为陡峭，增长速度明显加快。同时出现了较明显的贸易顺差，并逐年扩大。

德国制造业的一个发展趋势是，制造业在工业中的比例逐年升高，制造业产出在德国工业的比重一直在上升，1978 年时，制造业产出占工业总产出的 72.45%，1988 年，制造业产出占工业总产出的比例就已经上升到 75.15%，到 2005 年，这一比例更是上升到了 78%。工业主要由采矿业、建筑业和制造业三个部分构成，制造业产出在 GDP 中的比重的上升说明德国采矿业和建筑业的发展减缓。从德国的出口与进口结构变化也能看出这一趋势。1994 ~2005 年，德国进口商品中原材料比重由 5.4%上升到了 9.9%，进口制成品的比重由 71.7%下降到了 67.5%，而出口贸易中的半成品比重，则由 5.1%下降到了 4.6%。这些变化，都说明德国进一步加强制造业在工业中的主导作用，产业不断升级，减少了初级产品及半成品的产出，增加了深加工产品的产出比重。

3.3.4 德国实现工业化的原因分析

德国在 19 世纪末能够实现工业化，推进制造业的发展，成为仅次于美国的世界制造中心，是与德国在 1871 年获得统一这一重大转折分不开的，另外，德国政府实施的一些政策和采取的一些措施，也促进了当时的工业化。

（1）德国的统一为统一市场的建立奠定了基础，而相关政策的实施则使统一市场能够充分发挥应有的作用。1871 年，普鲁士在战争中战胜法国，获得了国家的统一。政府立即消除了各邦国之间的贸易壁垒，让国内自由贸易能够顺利实现。政府迅速地出台了《商业法》、《营业自由法》、《关税法》、《货币法》等，并统一了德国的货币。1873 年，德国建立起了黄金储备，改银本位为金本位，规定马克为德国唯一的法定货币。这些举措，使得德国国内的市场机制逐步完善，能够发挥出市场对资源应有的配置作用。

德国在统一国内市场的同时，还实施了关税保护，让国内的工业能够得到成长的空间，德国还提供企业出口补贴，鼓励工业企业向外拓展市场。这一做法与当时的美国是同出一辙的。

（2）以铁路为标志的基础设施大量建设，为德国的经济发展提供了保障。德国非常重视基础设施的建设，以铁路建设为主要内容的运输业的革命带动了工业革命。1873 年，德国就创设了“帝国铁路局”，协调全国铁路的建设、装备和营运。1835~1880 年，德国建设了大量的铁路，使德国的铁路里程增长到了 30460 公里，支线 3248 公里，总长 33708 公里，虽然德国铁路建设起步比英国和法国都晚，但进度快、力度大，铁路通车里程在 1839 年就超过了法国，1872 年超过了英国，当时德国为 22426 公里，英国为 22097 公里。这些铁路的建成，使各类原材料、制成品和人员的运输变得便捷，对德国工业产生了极大的促进作用。此外，德国各级政府还积极地修筑公路、开凿运河，大力发展公路运输、河道运输和海上运输。德国的公路里程在 1862 年为 288000 公里，到了 1876 年，公路里程就已经达到了 464549 公里。

（3）德国政府重工业优先的政策。德国政府意识到，以采矿业和钢铁工业为代表的重工业是其他制造业发展的基础，采取了优先发展重工业的政策，以铁路为标志的运输业的发展也使德国的煤矿石和铁矿石能够方便地进行运输。采矿业、钢铁工业等获得了长足的发展。例如，煤产量在 1848 年为 580 万吨，1875

年就增长到了 4780 万吨；钢铁产量 1837 年仅为 9.66 万吨，1875 年就增长到了 202.9 万吨。煤和钢产量的上升也为德国大量制造和使用蒸汽机创造了条件，1850 年，德国蒸汽机的动力为 26 万马力，1875 年就增长到了 246 万马力。蒸汽机的大量使用为制造业的发展提供了动力支持，使德国制造业的生产效率提高，德国在短时间之内就成长为世界上最大的机械制品出口国。

（4）金融资本和实业资本的有效结合，解决了企业发展的资金难题。1848 年以前，德国出现了一些独资的私人银行，1850 年以后，德国的投资银行大量出现，一些陷入财政困境的银行，如沙夫豪申银行，就改组成投资银行。1872 年，德国出现了 33 家拥有证券发行权的银行，其中有 25 家是在 19 世纪 50 年代逐步建立起来的。投资银行与原有的银行，再加上逐渐完善的股票交易制度，促进了金融资本与实业资本的有效结合，使资本的聚集更有效率，带动了投资的兴盛，解决了企业发展中的融资难题。

（5）社会保障制度的建立和完善，维护了社会的稳定。德意志帝国在建立的初期，国内矛盾丛生，各种利益集团展开着利益争夺，工人的利益得不到有效保障，劳动生产率较为低下。为了解决社会矛盾，缓解冲突，德国在世界上首先确立了社会保障制度。德皇在 1881 年发布《黄金诏书》，宣称："社会弊病的医治，一定不能仅仅依靠对社会民主党进行过火暴力的镇压，而且要积极促进工人阶级的福利。"在此思想的影响下，德国进行了积极的社会保险立法，在全世界最早建立起了现代社会保障制度。1883 年德国政府颁布了《医疗保险法》，1884 年颁布了《工伤事故保险法》，1889 年又颁布了《伤残和养老保险法》，[①] 社会保障制度的实施和完善，不仅缓解了社会矛盾，而且维护了社会的公平，提高了工人的积极性，解除了企业发展的后顾之忧，使德国的工业有了良好的成长土壤。社会保障制度不仅促进了德国工业革命的进行，而且直到现在，德国的社会保障制度依然在促进着德国制造业向前发展。

（6）对教育和科技的重视，为德国引领第二次工业革命提供了大量的人才和技术支持。德国人非常重视教育，政府规定国民必须把服兵役和受教育视为基本的义务，是公民都应该认真遵守的。德国的教育事业在 18 世纪获得了巨大的成就，1816 年普鲁士的儿童入学率为 43%，1846 年入学率提高到了 68%，1860 年

① 王晓红. 德国社会保障模式对中国的启示［J］. 商品与质量，2011（9）：4.

提高到了97.5%，初等教育已经得到了普及。德国是现代大学的发源地，1806年成立的柏林大学是现代大学的典范。这些高等学校是科研的主力军，同时，德国还成立了众多的专业学院，如柏林工学院、卡尔斯卢合工艺学院等，使基础科研和应用科研都得到了长足的发展，同时也推动了教学与生产的结合。德国人不仅发明了发电机、工业染剂，还发明了电车、发动机，形成了以电力、化学和精密机器制造为主的新兴工业，这些工业的优势不仅在19世纪七八十年代就已经开始确立，更是一直保持到现在。

3.3.5 现代德国制造业发展和产业升级的原因分析

第二次世界大战以后，德国的工业得到了迅速的恢复，但也很快碰到了来自日本、“亚洲四小龙”和后来的中国等国家和地区的竞争，在这种压力下，德国的制造业不仅没有退出历史舞台，反而实现了产业升级，进一步焕发了生命力，成为了德国经济的重要支柱，某些产业继续在世界上保持着领先的优势。德国的制造业之所以能够有如此好的局面，是与以下四种原因分不开的。

（1）第二次世界大战后长期和平环境，为德国的发展提供了历史机遇，而欧共体和欧盟的成立，则为德国开辟了更大的市场。第二次世界大战以前，德国长时间陷入战争，不仅德国人没有和平，整个欧洲也无法获得和平、发展的环境。冷战开始后，出于应对苏联的威胁等原因，德国和法国实现了和解，和平和发展成为了世界的主题，德国获得了难得的发展机遇。1950年，法国外长舒曼提出了“欧洲煤钢联营计划”，经过谈判，1951年4月18日，法国、德国、意大利、卢森堡、比利时、荷兰六国成立了欧洲煤钢共同体，开启了欧洲一体化的进程。1963年，德国领导人阿登纳和法国领导人戴高乐共同签署了《德法合作条约》，法德真正实现了和解。随后，欧洲一体化进程稳步推进，1968年《罗马条约》签订，欧洲的关税同盟建成，1985年《申根协定》签署，1991年《马斯特里赫特条约》签署，欧洲共同市场建成，1993年欧共体改为欧盟，1999年和2002年的1月1日，欧元开始启用和进入到流通领域。欧洲一体化进程不仅是保障了欧洲的和平，给德国带来了和平、发展的机遇，同时，欧洲共同市场的建成，使德国能够凭借自己的比较优势，在更大的市场内获得更高的收益。在欧洲一体化之前，德国就已经成为了欧洲最大的经济体，其制造业优势非常明显，在欧洲共同市场建立以后，德国能够让自己的产品更轻松和更低成本地进入欧洲其他国家的市场，同时，民主德国和联邦德国统一和欧洲其他劳动力价格较低国家加入欧盟，又可以使德国获得充足的劳动力供应，缓解自己劳动力人口老龄化的弊端，这些都为德国制造业进一步发展和实现产业升级创造了良好的基础。

（2）技术立国和产业升级。在竞争中，德国的制造业之所以能够一直保持不败，一个重要的原因是德国政府和企业都非常重视技术进步作用下的产业升级，即通过技术进步，来推动产业结构、产品结构、出口结构的调整。德国的技术创新是通过国家制度来扶持和鼓励的。例如，德国政府支持产学研相结合，德国2005年拥有高校372所，在校生198万人，其中绝大多数高校都是公立的，[①] 国家也提供了大量的费用给这些学校，使进入学校学习的学生不用承担高额的费用。美国在这一点上就与德国形成了鲜明的区别，美国私立大学较多，越是高层次的大学，私立比例越高，私立大学的学费比公立高，这使得美国的大学学费普遍高昂，学生中80%以上都需要贷款读书，高昂的学费成本促使学生不愿意从事回报率较低的理工科的工作，而更愿意从事金融、IT等高收入行业，目的就是要获得高报酬来弥补学习中的高成本，这使得美国的技术创新不足，理工科人才大量缺失。相反，德国学费不高，而且政府提供了大量的奖学金，还设立了科研资助，建立了大量的产学研结合的科技园和技术孵化中心，鼓励人才到企业发展，如政府规定，工程技术专业的博士生在毕业后到企业工作，7年就可以申请大学教授职位。德国工程师和技术人员的收入也非常高，与金融等行业从业人员相比毫不逊色，因此，德国成为了一个盛产工程师和发明家的国度。

在以技术为引导进行产业升级方面：一方面，德国收缩了重工业产能，但收缩不是简单的关停，而是进行了改造和提升。如德国的煤炭工业，在进入20世纪70年代以后，德国的煤炭就已经出现了枯竭的迹象，产量不断下降，同时生产成本也大幅度提高，如果还是继续用原有的方法来开采煤矿，就会使钢铁的冶炼成本被推高，让钢铁产业失去竞争力。对于这样的局面，德国采用进口的煤来拉低成本，同时在钢铁行业中大量采用新的技术，生产出质量优异的钢产品，特别是一些特种钢，这些钢产品是其他具有成本优势的国家所难以生产出来的，这就保证了德国的钢铁产品在出口中依然保有竞争力。另一方面，德国也大力发展

① 孙进. 高等教育协定2020评述——德国面向21世纪的高等教育扩张政策［J］. 河北师范大学学报（教育科学版），2012（10）：47.

自己有优势的技术密集型行业，如机械制造业、汽车工业、石油化工、医疗产品行业和电气工业等。德国政府将 GDP 的 2.5%投入到这方面进行研发，如 2006~2009 年，德国政府拿出 150 亿欧元，对包括信息与通信技术、航天航空、汽车与交通技术、微系统技术、纳米技术、生物技术和材料技术等 17 个领域的技术创新进行支持，这样的力度远远地把其他国家抛在了后面。德国政府除了自己支持创新，同时还引导企业向这些领域投入研发资金，各个企业专注于自己的技术领域，德国制订了科学技术研究开发计划，给予科研部门和企业的研发机构资金支持。同时以税收减免的方式鼓励企业投入研发，目前，企业和私人已经是德国研发的主力军，每年投入的研发费用，占到了德国总的研发经费的 66%。企业在技术密集型产品中平均投入的研发费用占到产品成本的 3.5%~8.5%。高投入带来了高回报，1991 年，德国高技术产品已经占到了出口额的 46%，把美国和英国抛到了后面，与日本一起保持着技术密集型产品出口国的优势地位。2004 年，德国在欧洲专利局注册的专利达到了 23044 项，占到了欧洲专利局专利数量的 18%，在欧洲遥遥领先。2006 年，在德国的出口额中，87%都是技术密集型产品，德国的制造业转型已经初步成功。

（3）高度重视产品质量，精心打造“德国制造”这一品牌。一提到德国的制造业产品，可能大多数人的印象都是“质量优异”，的确，德国制造业的优势之一便是其过硬的质量。1907 年，德国企业泰来洋行在中国兰州修建了黄河上的第一座铁桥，承诺大桥 80 年质量不变。80 多年过去后，1989 年，该企业在德国的继承企业主动致函兰州市政府询问铁桥的情况。1990 年，该企业从德国派来了一些工程技术人员，对大桥进行了检测，结果发现大铁桥基本完好。为了延长大桥寿命，他们还建议加固铁桥。窥一斑而见全貌，这种对自己产品负责任的态度和产品本身过硬的质量，为“德国制造”赢得了广泛的赞誉。

德国人对质量的重视，是根植于民族文化中的。德国人很严谨，讲究理性和制度化，虽然德国的产品从外观来看并不出众，但无一例外都是结实耐用的，他们愿意为了质量而牺牲一些便利。德国不仅有重视质量的传统，而且对质量的管理也在与时俱进，不断接受先进的质量管理思想，绝大多数德国企业实施了全面质量管理计划，进行 ISO9000 国际标准认证，借鉴日本企业的好经验，采用了先进的全面质量管理系统。1952 年，德国成立了德国质量协会，这是一个独立和非营利性的社会组织，是德国最大和最有影响力的质量管理机构，2000 年时已经有 83000 个会员，覆盖了德国的大部分企业。这一组织，一是向企业进行质量管理方面的宣传，提高企业对质量管理的认识；二是组织和推广相关的质量管理体系，评审“德国质量奖”，推进质量管理的科学化；三是对企业人员进行质量管理培训，颁发质量管理方面的资格证书。现在每年参加培训的人次达到了 5 万人次。

德国的企业已经形成了重视产品质量的企业文化。例如，德国大众公司，对职工进行职业道德教育时，把精益求精的质量观放在了重要位置，而德国的西门子公司，更是提出了“以新取胜、以质取胜”的企业理念，为了提高职工质量意识，同时也为了提升职工的技术水平，西门子建立了自己专门的培训学校，新进员工必须经过严格的培训才能上岗，在职的职工也要经常“充电”，不断提升职业技能。

（4）德国实施了市场经济+国家干预+社会保障的经济政策，对产业结构实行有意识的引导和建设，没有让经济放任自流。

首先，德国进一步完善了市场经济，通过市场这只看不见的手，来自动对经济进行调节。1957 年，德国联邦议院通过了《反对限制竞争法》，也称为《反卡特尔法》，明确表示：反对垄断，防止大企业间的合并，保证市场竞争的充分进行。中小企业是完全竞争市场的主体，德国非常重视中小企业的发展，德国的企业绝大多数是雇员少于 250 人、年销售额不足 5000 万欧元的中小企业，这些企业规模虽然不大，却承担着德国主要的产出，德国出口的产品，主要是化工、机械制造、机动车辆、光学设备等。生产这些产品的企业，有 95%是中小企业。德国采取了一系列有效的措施来保障中小企业的发展，如设立专门的政府机构，完备的中介机构，健全相应的法律制度，提供中小企业发展所需要的资金支持，在税收政策方面给予中小企业扶持，特别是对中小企业的创新研发给予税收减免的优惠等。另外，政府还直接给予中小企业资助，1993 年，德国政府给予中小企业近 33 亿马克的补贴。由于防止了大企业控制市场，积极鼓励中小企业在竞争中快速发展，德国有效地避免了市场的失灵。

其次，国家积极地对经济进行有效引导，让某些适合发展的行业得到优先发展的机会。第二次世界大战后初期，为了能够较快地恢复工业生产，德国对一些基础工业，如煤炭业、钢铁业进行补贴，也对运输行业给予补贴。尽管这些企业利润率较低，却是德国其他工业的重要基础。这些补贴一直延续到现在。随着这些企业竞争力的进一步下降，德国政府的补贴率也在不断提高。例如，德国对煤炭业的补贴率，1974 年为 29.8%，1981 年已经上升到了 84.7%，对铁路的补贴费用，1972 年为 60 亿马克，1977 年上涨到了 80 亿马克。这些基础性工业和服务业的发展，为德国其他支柱型制造业的发展提供了基本的条件。

除了这些基础性工业外，德国政府也对潜在的优势行业的企业进行补贴，推进这些企业发展。20 世纪 60 年代起，德国对造船业进行生产成本补贴和银行贷款利息补贴，到 1982 年，造船业得到的补贴已达 1750 万马克。德国还对航天航空企业在技术研发上给予资助，1978 年资助了 5.93 亿马克，1981 年补贴达到 6.87 亿马克。

对于制造业中的一些已经确立了优势的行业，德国也会给予税收优惠，继续保持其在国际竞争中的优势。例如，对汽车制造业、机械制造业、电气电子行业、化学工业等，都给予了税收方面的优惠政策，保证了这些行业的较快发展，使这些行业的增长率高于同期经济增长率。例如，汽车制造业，1950~1979 年年增长率高达 9.4%。

再次，德国政府非常注意运用理性预期理论，保持政府经济政策的连续性和稳定性，其政府干预是有限度的。德国政府很少运用积极的财政政策来推进经济的发展，防止了财政政策对私人投资的“挤出效应”。同时，德国政府的货币政策是严谨、科学而温和的，其货币供应量严格遵循经济运行的规律，在准确把握德国产出增长量的基础上，对货币的需求量进行科学的预测，投放同步增长的货币量，并且把政府的货币政策公开，在较长的时间里保持稳定不变，使公众的预期不至于对经济产生负面影响。德国政府经济政策的连续性和稳定性，避免了政府政策引起经济波动。

最后，德国依靠完善的社会保障制度，在与市场经济不悖的情况下，维护了社会的公平。市场经济要能够充分地发挥作用，需要社会秩序稳定和社会公正得到维持，而这两点恰恰是市场经济自身难以调节实现的，必须依靠社会保障。德国政府正是看到了这一点，在第二次世界大战后不断完善社会保障制度。1957 年颁布了《农民老年救济法》，将农民养老纳入社会保障范围，1969 年颁布了《劳动促进法》，1972 年德国议会通过了《企业基本法》和《共同决策法》，扩大了雇员的权力，保障了劳动者的利益。1983 年又颁布了《文艺工作者社会保险法》，1988 年颁布了《健康改革法》，1989 年提出了《1992 年养老金改革法》，[①] 1995 年开始增加社会护理保险。目前德国已形成了规模庞大、内容完善的社会保障法律体系。在民主德国和联邦德国统一期间，德国政府也注重了公平的原则，1990~1994 年，运用联邦德国的财政收入转移支付民主德国养老保险的补助，金额累计达 279 亿马克。这一支付，使民主德国地区养老金的水平迅速上升，1990 年，民主德国的养老金水平仅相当于联邦德国的 40.3%，1998 年就已经上升到 86.7%，德国就是依靠政府的力量，协调社会资源，完善社会保障制度，才有效地促进了市场经济体制的健康发展。

① 王晓红. 德国社会保障模式对中国的启示［J］. 商品与质量，2011（9）：4.

4 国际制造业转移发生的条件及中国向外转移的可能性分析

制造业保持较高的比重，可以促进经济的较快增长，同时保持经济的平稳运行。从 20 世纪中后期以来，随着全球化的推进，FDI 逐渐增加，制造业国际转移已经成为了改变一个国家制造业产出在 GDP 中的比重的主要原因。如果一个国家放任制造业向外转移，对国外大量进行 FDI，把产品和服务的生产主要放在其他国家，就会造成这个国家的制造业产出占 GDP 的比重下降，美国在 20 世纪 70 年代以后，就出现了这样一个局面，最终导致了产业的空心化，对经济的健康造成危害。反之，一个国家如果能够凭借自己的比较优势大量承接制造业的转移，其制造业的产出占 GDP 的比重就会上升，尽管在这一过程中，承接制造业转移的国家可能会在世界体系中被边缘化，成为制造业转出国的附庸，但也有机会实现自己的工业化并利用技术外溢实现产业升级，最终从“边缘”跃升到“中心”。20 世纪中后期，“亚洲四小龙”就是依靠承接制造业转移而获得成功的典范。中国已经承接了大量转入的制造业，成为了制造业产出占世界制造业产出比重最高的国家，获得了发展的良好机遇。但中国也面临着严峻的挑战：一是大量转入的制造业没有被“消化”，仅仅是作为外资企业产品的外包生产国，是在为别人打工，还需要进行产业升级，带动本土企业实现工业化；二是由于中国劳动力价格的上升，中国制造业已经出现向东南亚等国转移的局面，如不加以引导和干预，中国的制造业可能会出现大量外移。在这一点上，中国应该借鉴德国的经验，升级制造业，提高制造业的附加值，使自己处于产业链的高端，避免放任制造业向外转移带来的产业空心化恶果。

因此，必须对国际制造业转移的原因和条件进行分析，找出防止制造业过快转移的措施。同时，也需要对中国可能转向的对象地区进行分析，比较双方的优缺点，为中国更好地保持自身比较优势提出建议，使中国在制造业国际转移的这场竞赛中能够继续领先。

4.1 国际制造业转移的原因与条件

4.1.1 国际制造业转移的动力分析

根据马克思主义政治经济学的国际分工理论，可以看到制造业的国际转移是生产力进步的必然产物。国际分工是国际制造业转移的另一种表述。国际制造业转移的动力，主要来自对利益最大化的追求。为了获取更多的利益，一个国家可以利用比较优势进行国际分工，从而使收益最大化。不过，随着全球化进程的深化，分工的出发点也有所不同。在 20 世纪 70 年代以前，国际分工更多的是利用本国的比较优势展开的，如英国、美国先后成为世界制造中心，日本在战后的兴起都是利用自身比较优势的结果。在 20 世纪 70 年代以后，随着跨国公司成为了 FDI 的主体，利用他国的比较优势来获取利益成为了国际分工的新依据，日本向“亚洲四小龙”投资转移制造业以及中国承接 FDI 带来的制造业转移，都属于这种情况。下面从厂商和政府两个层面，来分析其对外 FDI 的动力。

（1）国际制造业转移的主要动力是厂商为了追求利益最大化。跨国公司对外进行投资的前提条件有两个：一是原产地的投资收益率已经小于目的地的平均投资收益率；二是目的地的投资收益率大于原产地的平均投资收益率和利率。企业为了保持较高的收益，必须要控制成本，如果企业在一国内面临着较高的成本压力，如劳动力价格、原材料价格、运输价格上升导致成本上升，或者面临其他导致成本上升的因素，如市场机制不健全导致摩擦成本过高、政府存在着寻租行为、政局动荡或者社会治安较差等原因。这个企业就会考虑将其产品的制造转移到条件更好的国家，来维持较低的成本，保持其较高的收益。虽然企业的 FDI 并不完全等同于国际制造业转移，但企业 FDI 是国际产业转移的一个重要表现，也是实现国际产业转移的一个必须步骤。

下面分析劳动力价格的变化是产生国际制造业转移的主要原因，但不可忽视的其他因素，如原材料价格、运输成本、政治因素等，也是企业为了追求利益最大化必须考虑的因素。

（2）国际制造业转移的另一动力是政府为了实现经济增长的目标。依据小岛清（1978）提出的边际产业转移理论，一国政府为了使经济获得持续的增长，总是倾向于把“边际产业”转出去，这些“边际产业”，是在本国逐步失去发展空间，已经处于或即将处于劣势地位的产业，作为制造业向外转移的国家，把“边际产业”转向其他国家，相当于甩“包袱”，通过向海外直接投资转出夕阳产业，集中力量发展自己的其他优势产业，或者是产业升级，把劣势转为优势。对于产业承接国来说，这一产业转出国的“边际产业”却是自己国家的“新兴产业”，使产业承接国能够获得资金和技术，推进了自己的工业化，增加就业，提升自己的产值，获得经济增长。这种对“边际产业”的转移与直接投资有所不同，是整个产业技术、资金、设备和管理人员的全部转移，而不仅仅是生产的外包，这种转移通常是直接投资大量产生后的质变结果。

另外，政府为了形成产业集群，形成某一产品的完整产业链，也会将某一地区的产业进行整合，采用政策手段或其他制度影响，将不适合在这一地区发展的产业移出，再将适合的产业通过招商引资的方式吸引进来，这也会导致产业转移的产生。例如，美国在打造硅谷的过程中，就着力吸引那些与通信、数字技术有关的企业入驻，其他的与 IT 无关的企业，在本地发展没有上下游支撑的企业，逐渐就向外转移了。

（3）国际制造业转移还有政府为了环境保护等其他原因。除了经济增长这一目的外，政府也会出于保护环境、维护社会稳定、基于宗教或文化等因素而转入、转出一些产业。发达国家在经济发展目标初步实现后，会把一些污染大、能耗高的产业向外转移，以保护自己本国的环境。发展中国家为了获得经济增长，只能以牺牲环境和消耗资源为代价，承接这些产业，在 20 世纪 80 年代，西方国家纷纷将硅铁的生产转移到中国，就是因为这是一个高能耗和高污染的企业。另外，发达国家在富裕之后，也会着力提高国民的福利待遇，造成一部分报酬不高又比较辛苦的工作没有人愿意去做，一方面，这些国家会引进外国劳工来从事这些行业，如德国、日本等将大量“3D”（危险、肮脏和有损害）的工作交由外国劳工来做；但另一方面，这些国家也会将这些工作比较集中的产业转移出去，这样做的目的也有维护社会稳定的因素，因为大量引入国外劳工，会使得国民感觉到被抢了饭碗，引发极端的民族情绪，酿成社会事件。此外，基于宗教和文化等因素，一些国家政府也会将某些与民族习惯、宗教教义等相冲突的产业转移出去，或者引入一些符合自己国家文化传统的产业。

4.1.2 国际制造业转移应满足的条件

（1）工资、劳动生产率和劳动力供应。刘易斯（Lewis，1978）认为，劳动密集型制造业转移的主要条件是劳动力价格和劳动力供应。一方面，20 世纪 60 年代，发达国家由于人口自然增长率的逐步下降，劳动力供给不足，同时，由于经济增长带来的充分就业，使劳动力成本迅速上升；另一方面，发达国家工业的快速发展，对低成本的熟练工人的需求又急剧增长，使得熟练劳动力的缺口不断增大。发展中国家由于工业化程度不高，农业的劳动生产率低，有大量的剩余劳动力，而且劳动力的价格低廉，这样，就形成了发达国家向发展中国家转移劳动密集型制造业的现象。刘易斯提出了劳动密集型制造业转移的条件，那么是否所有的制造业国际转移都受劳动力价格和劳动供应这一主要条件制约呢?

一般说来，由于跨国公司在海外进行投资和经营，需要派出自己的人员，付出比当地企业平均薪酬更高的薪酬，并运用自己的管理组织架构，因此得承担比当地企业更高的生产成本和组织成本，那么，跨国公司又是如何获得更高的收益呢？金德尔伯格（Kindleberger，1969）在《美国公司在国外》一书中指出，跨国公司之所以能够在 FDI 中获得较大的收益，是因为它们具有垄断优势，这些优势包括：①跨国公司所具有的技术优势；②对某些原材料的垄断；③规模优势；④对销售渠道的控制优势；⑤R&D 的能力；等等。这些优势能够确保跨国公司在付出较高成本的情况下，依然可以获得较高的收益。[①]

在综合考虑以上因素后，可以将企业的本土生产本土销售的投资收益表示为 V_N，本土生产出口销售的投资收益表示为 V_E，将企业在海外进行 FDI 海外销售所获得的收益表示为 V_{FDI}，将 P 表示为该企业的销售价格，其中 P_F 为国外销售价格，P_N 为国内销售价格，N 为产量，$P \times N$ 即最终销售获得的总收入，L 为企业的劳动力成本，C 为企业资本及其他要素所付出的成本，M 为企业海外营销成本，F 为对外投资中产生的附加成本，r 为贴现率。在不考虑汇率变化的情况下，则可以将企业本土生产再出口所获得的收益与 FDI 获得的投资收益分别表示如下：

① 方齐云，方臻旻. 国际经济学 [M]. 大连：东北财经大学出版社，2009：161.

本土生产本土销售：$V_N = \sum \frac{P_N \cdot N_t - L_N - C}{(1+r)^t}$

本土生产海外销售：$V_E = \sum \frac{P_F \cdot N_t - L_N - C_N - M}{(1+r)^t}$

海外生产海外销售：$V_{FDI} = \sum \frac{P_F \cdot N_t - L_F - C_F - F}{(1+r)^t}$

由上面三个式中可以看出，如果：$V_E > V_N$，企业会选择出口，否则企业只会在国内生产和国内销售，由于海外销售增加了海外的营销成本 M，要满足上面条件，一是海外销售能够使 N 更大，销量上升，从而销售收入增长；二是海外的价格高于国内的价格，能够使厂商获得更高的销售收益，这一较高的价格主要是通过企业的垄断优势来获得的。

再来看企业通过 FDI 来获得收益的决定条件，即对外投资的决定条件：

$V_{FDI} > V_E$

即：

$$\sum \frac{P_F \cdot N_t - L_F - C_F - F}{(1+r)^t} > \sum \frac{P_F \cdot N_t - L_N - C_N - M}{(1+r)^t}$$

简化后可得条件为：

$$\sum L_F + C_F + F < \sum L_N + C_N + M$$

由于海外投资的运营成本中包括了海外营销的成本，此外还包括公司组织建构等成本，因此，海外投资的运营成本 F 一般会大于海外营销的成本 M。同时，本土的资本和其他要素的成本 C 是不确定的，有可能本土高，也有可能海外更高。从上式中可以看出，企业愿意对外投资的主要决定因素是海外工资水平，如果海外工资水平非常低，其对总成本减少的影响足以弥补海外投资中 F 的增加和 C 的不确定增加因素，那么企业就会决定对外投资。

由此可见，劳动力成本是企业决定 FDI 的主要条件，只要满足了这一条件，企业进行 FDI 就会有更大的收益。在制造业中，工资所占的比重平均高达 30%。不过也需要指出，劳动力成本并不仅仅是由工资水平决定的，劳动力的成本在工资水平一定的情况下，劳动生产率越高，其单位产出中劳动力的成本越低，因此可以看到，决定企业对外 FDI 的两个条件分别是：被投资国的工资水平和劳动生产率，前者越低，后者越高，FDI 就越可能产生。

（2）创新和技术进步、技术差距。弗农（Vernon，1966）和威尔斯（Wells，

1968）提出的产品生命周期理论，由于模仿国具备劳动力和原材料的价格优势，一个产品的生产会从创新国转移到模仿国，按照梯度转移理论，位于高梯度位置的国家或者地区——创新国，必须不断地创新，才能在梯度中永远处于有利地位，在某种产品进入销售量下降周期时，它会被转移到低梯度国家或地区生产。从这两个理论可以看到，对于产业转出国来说，不断的创新和技术进步，会催生出若干新的产业，围绕着这些产品的生产，又会有上下游产业的产生，企业为了获得更大的利润，总是投资到回报更高的新产业中，这就会使得一些技术相对落后的产业，转向模仿国，产生国际制造业转移。在这一链条中，发达国家几乎总是处于高梯度，创新产品，推动技术进步，产生新的产业并将落后产业向发展中国家转移，发展中国家几乎总是处于低梯度，只能承接转移。这种高低不同的地位，是由技术差距决定的。

因此，只要存在着足够的技术差距，国际制造业转移就可能产生。这种技术差距之所以会长期保持，是因为发达国家在技术创新中占据着优势：发达国家在教育领域拥有最优秀的资源，世界上最好的大学基本位于发达国家，大量顶尖的科技人才也主要在发达国家工作；发达国家拥有资金优势，它们长期注重对R&D 的投入，能够为研发人员提供最好的条件，使研发处于领先地位。发展中国家没有足够的资金投入研发，技术差距难以缩小。发达国家的企业还通过专利权等制度，保持了其在某些领域的技术垄断，或者是利用企业兼并、控股等手段，对发展中国家技术创新的苗头进行打压，防止在技术上出现超越。

这一条件也说明，高梯度国家要想保持自己的地位，必须通过创新来建立起新的产业，如果创新不足，没有新的产业来弥补旧的产业，就会出现产业空心化。同时，低梯度国家只要能够在创新和技术进步上下功夫，努力缩小和发达国家在技术上的差距，就有可能赶上发达国家，在产业中居于有利地位。

（3）国家间存在的禀赋差异。制造业企业生产的进行离不开生产要素的有效供给，按照 H—O 理论，一国的比较优势，是由该国的要素禀赋决定的，相应的，不同要素密集的企业，就应该在不同要素丰富的国家开展自己的生产，才能保证这种比较优势的发挥。生产要素主要包括劳动力、资本和自然资源三个部分，生产要素在各个国家的丰富程度是不一样的，这种禀赋方面的差异也是国际制造业转移的条件。

劳动力要素。劳动力供应是产生制造业国际转移的重要条件。制造业因为劳动力的供给决定着劳动力的工资水平。虽然该国可以通过引进外来劳工的方式减缓工资水平的上升，但引进外来劳工受到国际劳动力流动摩擦系数的影响，如果摩擦较大，就会抬高引进的成本。当一国的劳动力供给不足时，该国的工资水平就会上涨，当一国的劳动力供给已经出现了明显的不足，即已经出现了"刘易斯拐点"时，这个国家必须实施产业升级或者是产业向外转移，以降低对劳动力的需求，减缓劳动力成本的上升。

资本要素。发达国家拥有较为丰富的资本要素，而发展中国家则容易出现资本要素贫瘠的状况。当发达国家内存在着投资需求不足时，就需要在其他国家寻找投资机会，而发展中国家正好需要外来投资拉动经济的增长，解决贫困陷阱中的投资不足问题。如果发展中国家提供较为优厚的政策，降低了外商投资的行政成本，资金就会由发达国家流向发展中国家，与发展中国家丰富的劳动力资源、原材料资源等相结合，从而产生更高的收益。

自然资源要素。自然资源包括企业生产中使用的原材料和企业生产时消耗的能源，按照 H—O 理论，在技术自由流动的假定下，产品价格主要是由要素价格决定的，而要素的价格主要由要素的供给决定，因此，要素丰富的国家，即自然资源丰富的国家，就应该进行该要素密集度高的产品的生产。20 世纪 70 年代以来，中东国家大量生产石油，为自己累积了大量的财富，这就是一个禀赋决定产业的例子。如果一个国家不从自己的资源禀赋出发，盲目决定产业走向，则有可能导致国家经济受损。1957 年，非洲国家加纳获得了独立，当时加纳是非洲最为富裕的国家，其可可出口占到了出口收入的 60%。独立后，该国政府盲目地实施进口替代政策，发展了许多自己并不擅长领域的产业，到了 20 世纪 80 年代，加纳的出口中可可比例下降到一半以下，但其他产品的出口并未给加纳带来丰厚的回报，加纳沦为了非洲中下游的国家。

生产要素是可以在国际间流动的，一国某些生产要素的不足，可以通过国际间生产要素的流动来弥补。但这一弥补是有条件的，受到国际间生产要素流动的摩擦系数影响，如果国际间减少了生产要素流动的障碍，那么生产要素流动就有可能弥补国家禀赋的差异。例如，欧盟在建成共同市场后，人员、物资、资本和技术的流动在签署了《申根协定》的国家内是没有任何障碍的，就形成了生产要素的自由流动，德国正是靠着这一点，大量从劳动力供应相对丰富的原东欧国家引进劳动力，弥补了自己劳动力老化和劳动力不足的问题。不过也必须看到，引进外来劳工还受到诸多因素的限制，如语言问题、宗教和文化因素、社会治安和稳定因素等。因此，以外来劳工弥补本国劳动力供给不足的作用是有限的。当劳动力出现大量短缺、外来劳工已经无法弥补时，只能进行制造业的国际转移。同样，在要素可以自由流动的条件下，自然资源也可以在国家间流动，由资源禀赋丰富的国家流向制造业发达但资源禀赋相对贫瘠的国家。但是，运输会产生成本，如果运输成本过高，高过了在原材料生产国进行投资生产的投入成本，企业就会选择将产业转移到该原材料禀赋丰富的国家开展生产，而放弃在本国继续生产。这时，国际制造业转移便产生了。

另外，也需要关注产品的要素密集度反向这一现象。产品的要素密集度并不是一成不变的，它可以在特定的条件下转化，在一个国家是资本密集型的产品，到另一个国家也有可能变成劳动密集型的产品。例如，手机电池在美国、德国和日本等国，就属于资本密集型或者是技术密集型产品，但当中国的比亚迪企业在从事电池生产时，就没有按照资本密集型和技术密集型的方式去展开生产。比亚迪减少了在电池生产中一些昂贵生产设备的投入，代之以人工的方式进行，用大量熟练工人的手工操作来取代自动化设备的生产，由于中国劳动力价格低，工人劳动生产率又较高，比亚迪控制住了电池的生产成本，利用中国的劳动力丰富的禀赋，实现了产品要素密集度的反转，形成了自己的比较优势。从这一事例可以看到，企业并不只是被动地受制于国家的要素禀赋，还可以主动地适应国家禀赋的特点。

（4）国际制造业转移的其他条件。除了以上转移的条件外，国际制造业转移还要考虑教育水平、文化差异、语言环境、社会环境、政策和法律制度、金融体系、基础设施、上下游产业链、市场及营销网络等诸多因素，这些因素也决定着制造业的转移能否发生。

1）教育水平因素主要是指成人识字率、高等教育毛入学率。这些因素决定着劳动者的整体素质，而劳动者的整体素质又决定着劳动生产率和产品的质量。一般来说，识字率越高的地区，承接制造业转移的可能性越大；识字率越低的地区，承接制造业转移的可能性越小。非洲有着数量庞大的劳动力，但是非洲国家的教育水平普遍较低，大量国家的成人识字率在70%左右，高等教育毛入学率也非常低，这是非洲没有能够成为制造业主要承接地区的重要原因之一。

2）文化差异因素包括了国家在种族、宗教、风俗习惯等方面的差异。这些差异会影响到投资的成本，如果跨国公司本国文化传统与东道国的文化传统之间存在着较大差异，就可能产生员工之间、员工与顾客之间的矛盾，甚至引发冲突，这些摩擦成本会使投资的成本增加。文化差异也会使得企业在推广自己的产品时，碰到更大的阻力。因此，文化差异越大，投资的成本就越高，国际制造业转移的难度也就相对较大。

3）语言环境因素也是很重要的一个因素。如果制造业的转出国和承接国之间的语言环境一致，就会节约转移成本，降低管理费用，提高管理效率。在其他条件相仿的情况下，产业转移总是优先转移到同样的语言环境中。例如，印度和美国都属于英语环境，不存在语言障碍，美国的许多软件业就外包到了印度，连许多电话远程服务业也外包到了印度。中国内地在承接制造业转移时，也是从香港地区、台湾地区等率先开始的。

4）社会环境因素主要是指一个国家的政局是否稳定，社会治安情况是否良好。跨国公司在对外投资时，会考虑到东道国的政局，包括是否会爆发战争和其他形式的内乱。东道国的社会环境越好，政权稳定，社会治安良好，就越对外资有吸引力。反之则会使跨国公司避之不及。2011 年利比亚爆发内战，就使得外资大量抽逃。

5）政策和法律制度因素。东道国在政策上的变化，会对投资者的投资收益产生很大的影响，如国有化的政策、政府违约、税收优惠政策的变化、市场准入政策的变化、减排政策等。一般来说，一个国家在吸引外来投资过程中，保持政策的稳定性，有利于更好地吸引外资。法律制度则主要是指东道国的法律制度是否健全，是否依法办事。东道国的法律体系越完善，对外资就越有吸引力。

6）金融体系包括了东道国的融资环境、货币政策的稳定性以及外汇变动可能带来的风险等。东道国的银行体系是否发达，会不会影响投资者的融资和资金流动的便利性；东道国的货币政策是否稳定，会不会发生通货膨胀或者通货紧缩；东道国的汇率变动幅度是否较大，会不会给投资带来更大的风险？这些都是投资者需要思考的问题，东道国如果在这些问题上解决得不好，就会降低东道国承接制造业转移的吸引力。

7）基础设施包括了东道国的交通、通信、能源供应和后勤生活配套设施等。基础设施是制造业企业经营中非常重要的一个基础条件，基础设施越完善，制造业企业经营越便利。如果不具备基本的基础设施，制造业企业的经营很难顺利开展。印度由于基础设施建设相对落后，至今缺乏高速公路、稳定的电力供应等必要的基础设施，在承接制造业转移方面被中国远远地甩在了后面。

8）上下游产业链主要是指为制造业配套的其他企业。这些企业的存在，可以使制造业企业就近获得原材料、半成品、模具、设备的供应，获得相应物流、融资和后勤等方面的服务，从而降低制造业企业的成本，使投资者能够获得更高的收益。东道国上下游配套越完善，就越能够吸引相关的产业进驻。

9）市场及营销网络是指东道国的消费品市场和制造业企业在该国的营销体系。东道国的消费品市场越大，就越能够消费更多的产品，对外资就越有吸引力。中国目前是世界上最大的汽车消费市场，吸引了几乎所有的汽车制造企业到中国投资，就近生产汽车投入市场。投资者在东道国的营销体系发达程度，也决定着投资者到该国投资的意愿。因为发达的营销网络可以使投资者在东道国转移制造业时付出较小的转移成本，保证产品有销路，减少企业面临的风险。

4.1.3 1945~2010 年国际制造业转移的实证分析

从前面的分析可以看出，尽管决定制造业转移的因素众多，但关键的决定条件只有一个，那就是劳动力价格，包括了工资、劳动效率和劳动力供应。其中，工资和劳动效率直接决定了实际的劳动力价格，而劳动力供应也是劳动力价格决定的因素，它通过供求关系，决定了工资的水平，进而决定劳动力价格。

从 1945~2000 年世界制造业转移的情况来分析，也能够明确地看出劳动力价格在制造业转移中的关键性作用。

（1）日本制造业对美国制造业的部分取代。1945 年，美国是世界制造中心，拥有全世界 60%左右的制造产出，出口总额占世界的 39%。随着第二次世界大战的结束，大量军人回到国内，1946 年与 1945 年相比，裁军人数达到了 1000 万人，这些人并没有回到农业中去，而是主要转化成为了产业工人或是进入了服务业。这段时间美国的农业从业人口一直在下降，如图 4-1 所示。

同时，美国的失业率并未显著上升，1945 年为 1.9%，1947 年为 3.6%，还低于理想的充分就业下的失业率水平。由此可见，美国的制造业和服务业吸收了大量的美国军人。由于美国保持着非常低的失业率，劳动力在由军人、农民向制造

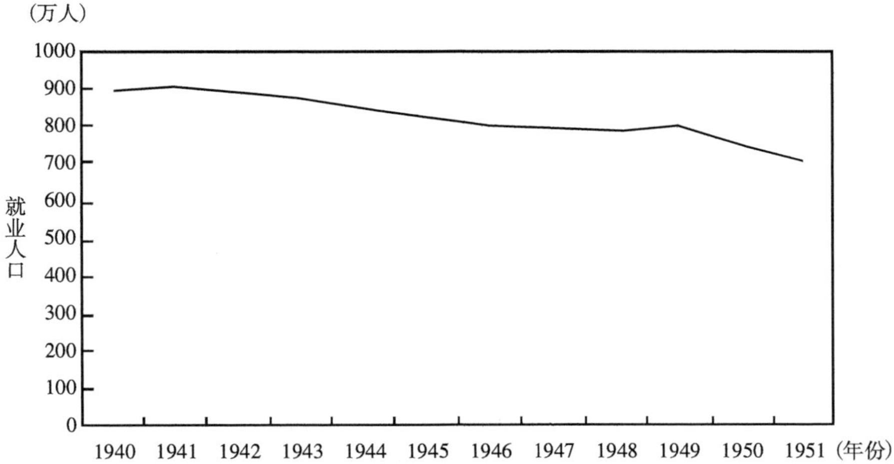

图 4-1　1940~1951 年美国农业就业人口的变化

资料来源：美国劳工部。

业和服务业大量转移的高峰之后，劳动力的供应出现了不足，企业为了吸引工人，只能大幅度提高工资。从图 4-2 可以看到，美国的工资上升是非常快的。1945 年时的平均周薪为 66.25 美元（以 1954 年为基准价格），1954 年就已经上升到了 134.76 美元，上涨了两倍多。①

同期，日本的工资水平却非常低，1954 年，日本制造业的男性职工平均周薪为 19.93 美元，仅相当于美国工人收入的 14.79%。② 1950 年爆发了朝鲜战争，战争需要大量物资供应，这些物资如果放在美国生产，运输成本很高，而日本就在朝鲜的附近，这样的便利条件，使得日本的工厂接到了大量的军需订单。日本借助战争的机遇，开始从美国承接制造业转移。

随着朝鲜战争的爆发以及制造业向日本转移，日本的经济获得了迅速的增长，1949 年日本的出口额仅为 5.1 亿美元，1951 年就增长为 13.55 亿美元，1955 年日本的工业产值与 1945 年相比，增长了 4 倍多，而同期其他的工业国仅有 1 倍多。

① 徐滇庆，柯睿思，李昕. 中国印度发展战略比较［M］. 北京：机械工业出版社，2009：164.

② 王新奎. 经济增长与工资结构——1955 年日本工资实态分析［J］. 世界经济，1986（7）：76.

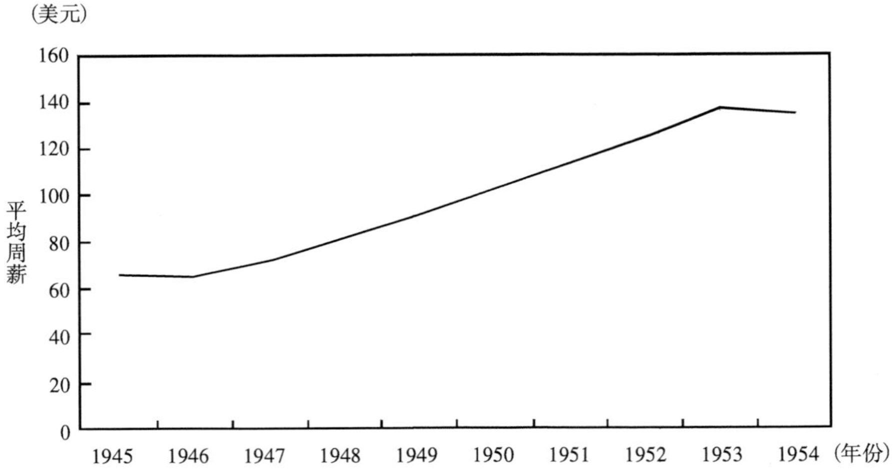

图 4-2　1945~1954 年美国平均工资水平变化

资料来源：美国劳工部、美国国家统计局。

（2）日本的制造业向“亚洲四小龙”转移。日本在第二次世界大战刚刚结束时，由于经济萧条，失业率随着日本经济的快速发展，日本的就业率也不断提高，1965 年前后，日本实现了充分就业。1965 ~1973 年，日本的失业率除了在石油危机时上升到 2.2%以外，都没有超过 1.5%，这是非常低的一个失业率。充分就业使得工资水平开始上涨。

促进工资上涨的另一个因素来自劳动力供不应求。日本的劳动力供应不足的问题在 20 世纪 60 年代中期以后开始显现，1967 年，日本的有效求人倍率（即用人需求和求职人数之比）为 1.05，出现了供应不足，1970 年已经上升到了 1.35，1973 年更是上升到 1.74。[①] 劳动力供应不足，进一步推高了劳动力价格。如图 4-3 所示，1970 年以后，日本的工资水平急剧上升，日本的制造业出现了向外大量转移的压力。

日本工资上涨的幅度不同阶段是不一样的，1956 ~1960 年，此时日本还没有实现充分就业，正在承担美国转移过来的制造业，工资增长较慢，平均每年上涨仅 4.28%，1961~1965 年，步伐开始加快，平均每年上涨 9.80%，1969~1975 年，日本制造业的工资上涨幅度最大，年均达到了 17.26%，如表 4-1 所示。

① 侯珺然. 试论战后日本失业率低的成因［J］. 日本问题研究，1998（2）：19.

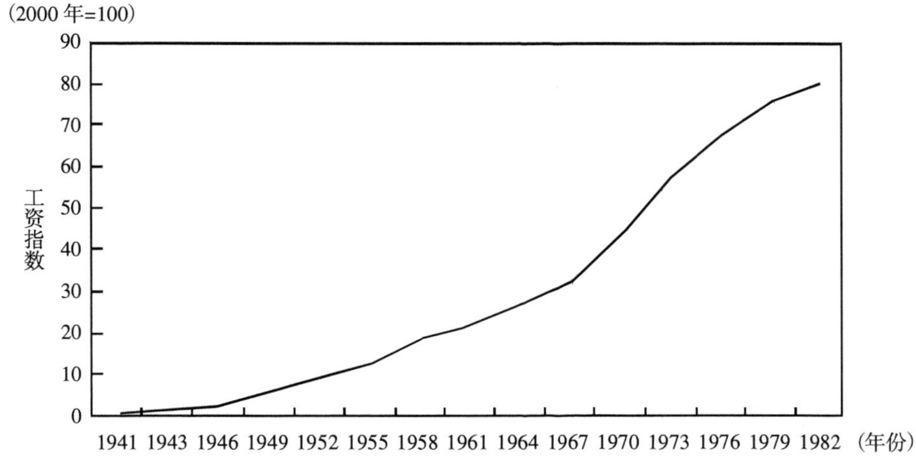

图 4–3　1941~1982 年日本的工资指数

资料来源：美国国家统计局。

表 4–1　1956~1980 年日本平均工资增长率的变化情况

年份	增长率（%）
1956~1960	4.28
1961~1965	9.80
1969~1975	17.26
1976~1980	8.07

资料来源：美国国家统计局。

日本工资优势在 20 世纪 60 年代中期后就已经丧失，而且还出现了劳动力的短缺情况，而在 60 年代时，“亚洲四小龙”的工资收入水平还非常低，经济还未起飞，如新加坡，1965 年退出马来西亚成为独立国家时，失业率高达 12%，当时的平均工资还不到日本平均工资的 10%。“亚洲四小龙”和日本的距离比较近，又同属亚洲，在文化上比较接近，语言文字和其他的一些风俗习惯也比较相同，“亚洲四小龙”在 20 世纪 60 年代分别保持了较稳定的社会局面，这些都为承接日本的制造业创造了良好的条件，从 20 世纪 60 年代中期开始，日本的劳动密集型制造业开始向“亚洲四小龙”转移。

（3）“亚洲四小龙”的制造业向中国内地转移。在承接了制造业转移后，“亚洲四小龙”的经济获得了较快的增长，1963~1973 年，“亚洲四小龙”年均 GDP 增长率达到 9.5%，1973~1985 年，经济增长率仍然保持在 7.7%，说明制造业的转移给这些国家和地区带来了经济增长的机遇。

但“亚洲四小龙”是规模较小的经济体，1985年，韩国、中国香港、新加坡的劳动力人口分别为1643万人、272万人和130万人，到2004年，约为2412万人、360万人和215万人，[①] 中国台湾地区的劳动力人口2010年时约为1621万人（根据人口普查数据和劳动力人口比例测算）。加在一起都不及日本的劳动力人口总量，日本1985年时劳动力总人口5961万人，2004年时为6696万人。因此，“亚洲四小龙”无法完全承担日本转出的制造业，很快就出现了充分就业，如中国台湾地区的劳动参工率从20世纪70年代起，一直在上涨，这说明劳动力已经充分参与到了制造业中，劳动力出现了供不应求的局面。[②] 在劳动力供应不足的情况下，“亚洲四小龙”工资增长速度加快，从图4-4可以看到，“亚洲四小龙”在1970年以前，工资增长速度较慢，1970年以后工资增长速度突然加快，其工资成本较低的优势仅仅维持了不到10年，到20世纪80年代时，“亚洲四小龙”的工资水平已经较高，如1994年，新加坡每小时的工资已经达到6.29美元，韩国是6.25美元，中国台湾5.55美元，中国香港4.8美元（同期日本为21.42美元，美国为17.1美元）。跨国公司必须要寻找新的投资地点，才能维持较高的收益率。

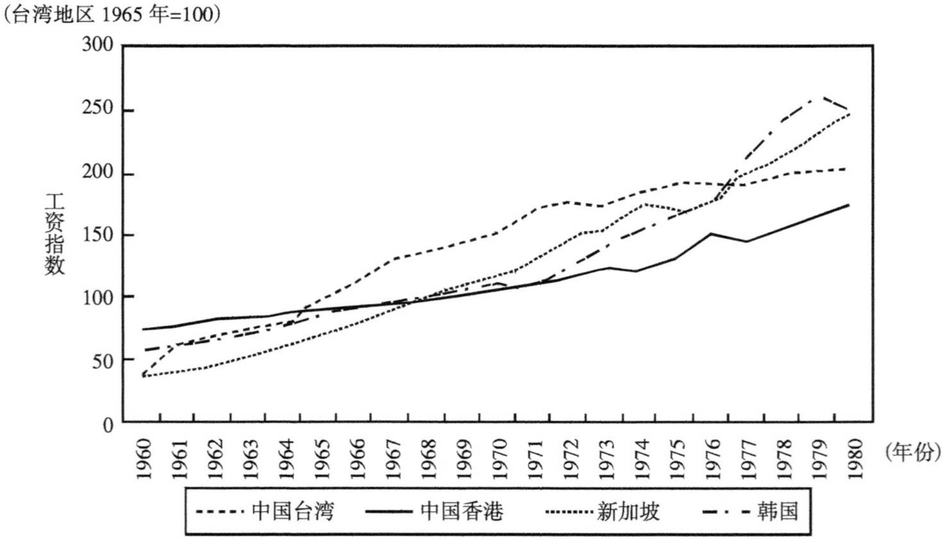

图4-4　1960~1980年“亚洲四小龙”的工资增长指数变化情况

资料来源：国际劳工组织数据库。

① 数据来源：国家发改委，国家统计局，国家信息中心，由中经网数据中心整理。

② 林和森. 台湾地区劳动参与率的特征分析［J］. 南京人口管理干部学院学报，2006（1）：11.

1979年，中国开始改革开放，中国庞大的劳动力市场、消费品市场、中国吸引外资的税收优惠政策都对外资产生了强大的吸引力，当然，最具吸引力的还是中国的劳动力价格。1979年，中国的平均名义工资水平为464.9元/年，按当时的汇率1.55计算，仅为300美元/年，而当年美国已经达到了30000美元/年，是中国的100倍。极低的劳动力价格，使中国成为了制造业转移的最佳目的地。从1979年开始，“亚洲四小龙”，特别是中国香港地区、中国台湾地区，把大量劳动密集型产业转向了中国沿海。新加坡和韩国也后来居上，逐渐向中国内地转移其不再有优势的制造业。

从1979年制造业开始转移到中国内地，到2011年，已经过去了32年，制造业却依然未向外明显的发生转移。这和之前的转移有很大的不同。如图1-1所示，第二次世界大战以后平均10年制造业就会出现转移，美国在战后成为了制造业大国，但从1950年开始，制造业就向日本转移，日本在1955年开始成为制造业中心，但这一优势只持续了10年，1965年制造业就开始向“亚洲四小龙”转移，“亚洲四小龙”在1970年前后成为了新的制造业龙头，但仅过了10年，1980年前后，制造业便大量向中国内地转移了。可是，制造业向中国内地转移已经过去了30多年，为什么还没有出现明显的向外转移呢？

主要的原因是中国有自己的国情，与日本、“亚洲四小龙”都有所不同，中国的劳动力价格经过30年的增长，依然具有较大的优势。

首先，中国劳动力价格基数非常低，就算经过了30年的增长，也与世界其他工业化完成的国家有着较大的差距。新中国成立以来，重积累而轻消费，工资长期增长水平较低，远低于同期经济增长水平，中国“一五”期间名义工资的增长率为5.5%，“二五”期间名义工资的增长率为2.1%，“三五”期间名义工资的增长率为1.2%，“四五”期间名义工资的增长率为2.6%，“五五”期间名义工资的增长率为5.8%，[①] 1979年中国的制造业名义工资仅为300美元/年。这样低的工资水平，使得中国的劳动力价格有较大的上涨空间，经过数十年的上涨，到2010年时，中国制造业工人平均名义工资为5517.23美元/年，同期美国制造业平均工资为39884美元/年，[②] 美国制造业工人工资约为中国制造业工人工资的7.2倍，

① 段宾. 中国工资水平发展史的数量分析（1953~1987）[J]. 中国经济史研究，1991（3）：20.

② 数据来源：美国劳工部数据库。

这使得中国的劳动力价格依然有很大的竞争力。

其次，中国是一个大国，劳动力供给非常丰富，这一主要的原因使得中国的劳动力价格上涨得并不快。2011 年的《政府工作报告》中提到："过去五年，城镇新增就业 5771 万人，转移农业劳动力 4500 万人。"① 意味着每年就业的人数约为 1000 万人，今后五年，每年新增就业岗位为 900 万个，这是岗位需求。而近五年来，每年中国新增的劳动力都在 2000 万人以上，其中 2010 年为 2440 万人。② 劳动力是供大于求的，因此，中国并未真正出现"刘易斯拐点"，劳动力供应还没有进入短缺时代。由于劳动力供大于求，中国的劳动力价格上涨得较为缓慢。1984 年以来，中国全行业名义工资由 1984 年的 1112 元/年增长到了 2010 年的 36539 元/年。1984~2010 年，全行业工资增长的平均速度为 14.43%，这一数字比日本 1969~1975 年 17.26%的速度要慢，而且，制造业工资的增长速度要慢于全行业的工资增长水平，1984~2010 年制造业工资增长的速度为 13.12%，其中 1984~1995 年为 13.05%，如图 4-5 所示，1995~2010 年为 12.66%，可以看出，工资增长速度不但没有加快，反而还有减慢的趋势。此外，还必须考虑到人民币贬值的因素。由于人民币汇率 1984 年时为 2.3270，而 2010 年（12 月 31 日）为 6.6227，把工资折合成美元，平均年增长率仅为 9.75%，甚至还不及中国的 GDP

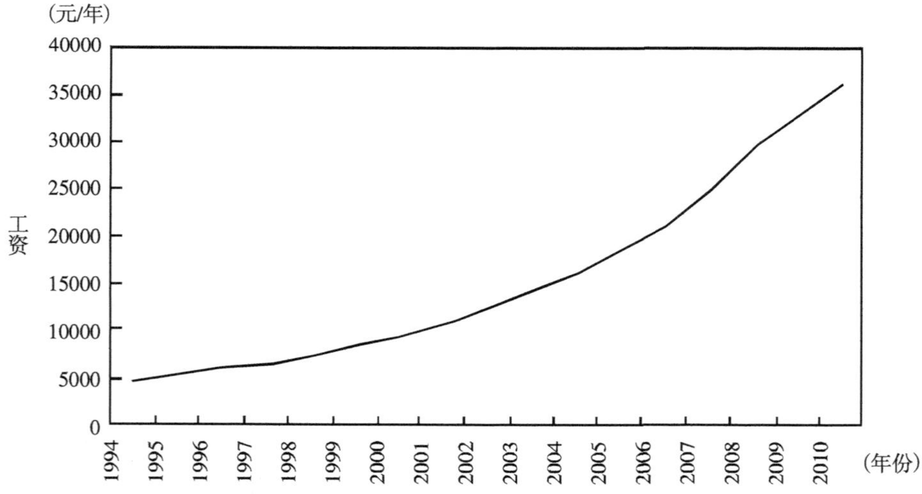

图 4-5 1994~2010 年中国内地的平均工资变化情况

资料来源：中经专网数据库。

① 政府工作报告 2011. 新华社，2011-3-17.

② 数据来源：联合国数据库。

平均增长速度。

最后，中国是一个地区发展不平衡的大国，沿海地区与内地有着较大的差距，可以通过制造业的国内转移，来寻求较低的劳动力价格。尽管 2010 年中国制造业的平均名义工资水平已经达到了 5517.23 美元，但内地许多省份的平均名义工资还远远达不到这一水平。2010 年，城镇非私营单位在岗职工平均工资东部地区为 38002 元，中部地区为 27278 元，前者是后者的 1.38 倍。表 4-2 显示了近十年来各省市的工资水平，从中可以看出，2010 年平均工资收入最高的上海为 71874 元，是平均工资收入最低的江西省 29092 元的 2.47 倍，最初承接大量制造业的广东、江苏、浙江等省市，也比中西部地区的四川、贵州、湖南等省高出了 25%左右，如果仅看制造业的工资水平，这一差距则更大。2010 年，广东东莞制造业平均工资为 40827 元，广东深圳制造业平均工资为 39982 元，[①] 2010 年同期，四川省制造业的平均工资为 22873 元，四川省南充市仅为 19766 元，是广东东莞的 48.41%。这种地区收入的巨大差距，就为制造业的国内转移创造了条件，通过国内制造业的转移，中国仍然能够在一定时期内继续保持较低的劳动力价格。

表 4-2　2001~2010 年中国各省市工资收入情况

单位：元

年份 数据 地区	2010	2009	2008	2007	2006	2005	2004	2003	2002	2001
上海	71874	63549	56565	49310	41188	34345	30085	27304	23959	21781
北京	65683	58140	56328	46507	40117	34191	29674	25312	21852	19155
西藏	54397	48750	47280	46098	31518	28950	30873	26931	24766	19144
天津	52963	44992	41748	34938	28682	25271	21754	18648	16258	14308
浙江	41505	37395	34146	31086	27820	25896	23506	21367	18785	16385
江苏	40505	35890	31667	27374	23782	20957	18202	15712	13509	11842
广东	40358	36355	33110	29443	26186	23959	22116	19986	17814	15682
宁夏	39144	34082	30719	26210	21239	17211	14620	12981	11640	10442
青海	37182	33561	30983	26166	22679	19084	17229	15356	14472	12906
内蒙古	35507	30699	26114	21884	18469	15985	13324	11279	9683	8250
重庆	35326	30965	26985	23098	19215	16630	14357	12425	10960	9523
辽宁	35057	31104	27729	23202	19624	17331	14921	13008	11659	10145
安徽	34341	29658	26363	22180	17949	15334	12928	10581	9296	7908

① 数据来源：东莞智通人才市场. 2010 年珠三角薪酬调查报告，2010 年 12 月 15 日。

续表

数据 年份 地区	2010	2009	2008	2007	2006	2005	2004	2003	2002	2001
陕西	34299	30185	25942	21296	16918	14796	13024	11461	10351	9120
山东	33729	29688	26404	22844	19228	16614	14332	12567	11374	10008
山西	33544	28469	25828	21525	18300	15645	12943	10729	9357	8122
四川	33112	28563	25038	21312	17852	15826	14063	12441	11183	9934
福建	32647	28666	25702	22283	19318	17146	15603	14310	13306	12013
湖北	32588	27127	22739	19818	16048	14419	11855	10692	9611	8619
新疆	32361	27753	24687	21434	17819	15558	14484	13255	11605	10278
河北	32306	28383	24756	19911	16590	14707	12925	11189	10032	8730
广西	31842	28302	25660	21898	18064	15461	13579	11953	10774	9075
贵州	31458	28245	24602	20668	16815	14344	12431	11037	9810	8991
海南	31025	24934	21864	19357	15890	14417	12652	10397	9480	8321
湖南	30483	27284	24870	21534	17850	15659	13928	12221	10967	9623
河南	30303	27357	24816	20935	16981	14282	12114	10749	9174	7916
云南	30177	26992	24030	20481	18711	16140	14581	12870	11987	10537
黑龙江	29603	26535	23046	19386	16505	14458	12557	11038	9926	8910
甘肃	29588	27177	24017	20987	17246	14939	13623	12307	11147	9949
吉林	29399	26230	23486	20513	16583	14409	12431	11081	9990	8771
江西	29092	24696	21000	18400	15590	13688	11860	10521	9262	8026

资料来源：中经专网，地区年鉴，2011。

4.2 目前中国制造业向外转移的可能性分析

制造业中心向中国转移已经历时 30 余年，现在中国的许多优势正在减退，制造业已经有了向外转移的压力，并且也出现了向外转移的迹象。1997 年，中国的对外直接投资额仅为 37.65 亿美元，2013 年对外直接投资额已经上涨到了 901.7 亿美元，较 2012 年增长 16.8%，该流量占到了世界第 3 位，2012 年对外投资的存量约为 5319.4 亿美元，居全球第 13 位。[①] 世界排名第 1 位的超市集团沃尔玛 2007 年在中国的采购额为 120 亿美元，这一数字已经比 2006 年的 180 亿美

① 数据来源：商务部，国家统计局，国家外汇管理局。

元减少了60亿美元，减少采购的原因主要是增加了在其他发展中国家的采购额，2007年沃尔玛在印度的采购额比2006年翻了一番，虽然绝对数字还仅为15亿美元，远不及中国的采购总额，但上升的速度之快，必须引起中国的警惕。这说明一些制造品的生产，已经从中国转移了出去。

根据前文的分析，制造业在国际间转移主要是劳动力价格的因素，决定劳动力价格的则有劳动力的供求关系。中国制造业向外转移的压力也主要来自劳动力价格因素。主要体现在以下两个方面：

一方面是随着中国劳动力的价格上升，与其他发展中国家相比，中国的劳动力价格不再具有优势。近30年来，中国的名义工资年均增长率为13.98%，1979年，中国制造业工资，还不到美国制造业工资的1%，但美国制造业工资增长缓慢，年均增长率不到2%。2005年，美国就已经只有中国的20倍，2010年，进一步缩小到10倍，预计到2015年，会仅有5倍，较快的工资增长速度，已经使中国逐渐丧失劳动力价格的优势。

另一方面是中国的劳动力供应将出现拐点。中国劳动力供应逐渐减少的主要原因是中国的计划生育政策使中国的劳动力供应逐年下降。中国人口趋势的拟合线斜率为+0.85，斜率为正，这说明中国的出生率总体是在下降，每年新出生的人口已经由1967年时的2456.4万人，下降到2005年以后的1600万人左右，1998年以来，我国人口增长率降到了1%以下，2005年以后更进一步降到了0.6%以下，[①] 这使得适龄的劳动力供给在逐年减少。另外，中国新增人口波动较大，受到了抗日战争、内战以及1960年前后的大饥荒的影响，中国人口出生数量每24~26年有一个向下的缺口，2014年前后，三年自然灾害对中国人口出生波动的影响显现出来，与计划生育政策作用的效果叠加，会使中国的劳动力供应出现大幅下降。如表4-3所示，2010年中国劳动适龄人口新增为2440万人，到2014年，就陡降至1720.1万人，2020年时为最低谷，为1336.2万人，之后由于人口出生高峰期的原因，才会有小幅增长。

---

① 李通屏，郭熙保. 中国人口增长、结构变迁对扩大内需的影响研究 [J]. 中国地质大学学报，2011 (1).

表 4–3 2008~2024 年中国和印度新增劳动适龄人口情况

单位：万人

年份	中国	印度
2008	2321.7	2511.5
2009	2453.2	2514.5
2010	2440.0	2514.6
2011	2303.4	2517.6
2012	2185.9	2533.9
2013	2018.9	2548.2
2014	1720.1	2558.7
2015	1600.2	2577.9
2016	1512.9	2589.4
2017	1.435.8	2591.5
2018	1353.1	2597.5
2019	1375.8	2610.2
2020	1336.2	2613.3
2021	1401.5	2624.2
2022	1474.4	2628.4
2023	1554.4	2628.2
2024	1612.7	2627.8

资料来源：中经专网数据库。

劳动力供给下降的另一个原因是劳动参工率的下降。由于中国人均收入的逐步提高，过去几个人才能养活一家人，现在两个人工作甚至一个人工作也能养活一家人，同时随着养老保障等社会保障体系的完善，越来越多的劳动适龄人口不再工作，使得中国的劳动参工率逐步降低，已经由 1990 年的 79.1%降低到了 2009 年时的 73.4%,[①] 这会进一步减少中国的劳动力供应。

2011 年“用工荒”成为了流行词，有学者据此认为，中国劳动力已经出现了供给不足的情形，进入了“刘易斯拐点”。2011 年春节之后，珠三角地区农民工回流放缓，广东省用工缺口将近 100 万人，安徽省缺工 25 万人，连劳务输出大省——湖北省、四川省，也由于制造业企业的进驻而大量缺工，纷纷开展“春风行动”等截留农民工，甚至县委书记也亲自到火车站劝留民工。在 2011 年，

① 郭琳，车士义. 中国的劳动参与率、人口红利与经济增长［J］. 中央财经大学学报，2011（9）：45.

大量的制造业企业出现了招工困难。其实 2011 年中国的新增岗位仅 1168 万个，[①]而到劳动年龄的新增人口却高达 2303 万人，按劳动参工率计算，也应该有 1690 万人，中国不应该出现劳动力供不应求的局面。那为什么会出现“用工荒”呢？主要的原因还是中国有一个巨大的蓄水池——农村，当农村的劳动力发现外出工作挣不到理想的收入，或者所找的工作太脏、太累或太危险时，他宁愿放弃在外打工，而回到农村从事农业生产。2011 年所出现的“用工荒”，并不是中国出现了劳动力供给的不足，而仅是中国劳动力廉价的时代已经结束，由于企业招不到工，只好大幅度提高工资待遇，2011 年沿海制造业工资增长幅度超过 20%。有很多企业不仅提高了工资，还提供了住房、子女入学、外出旅游等待遇，实际收入增长的幅度还更大，这会加剧中国劳动力价格优势的丧失。

除了劳动力价格上涨的主要因素外，中国资源禀赋不足的原因也是制造业向外转移的压力之一。中国资源总量并不低，但人均资源较低，同时单位 GDP 能耗较高，这就造成了中国制造业的增长掣肘于资源的供给。由于要坚守 18 亿亩耕地的红线，中国的土地资源已经接近枯竭，很多城市已经没有了新建厂房的土地。制造业需要的主要消耗物——石油、铁矿石、天然气、铜矿等，中国都不能自给。2010 年中国石油日消耗 900 万桶，有 480 万桶是由进口满足的，[②] 2010 年中国年消耗铁矿石 10.9 亿吨，其中约 6.2 亿吨是进口的。大量的进口依赖推高了这些原材料的价格，也就提高了中国的制造成本。据商务部 2010 年的消息，2011 年这一年中人民币汇率上升 7%，原材料价格上涨 5%，工资价格上涨 20% 左右，这导致出口价格要提升 12%~15%，严重削弱了中国商品的国际竞争力。

中国制造业会向哪一个国家或者地区转移？这个问题的答案可以从中国对外投资的方向找到一些端倪。根据中国商务部的报告，截至 2010 年末，中国在全球 178 个国家或地区共有 1.6 万家境外企业，投资覆盖率达到 72.7%，其中对亚洲特别是东南亚地区、非洲地区投资覆盖率分别达 90%和 85%，是投资覆盖率最高的地区。从 2010 年中国对外直接投资的方向来看，东南亚、南美洲是最为集中的地区，香港地区直接投资为 337.7 亿美元，同比增长 20.1%，投资额在所有投资国家和地区中排名第 1 位；欧盟 21.3 亿美元，增长 297%，是所有投资地中

① 数据来源：人力资源和社会保障部. 2010 年度人力资源和社会保障事业发展统计公报.
② 数据来源：中国海关总署。

增长最快的；大洋洲、欧洲是存量增幅最大的地区。从上面的分析可以看到，东南亚、非洲和南美洲是中国对外直接投资的几个重点区域。

另外，也可以从近些年制造业增加值的变化情况来分析未来制造业可能转移的重点区域。表 4–4 列出了 2000 年和 2010 年部分国家制造业增加值的变化情况。从中可以看到：印度、印度尼西亚、马来西亚、泰国、越南等东南亚和南亚国家，制造业增长都非常快，其中印度尼西亚增长最快，从 458 亿美元增长到了 1754 亿美元，增长了 3.82 倍；印度由 658 亿美元增长到 2267 亿美元，增长了 3.44 倍；马来西亚由 289 亿美元，增长到 620 亿美元，增长了 2.14 倍。由此可以看出，制造业尤其是劳动密集型制造业向东南亚转移的趋势是比较明显的。

除此以外，原东欧国家和欧洲欠发达地区也是制造业增长较快的区域。土耳其由 536 亿美元增长到 1138 亿美元，增长了 2.12 倍；波兰由 381 亿美元增长到 782 亿美元，增长了 2.05 倍。原东欧地区主要承接了欧洲发达国家的制造业转移。

在美洲，巴西制造业增长也较快，由 1187 亿美元增长到 1511 亿美元，增长了 1.27 倍。但南美地区的经济表现是参差不齐的，除巴西以外，其他国家的表现都很一般，墨西哥从 1417 亿美元增长到 1484 亿美元，10 年仅增长 4.72%，说明这一地区并不是目前制造业转移的主要方向。

非洲地区制造业产出增长较为缓慢，经济表现最好的南非，制造业增长也不太明显，从 350 亿美元增长到 444 亿美元，增长仅为 1.27 倍，埃及从 121 亿美元增长到 193 亿美元，增长为 1.60 倍，其他国家的情况更不及以上这两个国家，由此可以看出，非洲目前还不是制造业转移主要的承接地。

从以上数字变化可以看出，中国制造业可能转移的区域首先是东南亚地区和南亚地区，其次是欧洲欠发达地区，接下来是南美地区，非洲排在最后。下面就分别对这几个地区进行分析。

表 4–4　2000 年和 2010 年部分国家制造业增加值

单位：亿美元

国家或地区	2000 年	2010 年
中国	4476	12434
美国	14428	16127
日本	8657	9961
德国	3925	5679
印度	658	2267

续表

国家或地区	2000年	2010年
印度尼西亚	458	1754
马来西亚	289	620
巴基斯坦	101	282
菲律宾	198	428
泰国	412	1135
越南	58	209
埃及	121	193
南非	350	444
墨西哥	1417	1484
巴西	1187	1511
澳大利亚	491	595
土耳其	536	1138
波兰	381	782

资料来源：世界银行数据库。

4.2.1 向东南亚转移的可能性分析

东南亚是指亚洲东南边的11个国家，包括越南、老挝、柬埔寨、泰国、缅甸、马来西亚、新加坡、印度尼西亚、文莱、菲律宾和东帝汶，面积约457万平方公里，人口约5.6亿人。这些国家除新加坡已经是发达国家，并且在20世纪70年代已经承接过制造业转移外，其他的国家都有可能从中国承接制造业的转移。

先看这些国家和地区承接制造业转移的优势。

（1）劳动力优势。从表4–5中可以看出，越南、泰国、马来西亚、印度尼西亚、文莱和菲律宾经济情况较好，而且人均收入与中国刚好形成一定级差，成人识字率均在92%以上，教育水平较高。缅甸、柬埔寨、老挝和东帝汶经济较为落后，劳动力价格优势明显。此外，劳动力供应也较为充足，总体为29858万人。

（2）区位优势。从距离上看，东南亚各国和中国比较接近，运输成本较低。东南亚已经形成了东盟自由贸易区，未来还将和中国、日本、韩国形成“10+3”或者“10+1”的自由贸易区，货物、人力和技术流动的障碍将越来越小，这对承接制造业的转移是非常有利的。

（3）自然资源优势。东南亚各国大都处于热带，气候高温多雨，热带暖和的温度节约了御寒的成本，有利于制造业的开展。从资源禀赋上看，东南亚各国的石油、铁矿石、铜矿石、木材、橡胶等资源供应较为充足，水源也非常充足。南中国海周边的国家，还有着较为丰富的油气资源。

（4）语言和文化优势。从文化传统上看，东南亚和中国非常接近，东南亚国家有大量的华侨，是世界上外籍华人和华侨最集中的地区，特别是马来西亚、越南、印度尼西亚、菲律宾等国，这些华侨将成为中国制造业对外转移的推手，吸引中国企业向这些国家和地区投资。目前中文在这些国家的普及程度也越来越高，语言环境也有利于吸引制造业向这些地区转移。

表 4–5　东南亚各国（不含新加坡）的劳动力情况与中国的比较

国别	劳动人口（万人）	参工率（%）	失业率（%）	识字率（%）	人均年收入（美元）
中国	79954	80	4	94	2417
越南	5114	77	4	93	691
泰国	3938	72	1	95	2604
老挝	316	78	1	73	519
柬埔寨	797	83	2	78	527
缅甸	2796	78	—	92	474
马来西亚	1196	61	4	92	4987
印度尼西亚	11796	67	7	92	1089
文莱	19	66	—	95	17216
菲律宾	3871	64	7	95	1386
东帝汶	34	57	—	51	—

注：指标为 2010 年数据，人均收入（GNI per capita）以 2000 年不变价格计算，“—”处为数据缺失。
资料来源：世界银行数据库。

下面再来看看这些国家和地区存在的劣势：

（1）部分国家政局不够稳定，如印度尼西亚、泰国、菲律宾和马来西亚、缅甸等国，近些年都出现了军事政变和其他政治冲突，这种政治上的不稳定会带来投资的风险，影响了东南亚吸引外来投资。

（2）部分国家基础设施较差，教育水平低。部分国家成人识字率不高，除了缅甸是 92%以外，老挝为 73%，柬埔寨为 78%，而东帝汶仅 51%。这些因素制约了这几个国家成为制造业转移的主要承接国。

（3）自然灾害较多。多雨的天气容易引发水灾，菲律宾、印度尼西亚等岛国还极易受海洋性气候的影响。

（4）容量有限。东南亚劳动力供应总体规模有限，不到中国劳动力人口的

37%，加之这些国家的劳动参工率并不低，新增劳动力的空间有限，如果制造业完全向这些国家转移，会使劳动力供不应求，带来劳动力价格的迅速上升，抵消掉这些国家的劳动力资源优势。

总之，中国制造业向东南亚国家转移是目前国际制造业转移的主要趋势，未来这一转移还将继续，但由于容量原因，东南亚并不能完全取代中国，制造业中心并不会在东南亚出现，但东南亚会以“副中心”的形态存在，对中国制造业形成有益的补充。

4.2.2 向南亚转移的可能性分析

南亚指亚洲南部的 7 个国家和一个地区，包括印度、巴基斯坦、孟加拉国、尼泊尔、不丹、斯里兰卡、马尔代夫和克什米尔地区。面积约 437 万平方公里。人口约 15.64 亿人，占世界总人口的 22.34%，是目前世界上人口最为稠密的地区。其中，印度人口 12.1 亿人（2011 年），巴基斯坦 1.64 亿人（2010 年），孟加拉国 1.42 亿人（2011 年），尼泊尔 2800 万人（2011 年），不丹 69 万人（2009 年），斯里兰卡 2000 万人（2000 年），马尔代夫 35.9 万人（2007 年）。这一地区也是目前世界上最不发达的地区之一。由于马尔代夫是一个以旅游业为主的岛国，不可能承接制造业的转移，另外不丹人口较少，国土面积狭小。这两个国家可以排除在外，余下的印度、巴基斯坦、孟加拉国、尼泊尔和斯里兰卡都有承接制造业转移的可能。

这些国家和地区承接制造业转移的优势如下：

（1）劳动力价格和供应的优势。从表 4–6 中可以看到，这一地区劳动力价格均较低，尼泊尔、孟加拉国等国是世界上最不发达的国家，印度和巴基斯坦的人均国民收入也仅相当于中国的 1/3~1/4。而且这一地区的劳动力供应非常充足，南亚地区劳动力总量 60951 万人，与中国的劳动力总量 79954 万人差距不大，能够容纳的空间很大。而且这些国家的人口趋势的拟合线大都具有负斜率，印度为–0.32，人口增长速度较快，能够带来更多的劳动力供应。2010 年印度新增劳动力为 2514.6 万人，超过了中国的 2440 万人，到 2016 年时，预计印度新增劳动力将达到 2589.4 万人，超过中国预计增加的劳动力数量 1000 万人以上，而且目前印度农业从业人员在总劳动人口中占到了 60%，还蕴藏了 1.5 亿~2 亿的富余劳动力，这保证了在未来 20 余年内，都不会存在劳动力供应不足的问题，因此这些国家劳动力价格上涨会比较缓慢。单从劳动力价格的因素来看，南亚地区的确是承接中国制造业转移的首选。

表 4-6 南亚各国（不含马尔代夫）的劳动力情况与中国的比较

国别	劳动人口（万人）	参工率（%）	失业率（%）	识字率（%）	人均收入（美元）
中国	79954	80	4	94	2417
印度	47261	58	10	63	787
巴基斯坦	5968	55	6	56	692
孟加拉国	7232	73	5	56	607
尼泊尔	1603	86	—	59	440
不丹	36	73	4	53	1920
斯里兰卡	851	59	5	91	1290

注：指标为 2010 年数据，人均收入（GNI per capita）以 2000 年不变价格计算，“—”处为数据缺失。

资料来源：世界银行数据库。

（2）地理优势。从地理条件来看，南亚也具有着非常大的优势，一是气候较好，大部分地区位于赤道以北和北纬 30°以南的亚热带，既没有防寒的需要，也较少受热带海洋气候的影响。二是这一地区与中国距离不远，其中巴基斯坦、印度、尼泊尔、不丹同中国相邻，转移成本相对较低，而且印度、孟加拉国、斯里兰卡等国邻海，海上运输较为便捷。从地理条件来看，南亚也适合承接制造业的转移。

这些国家和地区承接制造业转移的劣势如下：

（1）劳动力素质较低。这些国家劳动力素质总体水平不高。从教育水平来看，南亚地区是世界上教育水平最低下的地区之一，如表 4-6 所示，成人识字率大都在 60%以下，仅斯里兰卡为 91%，无法保证投资者达成想要的劳动生产率，培训和再教育的成本较高。另外，印度、孟加拉国和巴基斯坦等国的文化传统与制造业所需要的从业人员素质相悖，导致了劳动生产率低下。从劳动参工率就能看出这些国家存在着问题。这些国家劳动力虽然丰富，但大量的劳动力处于闲置状态，从参工率来看，印度的参工率为 58%，巴基斯坦仅为 54%，说明这些国家的适龄人口从事工作的意愿并不强烈。印度教中所崇尚的“无欲无求”的观念，使许多人宁愿甘守贫穷，也不愿意去工作。印度文化传统中没有守时的看法，他们认为时间早一点晚一点都一样，印度工人迟到、早退是家常便饭，许多到印度投资办厂的人表示管不好印度的工人。这些文化传统无疑给南亚国家吸引外来投资造成了极大的负面影响。

（2）文化宗教因素影响。作为世界上人口第二多的国家，印度有着丰富的人种、语言和宗教类别，号称是世界人种、语言和宗教的博物馆。这种多样化的文化，在人类学家的眼中是瑰宝，在制造业的投资者眼中却是灾难。印度没有统一的语言，语言差异造成沟通困难，印度宗教间存在着矛盾，经常引发冲突。种姓制度也造成了人与人的不平等。这些都让外来的投资者感到头痛。

（3）基础设施方面。南亚国家的基础设施建设也非常落后，印度高等级国家公路的比例仅占 2%。铁路系统也老旧不堪，晚点率非常高，机场和港口也非常破旧，没有一家机场能够进入世界前 50 强，物流服务远远达不到经济发展的需要。印度的电力设施也很缺乏，2010 年时，印度的装机总容量为中国的 1/3。电力缺口为 8.9%，农村有 70%的地方不通电，电力负荷高峰时，供需缺口高达 15%。[①] 印度还缺少洁净饮用水和现代的排污系统，有近 1 亿生活在城镇的居民没有获得供水和卫生设施。印度存在的问题，在其他南亚国家大都普遍存在。

（4）社会环境因素。有些南亚国家还存在着政局不稳定问题，如巴基斯坦就多次发生军事政变。印度国家的不同教派经常发生冲突，印度和巴基斯坦之间存在着矛盾，克什米尔地区的归属悬而未决。这些也给外来的投资者带来了投资风险。

这些负面因素严重制约了南亚地区在制造业上的发展。目前南亚地区的制造业增加值约为 2820 亿美元，仅占世界制造业 2.39%，这与占世界人口 22.34%的比例极不相称。[②] 总的来看，南亚地区在未来较长一段时间里都不可能成为中国制造业的主要竞争者。但如果这些国家能够在未来克服这些困难，消除这些不良因素，这一地区将有可能成为下一个制造业中心。

4.2.3 向非洲转移的可能性分析

非洲大部分国家都欠发达，人均年收入较低，从表 4–7 中可以看到，除了南非的人均年收入超过中国以外，其他国家的人均年收入都比中国要少，肯尼亚只

① 蒋岚. 印度的基础设施发展现状调查［J］. 建筑机械技术与管理，2007（5）：62.

② 数据来源：世界银行数据库。

有466美元。一些更为贫穷的国家还没有在表中列出。非洲之角是世界上最贫困的地区，包括吉布提、埃塞俄比亚、厄立特里亚和索马里等国，这一地区人均日收入少于2美元，有1200万人营养不良，其中200多万人在近些年的饥饿中死亡。经济不发达使非洲地区大部分国家的工资水平较低。另外，2010年，非洲地区有约10亿人口，拥有近5亿劳动适龄人口，而且，非洲国家的人口增长率较高，如阿尔及利亚人口趋势的拟合线斜率为-0.094，安哥拉为-0.73，都是负斜率，说明这些国家人口增长较快，如肯尼亚，人口增长速度在4%左右，在未来较长一段时间里，劳动力供应也会非常丰富。[①]

表4-7 非洲部分国家的劳动力情况与中国的比较

国别	劳动人口（万人）	参工率（%）	失业率（%）	识字率（%）	人均年收入（美元）
中国	79954	80	4	94	2417
南非	1816	55	24	89	3673
苏丹	1079	55	—	—	465
埃及	2710	52	9	66	1940
尼日利亚	5028	56	—	61	1180
刚果（金）	2526	72	—	67	—
肯尼亚	1866	82	—	87	466
安哥拉	710	71	—	70	3960
赞比亚	473	69	—	71	1070

注：指标为2010年数据，人均收入（GNI per capita）以2000年不变价格计算，“—”处为数据缺失。
资料来源：世界银行数据库。

非洲还有一个优势是矿产资源丰富，非洲的矿物资源不仅种类多，而且储量大，几内亚湾附近的一些国家——利比亚、尼日利亚、阿尔及利亚等国的石油已探明储量，占世界总储量的12%左右，赞比亚、安哥拉、刚果（金）、扎伊尔有丰富的铜矿，非洲铜产量已经占世界前列，几内亚的铝矾土储量占世界总储量的24%，南非的铬矿储量占世界已探明储量的80%，非洲还生产了全世界50%以上的钴坯，南非还有世界上排名第8位的铁矿产量，南非和加蓬还分别是世界上第一和第二大的锰生产国。另外，全球黄金的生产也有30%来自非洲，非洲的黄金

① 数据来源：联合国数据库。

矿储量接近世界的35%。另外，非洲的锑、钴、石棉、铀、锂、钽、铍和铌的产量也位居全球的前列。[①]

从上面的分析可以看出，非洲国家有较低的劳动力价格、充足的劳动力供应和丰富的资源禀赋，非洲地区有可能从中国手中接过制造业中心的下一个接力棒。

但是，非洲这两个优势在现阶段都没有得到充分的发挥。在劳动力方面，非洲地区落后的经济造成了这一地区的教育水平较低，从表4-7中可以看到，除了南非等少数国家的成人识字率较高外，大部分非洲国家的成人识字率在70%左右。非洲的高等教育水平也是全世界最低的之一，根据联合国教科文组织的数据，2011年中国高等教育的毛入学率已经达到了24.3%（该数据为联合国教科文组织数据，中国教育部公布的数据为26.5%），非洲为10.89%，其中加纳为12.08%，肯尼亚为4.05%，布隆迪为3.17%，赞比亚仅为2.39%。[②] 教育水平制约了非洲产业工人的劳动生产率，许多到非洲投资的企业，宁愿从其他国家引进劳动力也不愿意在非洲本地雇用工人。另外，非洲国家劳动参工率较低。从表4-7可以看出，部分国家甚至在50%左右，如南非、苏丹和尼日利亚，分别是55%、55%和56%，许多适龄劳动力不愿意工作。一些在非洲投资的企业反映，非洲当地人比较懒散，经常旷工和迟到。一些人拿了工资就辞去工作，没有钱了再回来找工作，劳动力极不稳定。

丰富的矿产资源禀赋本来有利于制造业就近开展，但实际情况是，非洲的矿产极少在本地利用，绝大部分在开采后运到了国外进行加工制造。在非洲进行深加工的很少。过去殖民地时期，西方国家在非洲进行了资源的掠夺，把非洲当作了原材料的出产地和产品的倾销地，并没有在非洲建立起齐全的制造业。第二次世界大战以后，非洲国家纷纷独立，但进行工业化的努力几乎都失败了。目前非洲国家除南非外，绝大部分国家以出口农产品、矿石和金属、石油等初级产品为主，逐渐产生了对其他国家的依赖。非洲的资源禀赋优势，并没有转移为制造业的优势。另外，非洲的资源利用率也较低，大部分资源的利用是高污染、高损耗的。非洲并不缺水，但对水资源的利用较差，目前非洲有3亿人缺少水源，未来

① 综合信息［N］. 化工矿物与加工，2002（8）.

② 数据来源：联合国教科文组织数据库。

还将扩大到5亿人左右，这些都制约了非洲制造业的发展。

而且，非洲还普遍存在着比较严重的政治和治安问题，影响了这些国家的稳定，增加了投资风险。非洲一些国家政局不稳，政权非和平方式的更替比较频繁，而一旦政权以非和平的方式更替，在原政权下的投资者就容易遭受损失。2011年发生在利比亚的武装冲突，就使得在那里投资的中国企业损失惨重。还有些非洲国家存在着种族和教派的冲突，如苏丹发生的达尔富尔地区冲突、卢旺达的大屠杀等，都引起了国际社会的关注。非洲大多数国家独立时间较短，政府的管理水平有待提高，滋生和积累了较多的社会矛盾。非洲很多国家摆脱种族隔离的时间比较短，黑人和其他种族间的矛盾比较尖锐，外国人容易遭到攻击。另外，非洲大多数国家非常贫穷，贫富差距也较大，这使得偷盗和抢劫时有发生，其他的刑事案件的发案率也比较高。索马里由于长期处于无政府状态，海盗猖獗，已经在国际社会产生了极大的负面影响，使索马里成为了最不具有投资吸引力的国家。

此外，非洲还存在着人口陷阱、基础设施差、政府管理水平低下、市场不够健全、文化传统不适合于现代制造业发展等问题。这些都使得非洲不可能在近期大量承接中国的制造业转移。

4.2.4 向南美洲转移的可能性分析

南美洲有着4.1亿人口（2005年），从表4-8中可以看到，南美洲国家的人均收入参差不齐。部分国家，如阿根廷人均年收入为10443美元，已经超过1万美元；乌拉圭为8780美元；委内瑞拉凭借着丰富的石油资源，人均年收入也达到了5447美元，巴西为4628美元，哥伦比亚、秘鲁等国和中国相当，但巴拉圭、玻利维亚、厄瓜多尔、圭亚那等国比较落后，其中玻利维亚仅为1174美元。在劳动力供应方面，南美洲国家的劳动力供应还是比较充足的，表4-8中的南美国家劳动适龄人口总和为19568万，而且成人识字率较高，劳动参工率中等。

从劳动力价格因素上看，巴拉圭、玻利维亚、厄瓜多尔、圭亚那等国最有可能承接中国的制造业转移，但这些国家规模较小，劳动力总量有限，对中国制造业转移的影响不大。南美洲最大的国家是巴西，这个国家近几年经济增长很快，制造业的产值也从由2000年的962亿美元增长到了2010年的2169亿美元，增长了2.25倍。而且巴西有着10158万劳动适龄人口的存量，有着较为发达的交通等基础设施，也有着非常丰富的自然资源禀赋，特别是巴西的土地供应，不仅便宜，而且有大量的土地储备可供开发。所以巴西承接中国制造业转移的可能性是比较大的。但巴西也面临着劳动力价格上涨过快的问题，2010 年人均年收入已经达到了 4628 美元，在 2006 年时，巴西的人均月工资已经达到了 260 美元，而当时中国才 145 美元。劳动力价格较高，阻碍了中国制造业向巴西转移。

表 4–8 南美洲国家的劳动力情况与中国的比较

国别	劳动人口（万人）	参工率（%）	失业率（%）	识字率（%）	人均年收入（美元）
中国	79954	80	4	94	2417
哥伦比亚	2213	70	12	93	3089
委内瑞拉	1340	69	8	95	5447
圭亚那	30	63	—	—	1470
厄瓜多尔	685	71	7	84	1694
秘鲁	1547	78	6	90	3116
巴西	10158	75	8	90	4628
玻利维亚	458	74	—	91	1174
智利	803	66	8	—	5930
巴拉圭	308	75	—	95	1593
乌拉圭	170	76	7	98	8780
阿根廷	1836	68	9	98	10443
苏里南	20	59	—	—	—

注：指标为 2010 年数据，人均收入（GNI per capita）以 2000 年不变价格计算，“—”处为数据缺失。
资料来源：世界银行数据库。

南美国家的一大优势是自然资源禀赋丰富。最重要的矿物原料大部分都有，且储量丰富。委内瑞拉石油储量 2965.01 亿桶，为目前世界第 1 位，[①] 巴西的铁矿储量居世界前列，已探明铁矿砂储量 333 亿吨，占世界总储量的 9.8%，居世界第 5 位；产量 3.55 亿吨，居世界第 2 位，镍储量达世界总储量的 98%，锰、铝矾土、铅、锡等多种金属储量占世界总储量的 10%以上；南美洲铜矿的金属储量在 1 亿吨以上，是全世界储量最多的，智利铜的储量居世界第 2 位，秘鲁居第 4 位；南美洲的铋、锑、银、硝石、铍和硫黄储量均居各洲前列；锡、锰、汞、

① 数据来源：石油输出国组织 2011 年度数据。

铂、锂、铀、钒、锆、钍、金刚石等矿物也很丰富。南美洲还有着非常丰富的森林资源：森林面积约92000万公顷，占全洲总面积的50%以上，约占世界森林总面积的23%，盛产红木、檀香木、铁树、木棉树、巴西木、香膏木、花梨木等贵重林木。草原面积约44000万公顷，约占全洲总面积的25%，占世界草原总面积的14%还多。南美国家土地资源供应也非常充足，广袤的亚马逊平原是世界上人口密度最低的地区，每平方公里不到1人。

南美国家的一个大包袱是前期的城市化进程过快，造成了“过度城市化”现象。在1950年时，南美洲农村人口占58.45%，2010年时，农村人口的比例已经下降到了20.4%，南美洲已经成为了世界上城市化率第二高的地区，高达79.6%，目前，仅有北美的城市化率80.7%略高于南美。欧洲为72.8%，大洋洲为70.2%，亚洲和非洲较低，分别为39.8%和37.9%。[①] 城市化一定要建立在国家经济发展同步的基础上，是在经济发展过程中水到渠成的结果，南美地区的城市化是“倒果为因”，错把这一发展的结果当成了发展的途径，造成了城市化进程超过了社会发展的承受程度。南美国家的城市化高峰是1950~1980年，在较短的时间里剥夺农民的土地，大量扩建城市，一方面造成了城市的住房紧张，供应严重不足，产生大量的“贫民窟”。拉美大部分城市中心的区域条件舒适、生活设施齐备，占城市面积1/3左右，但住在这片区域的人口仅有5%，另外有95%的人住在条件要差得多的区域，其中住在城市边缘区，也就是“贫民窟”的人口居然占到了40%左右，这些人严重缺乏生活、医疗和教育等设施。另一方面是就业岗位不足，劳动保障不健全，失业率较高。

另外，南美贫富差距较大。2008年巴西的基尼系数为0.59，玻利维亚为0.57，洪都拉斯为0.55，多米尼加为0.55，巴拉圭为0.52，智利为0.52，贫富差距和“贫民窟”问题叠加，造成了严重的社会问题，使南美洲成为了社会治安最差的区域，毒品泛滥成灾，黑帮横行，暴力事件层出不穷。这些都使制造业的投资不畅。

综合来看，南美洲承接中国制造业转移的条件较差，不可能成为中国的有力竞争者，但要警惕南美国家用资源优势来和中国漫天要价，中国必须降低单位GDP能耗，同时尽量使原材料和能源的来源供应多元化。

---

① 郑秉文. 拉美城市化的教训与中国城市化的问题［J］. 国外理论动态，2011（7）：46.

4.2.5 向其他地区转移的可能性分析

前文已经提到，欧洲的一些较不发达地区近些年制造业增长幅度较大，土耳其由2000年的536亿美元增长到2010年的1138亿美元，增长了2.12倍，波兰由282亿美元增长到707亿美元，增长了2.51倍。原因是欧盟消除了欧洲大部分国家间的贸易壁垒，产品、人员、技术和资金可以在这些欧盟国家间自由流动，这就促使一些欧洲发达的国家把劳动密集型的制造业转向这些较不发达地区，造成了这些地区的制造业增长较快。但如表4–9所示，这些国家的人均收入大都远高于中国，仅有乌克兰、阿尔巴尼亚等国略低于中国，大部分国家在与中国竞争时不占优势，因此中国的制造业暂时不会向这些地区转移。

表4–9　部分国家的劳动力情况与中国的比较

国别	劳动人口（万人）	参工率（%）	失业率（%）	识字率（%）	人均年收入（美元）
中国	79954	80	4	94	2417
土耳其	2651	53	12	91	5302
哈萨克斯坦	878	77	7	100	2158
俄罗斯	7560	73	8	100	2802
乌克兰	2322	67	9	100	1022
西班牙	2323	74	20	98	15229
匈牙利	431	62	11	99	5363
波兰	1818	66	10	100	6335
克罗地亚	197	65	12	99	6109
罗马尼亚	1018	64	7	98	2659
保加利亚	351	67	10	98	2468
阿尔巴尼亚	149	67	—	96	1893
拉脱维亚	116	74	19	100	5118
澳大利亚	1183	76	5	—	24361
墨西哥	4961	65	5	93	6035

注：指标为2010年数据，人均收入（GNI per capita）以2000年不变价格计算，“—”处为数据缺失。
资料来源：世界银行数据库。

俄罗斯是世界上土地面积最大的国家，劳动适龄人口也达到了7560万人（2010年），俄罗斯也有着非常丰富的自然资源禀赋，但资源太丰富造成了俄罗斯的经济发展极不均衡，80%以上的产业工人分布在资源型行业中，制造业并不发达，轻工业尤其弱。这个国家并不注重制造业的发展，制造业的基础较差。加之工资水平也高于中国，2005 年已经达到了人均 286 美元的月工资，[①] 是中国当时 145 美元月工资水平的近两倍。因此，俄罗斯不可能从中国承接大量的制造业转移。

墨西哥作为最为邻近美国的国家和北美自由贸易区的成员，在承接制造业转移方面具有相当大的优势，从表 4-9 中可以看到，墨西哥有 4961 万劳动适龄人口的存量，成人识字率也达到了 93%，而且，尽管墨西哥的人均收入达到了 6035 美元，由于贫富差距较大，制造业工人的平均工资 2004 年时为 2.03 美元/小时，相比美国 2004 年的 16.14 美元/小时有较大的优势。但比中国 0.84 美元/小时高出一倍多。而且，墨西哥还存在着过度城市化、社会治安较差、政府管理水平低下等问题，因此，墨西哥作为美国的邻近国家，可以凭借位置优势抢夺一部分中国制造业的份额，但不可能从中国承接较多的制造业。墨西哥在 2000~2010 年，制造业仅从 1417 亿美元增长到 1484 亿美元，增长仅 4.73%，也说明这个国家在承接制造业转移方面暂时没有什么突出表现。

澳大利亚尽管有着丰富的资源禀赋，也有较为充足的劳动力供应，但如表4-9 所示，澳大利亚的人均年收入高达 24361 美元，已经属于发达国家，这个国家的高工资已经形成了一个壁垒，会阻止低收入地区的制造业向这个国家转移。事实上，澳大利亚已经出现了产业空心化的现象，虚拟经济比重过高，实体经济已经不能支撑这个国家的发展。

美国的情况也与之相仿，奥巴马政府在金融危机以后，提出来了再工业化的口号，这并不是什么新事物，早在 1977 年，卡特政府就已经开始提出这一国策，但是经过数十年的再工业化，美国制造业增加值占 GDP 的比重却从 1980 年的 21.1%下降到了 2009 年的 12.6%，从业人数由 2029 万人减少到了 1188 万人。这说明再工业化政策已经部分失败。美国这一次重提再工业化政策，主要是采用贸易保护主义来防止其他国家的产品进入美国，从而为美国的制造业留出发展空间。但是这样一来，又会抬高美国的消费成本，使美国人的福利下降。所以美国的“再工业化”并不可能承接从中国转出的劳动密集型的制造业。

总结以上分析，可以得出以下结论：东南亚国家是当前中国制造业特别是劳

① 俄罗斯统计署 2005 年 11 月数据。

动密集型制造业转移的主要方向，南亚和非洲在近期内不会成为中国的主要竞争对手，但其丰富的劳动力储备和较低的劳动力价格，会使他们在未来成为中国制造业的转移方向。欧洲、南美洲、大洋洲对中国制造业的影响较小，不太可能成为中国制造业的继任者。面对这一形势，中国必须采取有效措施，防止制造业过度地向东南亚和其他地区转移，同时引导中国制造业产业升级，保持中国制造业应有的份额。

5 我国应对制造业转移的对策分析

从前面的分析中已经得到：中国必须保持较高的制造业产出在 GDP 中的比重，才能使经济平稳、快速的增长。而要使制造业产出占 GDP 的比重较高，必须防止中国制造业向外的过度转移，同时也要争取继续保持制造业向中国转移。要做到这一点，需要分析中国目前制造业的基本情况，从而找到解决问题的具体措施。这些措施主要体现在两个方面：一是要通过制定宏观和微观的政策，营造良好的国内环境，形成并保持中国制造业所需要的比较优势，吸引外来投资的同时促进国内制造业的自身发展。比如，可以促使产业升级，通过提高产品的附加值，以抵销劳动力价格上升带来的比较优势的丧失。二是对中国对外直接投资（Overseas Direct Investment，ODI）进行引导，既要通过 ODI 来利用全球化在要素流动和资源配置中的积极作用，同时也要防止 ODI 对中国制造业造成的冲击，特别是要防止过度带来的产业空心化。

5.1 当前我国制造业的优劣势分析

5.1.1 我国制造业的发展历程与现状

工业革命以前，中国手工制造业在全世界占据着最高的比例，1750 年，中国制造业增加值占世界制造业增加值的比重曾高达 32.8%，1800 年甚至还增长到了 33.3%，但从 1830 年起，西方开始超越中国，上升到 31.1%，中国则下降到 29.8%，此后，中国的制造业增加值占比不断下滑，最低点在 1949 年新中国成立前，约为 2.3%。[①] 在 1949 年以前，中国曾经多次尝试工业化，但都失败了。新中国成立后，中国真正开始了工业化进程，1950~1978 年，中国的工业逐步建立起来，形成了一套较为完备、结构较为合理的工业体系，为改革开放以后承接制造业打下了坚实基础。到 1978 年，中国已经有多项产品的产量位居世界前列，如煤炭、水泥、化肥、棉布、电视机、糖等，实现了初步的工业化。

1978 年改革开放之后，中国的制造业得到了迅速的发展，从图 5-1 可以看到，中国制造业在 30 余年间有了巨大的进步，1980 年制造业增加值仅为 1141 亿元，2010 年已经增长到了 119989 亿元，增长了 105.16 倍，占世界制造业增加值的比重为 18.6%。如表 5-1 所示，制造业从业人数也由 4186 万人，增长到了 10120 万人。与之相伴的是中国出口额的快速增长，由 1980 年的 201 亿美元，增长到了 2010 年的 15779 亿美元。在出口的拉动下，中国的 GDP 总量，也由 1978 年的 1481 亿美元，增长到了 2010 年的 59266 亿美元，[②] 增长了 40 余倍，其中，制造业起到了重要的作用。

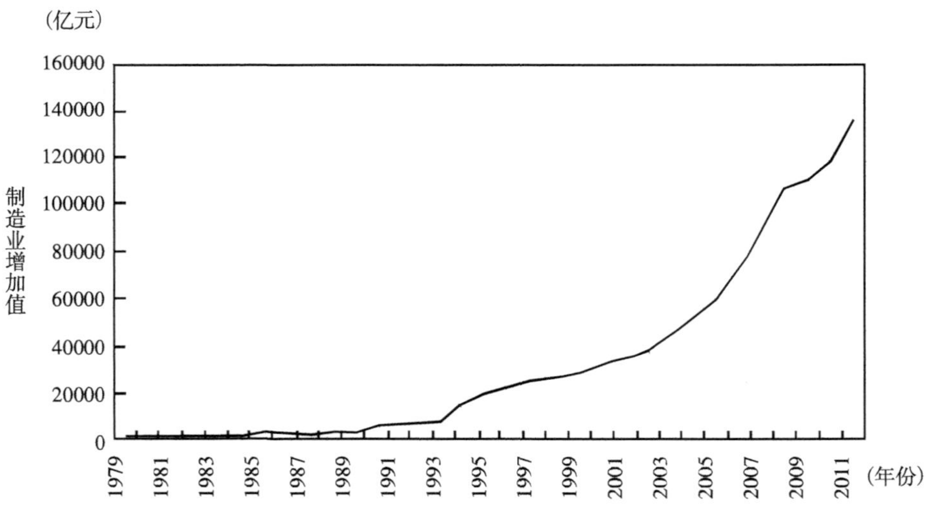

图 5-1　1980~2011 年中国制造业增加值的变化情况

注：原数据为美元计价，按当年 1 月 1 日汇率自行计算得出。

资料来源：世界银行数据库。

① 〔美〕塞缪尔·亨廷顿. 文明的冲突与世界秩序的重建 [M]. 北京：新华出版社，2002：81.

② 数据来源：www.worldbank.org，世界银行数据库，2011.

表 5-1 中国制造业产出、从业人数、外商投资额、出口额的变化情况

项目 \ 数据 \ 年份	1980	1990	2000	2010	1979~1990	1990~2000	2000~2010
	绝对值				年平均增长率（%）		
制造业增加值（亿元）	1141	5510	31869	119989	16.75	21.01	14.20
制造业从业人数（万人）	4186	6776	8532	10120	2.6	1.8	0.9
外商投资金额（亿美元）	3.8	26.6	374.8	1249.3	31.32	41.6	19.44
出口额（亿美元）	201	573	2795	15779	13.56	17.62	21.26

注：制造业增加值以世界银行数据乘以当年 1 月 1 日的人民币率汇率得到。
资料来源：世界银行数据库；劳动与社会保障部统计年鉴。

从图 5-2 可以看到，中国制造业增加值占 GDP 的比例在 30 年间呈缓慢下降趋势，由 1980 年的 40%，下降到了 2010 年的 32.42%，但这 30 年并不是一直在下降，在 1988 年、1991 年和 2002 年前后，都出现了反弹，在 2002 年以后，中国制造业几乎一直保持在 33%这个水平上，大体保持了稳定。

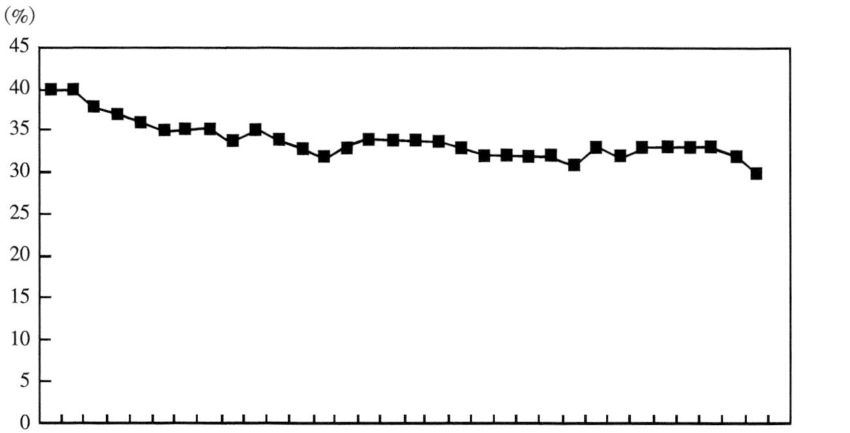

图 5-2 1980~2010 年中国制造业增加值占 GDP 的比例

资料来源：世界银行数据库。

目前，中国制造业增加值占世界制造业增加值的比重已经是世界第 1 位。2010 年中国制造业增加值按 2011 年 1 月 1 日的汇率计算，约为 2.05 万亿美元，占世界制造业增加值的 20.5%，超过美国的 1.78 亿美元，经过近 180 年的沉浮后，中国重新夺回了全球制造业第一的位置。[①] 在一些人眼中，中国已经是第三

① 中国经济有多少个世界第一［N］. 中国建材资讯，2014（2）：30.

个“世界制造中心”，2010 年，中国绝大部分主要制成品产量已经位于世界第 1 位，其出口量也在世界上位居前列。

表 5-2 列出了 2010 年中国一些主要制成品的产量和在世界上的排位。

表 5-2　2010 年中国部分产品的产量和在世界上的排位

产品名称	单位	产量	在世界的排位
化学纤维	万吨	3090	1
纱	万吨	2717	1
布	亿米	800	1
机制纸及纸板	万吨	9832.63	1
原盐	万吨	7037.76	1
成品糖	万吨	1117.59	4
啤酒	万千升	4490.16	1
卷烟	亿支	23752.6	1
家用电冰箱	万台	7295.72	1
房间空气调节器	万台	10887.47	1
家用洗衣机	万台	6247.73	1
彩色电视机	万台	11830.03	1
焦炭	万吨	38864.03	1
原油	万吨	20301.4	4
粗钢	万吨	63722.99	1
钢材	万吨	80276.58	1
水泥	万吨	188191.17	1
平板玻璃	万重量箱	66330.8	1
乙烯	万吨	1421.34	3
硫酸	万吨	7090.47	1
农用氮、磷、钾化肥	万吨	6337.86	1
化学农药原药	万吨	223.52	2
金属切削机床	万台	69.73	3
汽车	万辆	1826.53	1
轿车	万辆	957.59	1
大中型拖拉机	万台	38.35	1
微型计算机设备	万台	24584.46	1
移动通信手持机	万台	99827.36	1

资料来源：中国国家统计局，国家统计数据库。

我国制造业的发展过程和现状，呈现出以下几方面的特点：

5.1.1.1 增长速度快，在世界上的份额不断提高

中国的制造业 1978 年以后开始快速增长，以 1995 年为基数 100，2003 年中国的制造业生产指数为 218.8，而同期印度为 170，印度尼西亚为 83.8，美国为 127.5，阿根廷为 99.1，中国是全世界最高的，中国的制造业增加值在 1980 年时占世界制造业增加值的 1.5%，仅相当于巴西的一半，还未进入世界制造业的前 10 强。到 2000 年时，就已经占世界制造业增加值的 7.0%，进入到了世界第 4 位，[①] 2011 年已经占到了世界制造业增加值的 21.6%，超过了美国，跃居世界第 1 位。

从表 5-1 中可以看出，我国制造业各个阶段的增长率是不一样的，1979~1990 年，平均年增长率为 16.75%；1990~2000 年，平均年增长率为 21.01%；2000~2010 年，平均年增长率为 14.20%。从表 5-1 中可以看到，中国制造业经历了一个加速再减速的增长过程。增长速度在 1990~2000 年是最快的，2000 年以后逐渐放缓。这说明中国制造业发展最快的时期已经过去，由纯粹的量上的增长向质的增长转变。另外，也说明中国的制造业已经由单纯的承接转移向承接和向外转移相结合。

5.1.1.2 劳动生产率得到了较大的提高

中国在承接制造业转移时，接受了先进的管理理念和现代的生产技术，训练了一大批熟练的产业工人，劳动生产率逐渐提高。把表 5-1 的制造业从业人数和制造业产出两个数据结合起来，可以看到制造业的人均产出在 30 年间出现了很大的增长，这说明劳动生产率得到了较大的提升。以美元计，1980 年人均年产出为 1817 美元，1990 年为 1719 美元，由于汇率的原因而略有下降，2000 年为 4511 美元，2010 年则为 17910 美元，2010 年比 1980 年增长了 885.7%，是 1980 年的近 10 倍。如果以人民币计算，1980 年人均年产出为 2725 元，1990 年为 8132 元，2000 年为 37352 元，2010 年则为 118566 元，一直都在增长，其中 2010 年比 1980 年增长了 4249.44%，是 1980 年的 43.5 倍。从增长速度的变化情况来看，后期劳动生产率提高的速度要快于前期，在 1990 年以前，年均劳动生产率增长为 3.9%，后期平均变化到了 14.4%，[②] 有了大幅度的提升。

① 郭克莎，贺俊. 走向世界的中国制造业［M］. 北京：经济管理出版社，2007：6.

② 数据来源：中经专网数据库，根据当时人均 GDP 和当年 1 月 1 日汇率计算得出。

5.1.1.3　资本收益率经历了“U”形的变化

中国的制造业的增长主要是靠外来投资和国内投资的拉动。按照边际投资收益递减的理论，随着投资额的增加，在资源禀赋一定的情况下，投资收益是边际递减的。中国的情况也是如此，在改革开放之初，中国是短缺经济，劳动力成本也非常低，各类资源的价格还并未和国际接轨，加之中国当时采取了吸引外资的优惠政策，外资在中国投资的收益率高过了在他国的平均收益率。但随着中国劳动力成本的上升以及市场逐渐由卖方市场转向了买方市场，竞争加剧，资本的收益率开始下降。1980~2004 年，中国的投资增长速度超过了利润总额的增长速度，每年投资增长速度要高出利润总额增长速度 4.4%，造成投资总额增长速度比利润总额的增长速度快了 23.1 倍。不过，随着中国工业化进程的深化，产业逐渐升级，中国产品的附加值开始提升，由单纯来料加工的劳动密集型产品向技术密集型产品转变，利润率又开始较快增长。因此，在中国出现了资本收益率的“U”形转化。1980~1992 年，利润的年均增长速度比投资的增长速度慢了 14.1%，1992 年以后，利润的增长速度逐渐加快，1992~2004 年，利润总额增长了 8.2 倍，而资金总额只增长了 4.2 倍。在这一阶段，资本的收益率有明显的回升。所以 2000 年以后，中国外来投资继续大幅增长。[①]

5.1.1.4　制成品占据了出口的主要份额，成为了对外贸易的主力军

中国制造业的发展极大地促进了中国的对外贸易。中国承接世界制造业的转移，主要就是因为跨国公司要利用中国劳动力的价格优势，在国际贸易中获得更大的收益，中国制造业对国际转移的承接，从一开始就是外向型的。自改革开放开始，出口贸易中的制成品比例就快速增长，1980 年，中国制成品出口贸易额仅为 90.1 亿美元，占出口总额 201 亿美元的 44.81%；1995 年，制成品的出品额上升到 1273 亿美元，占出口总额 1488 亿美元的 85.55%；2000 年，制成品出口额为 2237 亿美元，占出口总额 2492 亿美元的 89.77%；2010 年，制成品出口额为 14962 亿美元，占出口总额 15779 亿美元的 94.82%。30 年间，绝对数从 1980 年的 90.1 亿美元，上涨到了 2010 年的 14962 亿美元，增长 166 倍。占比从 44.81%“还不到一半”，增长到了 94.82%，[②] 成为了绝对多数。如果加上初级产

① 数据来源：世界银行数据库，中国劳动与社会保障部统计年鉴。

② 数据来源：中经专网数据库，中国海关总署。

品中的饮料及烟类制品（按中国海关的统计标准，饮料及烟类制品不计入工业制成品的类别中），这个比例还会更高。这说明制造业已经成为了对外贸易的绝对主力。

5.1.1.5 高技术制成品的比重在不断增加，产业正在加快升级

在中国承接制造业的初期，是以承接劳动密集型产业为主的，在改革开放以后，劳动密集型产业增长很快，中国台湾地区、中国香港地区的企业纷纷把生产转移到了中国内地，“三来一补”成为当时制造业的主要形态。随着工业化程度的加深，劳动密集型产业增长的速度逐渐放缓，技术密集型产业的增长速度明显高于劳动密集型产业的增长速度。1990 年以后，劳动密集型产品的比重快速下降，1995~2004 年，劳动密集型产品占出口产品的份额从近一半的 48.91%，下降到了 28.94%，降低了 19.97%。① 同期，技术密集型产业的份额却快速增长，1993 年，技术密集型产业增加值在整个制造业产值中的比例为 33.7%，2003 年，就上升到了43.7%。高新技术密集型产业发展也非常迅速，如图 5-3 所示，1992 年中国高新技术产品占出口制成品的比例仅为 6%，2005 年，就已经上升到了 31%，虽然受金融危机的影响，在 2007 年、2008 年有所下滑，但 2009 年就恢复到了 28%的较高水平。

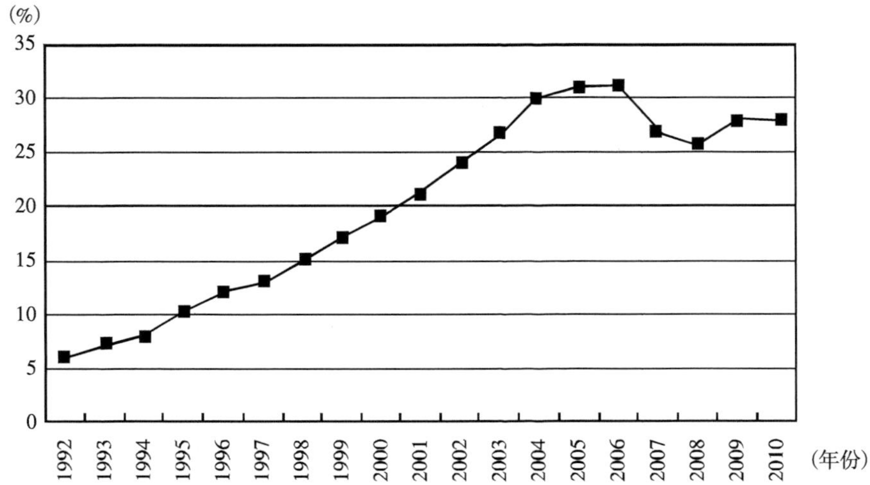

图 5-3 1992~2010 年中国高新技术产品占出口制成品的比重

资料来源：世界银行数据库。

① 郭克莎，贺俊. 走向世界的中国制造业［M］. 北京：经济管理出版社，2007：14.

5.1.2 当前我国制造业的优势

要保持中国制造业适当的比例，就要使中国制造业在世界竞争中处于领先地位，防止中国制造业向外过快、不当地转移。在国际制造业转移这一大链条中，中国的制造业在以下几个方面具有优势，这也是中国制造业能够在过去 30 年脱颖而出的主要原因。

5.1.2.1 拥有充足和较为便宜的劳动力供应

中国是世界上人口最多的国家，按第六次人口普查的数据，中国内地拥有人口 1339724852 人（2010 年），占据了世界总人口 70 亿人（2011 年）的 19.13%，也就是近 1/5。如此庞大的人口基数，使中国拥有了全世界最大的劳动力资源。如表 4–3 所示，中国在未来 20 年都可以保持每年新增 1000 万人以上的适龄劳动人口。另外，中国城市化率较低，2011 年刚刚达到 50%，与发达国家 70%以上的平均水平相比，中国还有 20%的转移空间。从农村向制造业、服务业转移的劳动力供应在较长一段时间内仍然会非常充沛。经过多年的转移，2010 年中国依然有 2.79 亿劳动力从事第一产业的工作，而按中国 18 亿亩耕地和其他的牧业、林业、渔业工作量来计算，中国仅需要 1.2 亿~1.8 亿农村劳动力，因此中国依然可以向第二产业、第三产业转移 1 亿~1.5 亿劳动力。按中国城市化率每年增长 1%计算，在近 20 年中，每年将向城市转移人口 1300 万人。按适龄人口的比例（57.37%）来计算，每年也可以新增第二产业、第三产业的劳动力 746 万人，加上城市自身新增加的劳动力，在未来 20 年间，可以保持每年新增 2000 万人以上的劳动力，这样的劳动力供应水平，在全世界是独一无二的（印度尽管年新增适龄劳动人口超过了中国，但印度农业从业人口比例过高，流向制造业的人数低于中国）。

同时，中国的劳动力价格依然保持着优势。2010 年美国制造业工人平均工资是中国制造业工人平均工资的 7.22 倍。[①] 而且，中国是一个发展不平衡的国家，存在着较大的地区差异，中国内地有些地区工资水平比沿海地区的工资水平低 50%以上，国内转移可以继续在一段时间内保持住中国劳动力价格的优势。

① 数据来源：根据中国国家统计局和美国劳工部数据库数据算出。

5.1.2.2 中国工人的劳动素质较高

虽然中国制造业工人的工资与东南亚、南亚的部分国家制造业工人的工资相比没有优势，甚至远高于印度等国工人的工资水平。但是很多企业依然愿意把工厂设在中国，而不是印度等国。其中的一个原因就是中国工人有着较高的劳动素质。中国相对于其他南亚国家，更为重视基础教育，基础教育保证了劳动力的基本素质，文盲率较低。另外，中国传统文化中勤劳、节俭、守法等好的个人品德也奠定了中国工人的良好基础。改革开放30多年来，我国制造业培养和训练了2亿产业工人。这些主要以农民为出身的新时代的产业工人，普遍拥有吃苦耐劳和遵守纪律的优秀品质，迅速掌握了先进的制造技术，成长为了熟练工人和技术工人。这些工人的劳动生产率高，工作的质量也高，这一优势在很大程度上弥补了劳动力价格上的相对劣势。印度产业工人无论从规模还是整体素质来看，都与中国存在着较大差距。在过去30多年间，印度的制造业就业人数几乎没有一点增长，农业从业人员从1995年的67%下降到1999年的60%后，不再下降，反而在后来的10年中略有增长。从农业中转出的人口也主要是补充到了服务业中。这说明印度对制造业的劳动力没有产生较大需求，其中的原因就是印度的工人素质让投资者失望。其他一些南亚国家，包括一些东南亚国家也存在着相似的问题。

另外，中国已经形成了规模大、毛入学率高、学科门类齐备的高等教育体系。已经实现了高等教育的大众化。2013年，中国高校数量已达2442所，中国高校全日制在校生人数达到2647.5万人，在校生（含成人教育）超过3000万人，中国高等教育毛入学率（18~22岁青年入学率）达到了30%，提早进入了高等教育大众化阶段。[①] 目前中国还有大量的学生在外求学，2012~2013年度中国赴美国的留学生人数再创新高，达到了235597人，[②] 留学归国人员也在逐渐增多。虽然中国的高等教育水平和发达国家相比还有较大差距，但在发展中国家中，已经位居前列。这也有利于我国保持劳动力的整体较高素质。

5.1.2.3 中国有着潜力巨大的国内市场

中国人口基数大，随着中国改革开放进程的深化，中国居民收入水平也在不断提高，中国正在成长为世界上最大的消费市场。1978年中国农村居民人均年

---

① 中华人民共和国外交部. 中国高等教育发展与改革——驻珀斯总领事黄亲国在埃迪斯科文大学（ECU）的演讲。

② 数据来源：美国国际教育研究所（IIE）. 门户开放报告.

纯收入仅 133.6 元，城市居民家庭的人均年可支配收入也仅为 343.4 元，恩格尔系数分别高达 67.7%和 57.5%。到 2013 年时，中国农村居民人均年纯收入达到了 8896 元，城市居民家庭的人均年可支配收入更是达到了 26955 元，比 1978 年分别增长了 66 倍和 78 倍。收入增长后，消费也更趋合理，农村居民恩格尔系数已经下降到 37.7%，城镇居民恩格尔系数则下降到了 35.0%。在国家拉动消费内需政策的引导下，2013 年消费需求快速增长，全年社会消费品零售总额达到了 237810 亿元，比 2012 年实际增长了 13.1%，非食品类消费增长速度较快，家用电器和音像器材类增长了 14.5%，家具类增长了 21.0%，汽车类增长了 10.0%，金银珠宝类增长了 25.8%。中国已经成为世界上第一大汽车消费市场，2013 年，中国汽车产销量双双超过 2000 万辆。这是中国汽车产销量第一次突破 2000 万辆，也是连续第 5 年位居全球第 1 位。①

目前，中国的国内消费市场还有着巨大的潜力，在 2013 年的消费中，城镇居民的消费零售额占到了总零售额的 86.56%，而城镇居民仅占总人口的 53.73%，这就说明农村消费还很不足。国家在金融危机以后，采取了家电、汽车和电脑等下乡的补贴活动，中央每年的“一号文件”也总是扶持农村发展，农村的消费正在逐渐被调动起来。2013 年农村居民人均纯收入增长速度为 12.4%，超过了城镇居民人均可支配收入的增长速度 9.7%，这是在 2010 年以来连续 4 年农村居民收入增长超过城镇居民收入增长。2013 年，农村消费品零售额 31952 亿元，比2012 年增长了 14.6%，增长速度快于城镇的 12.9%。② 中国在未来所形成的巨大消费市场，将为中国制造业的发展带来源源不断的有效需求，避免外向型经济过分依赖国外市场的危险。

5.1.2.4 制造业已经形成了完备的工业体系和较为完善的基础设施，产业间的相互支撑作用明显

新中国成立之初，就提出了“独立自主、自力更生”的工业发展方针，在相对封闭的状态下，形成了不依赖于其他国家的较为完备的工业体系，到 1978 年改革开放前，中国已经能够人工合成牛胰岛素，生产出了 3 万吨位模锻水压机、万吨级的远洋轮船和一汽载重汽车，产生了以“两弹一星”、核动力潜艇为代表

① 数据来源：中国汽车工业协会。

② 数据来源：中国国家统计局. 中华人民共和国 2013 年国民经济和社会发展统计公报.

的成果，绝大部分工业制成品中国已经能够自给，一些产品的产量已经在世界上名列前茅，如水泥、化肥、化纤、棉布等。1978 年改革开放以后，中国的制造业发展更是日新月异，通过对国外技术的引进、消化、吸收和创新，在“干中学”，中国的工业体系得到了进一步完善，取得了长足的进步。目前，中国已经有 100 多种工业产品产量处于世界第 1 位，涵盖了能源、原材料、化工、机械设备、医药、纺织、家电、IT 设备等所有的工业行业，任何一件产品都可以在中国找到制造厂家，产业间相互支撑，迅速形成了配套的生产体系，中国已经成长为了“世界工厂”。

在基础设施建设方面，截至 2012 年底，中国公路里程达到了 423.75 万公里，密度达到了 44.14 公里/百平方公里，等级公路占公路总里程的比例已经达到了 85.2%。全国通公路的乡（镇）占全国乡（镇）总数的 99.97%，通公路的建制村占全国建制村总数的 99.55%。码头泊位总量 31862 个，沿海港口万吨级以上泊位 1517 个，建成了洋山港等世界排名第 1 名的特大港口。① 高速公路在 2013 年底达到了 10.45 万公里，已经超过美国的 9.2 万公里，居世界第 1 位。截至 2013 年底，全国铁路营业里程突破了 10 万公里，里程长度居世界第 2 位，路网密度达到了 10.42 公里/万平方公里，电气化率达 52.4%，复线率 45.1%，中国高速铁路营业里程达到了 11028 公里，在建高铁规模 1. 2 万公里，中国是世界上高速铁路投产运营里程最长、在建规模最大的国家。建成了青藏铁路等技术难度高，经济意义强的大型工程。② 截至 2012 年底，中国民航全行业运输飞机 1941 架，建成机场 183 个，全部开通定期航班，还建成了西藏林芝、邦达等高原机场，航线里程 484.88 公里，2012 年全行业完成货邮运输量 1199.4 万吨，运送旅客 3.93 亿人次，北京首都机场完成旅客吞吐量 0.82 亿人次，位列亚洲第 1 位；上海浦东机场完成货邮吞吐量 293.8 万吨，位列世界第 3 位。③

5.1.3 当前我国制造业的劣势

5.1.3.1 劳动生产率总体仍然较低，同时制造业工资上涨较快

虽然我国制造业的劳动生产率在改革开放三十年来已经有了长足的进步，但

① 交通运输部综合规划司. 2012 年公路水路交通运输行业发展统计公报［R］. 2013 年 4 月 25 日发布.
② 中国铁路网络越织越精密［N］. 人民日报，2013-12-29.
③ 中国民航局. 2012 年民航行业发展统计公报［R］. 2013 年 5 月发布.

与发达国家相比，劳动生产率仍然较低。从年产值来看，美国是目前世界劳动生产率排名最高的国家，2006 年，制造业工人人均产出为 6.39 万美元，当时中国还不到 1 万美元。近几年中国的劳动生产率上升较快，但目前我国制造业生产率仍不到美国的 1/3。劳动生产率低会抵消中国的工资优势。波士顿咨询公司（BCG）分析称，2010 年美国制造业工人的时薪为 22 美元。而中国工人的时薪为 2 美元。仅从工资看，中国生产成本只有美国的 9%。但这仅仅是一个总体平均数据的静态比较。一方面是中国经济发展不均衡，局部地区的工资水平已经与美国差距不大。例如，2010 年中国上海制造业工人工资水平接近美国密西西比州的 50%。另一方面是中国工资增长较快，当前中国制造业工人工资每年增长 12.66%，而美国制造业工人工资每年仅增长不到 3%，预计到 2020 年，美国制造业工人平均工资水平将不到中国的 2 倍，届时中国部分发达地区制造业工人平均工资水平和美国的制造业平均工资水平将不相上下，预计 2020 年上海制造业工人的平均工资水平将超过美国密西西比州制造业工人的平均工资水平。同时，美国的劳动生产率是中国的 3 倍，当中国工资名义数字仅是美国 50%时，中国单位产出的工资成本将比美国还高出 50%，中国的劳动力优势将完全丧失，单从劳动力成本这一项看，制造业甚至会回流到美国。

5.1.3.2　自主创新能力不足，研发不够，产品较为低端

中国制造业主要是中低端制造业，附加值低，产品价格便宜，收益不高。尽管发达国家已经将制造业从业人员的比重降低到了 10%左右，甚至更低，但这些国家的制造业增加值仍然占据着世界的主要份额，2007 年，发达国家制造业增加值占世界 70.11%，美国制造业工人仅占该国全国从业人员的 8.99%，但其产出却占到了世界制造业总增加值的 21.8%，在当年位于世界第 1 位，直到 2011 年这一位置才被中国替代。美国制造业增加值尽管在美国的 GDP 中下降了，但美国的制造业增加值的绝对数值却从 1980 年的 5840 亿美元增加到了 2009 年的 17790 亿美元。2008 年，德国制造业仅有 1800 万的从业人员，却创造了 7385 亿美元的产出。① 其制造业主要是中高端制造业，如机械产品、大型医疗设备、电机和电气产品等，已经舍弃了一些技术含量不高的产品，如家用消费电子产品、纺织品等。德国机械产品出口量在世界上仍位居第 1 位。德国之所以能够取得这

① 数据来源：世界银行数据库。

样的成绩，主要原因是德国重视创新，重视研发，拥有世界领先的技术水平。每100万人口申报专利的数量，德国多达203.28件，美国也有149.05件，日本234.71件，中国仅5.96件。另外，中国技术创新向生产转化的比例也较低，2009年，上海市的专利转化率仅10%左右，全国高校专利的转化率也仅为20%左右。这都造成了中国的制造业以中低端为主，产品附加值较低。

5.1.3.3 制造业产品缺乏品牌支持，高端制造业主要是为外资打工

中国制造业正在向高端迈进，专利技术数量的增长也开始在全世界位居前列，但是，有了技术和标准，没有品牌还是没有办法获得高收益。以家用电器行业为例，中国已经是全球产量第一的家电大国，生产制造水平在世界领先，世界上主要的家电厂商都在中国设有工厂，包括松下、东芝、索尼、西门子、飞利浦等，中国家电产值已经近5000亿元，但中国家电自有品牌的产品仅能占到产能的10%左右，有90%的企业在做OEM（贴牌），如富士通这一企业，就几乎只做OEM（贴牌），不生产自己的产品，虽然富士通可以制造出世界上最先进的平板计算机，但富士通却只能赚极少量的加工费。在产品的价值链上，生产制造环节仅能够分享5%~10%的利润，品牌拥有者可以分享30%~40%的利润，另外分销商还可以分得50%左右的利润。以耐克鞋为例，一双在美国零售价100美元的耐克鞋材料费只有15.67美元，在中国的工厂出厂价也只有24.71美元，其中包括2.58美元的直接劳动力成本、4.56美元的管理费用和1.9美元左右的工厂利润。当这双出厂价24.71美元的耐克鞋运到美国时，耐克公司将这双鞋的批发价定为52.03美元，当这双鞋到达消费者手里的时候，价格已经高达100美元。如果中国没有好的品牌，就只能靠劳动力成本来维持极低的利润率，一旦劳动力成本上升或人民币币值上升，这点利润就会被冲掉。据调查，由于没有品牌，中国平均每件衬衫只能够赚0.3美元，中国要卖出8亿件衬衫才等于1架A380客机的价钱。中国品牌建设还处于起步阶段，非常薄弱，没有一家企业进入世界品牌前20强。中国已经是世界汽车产销第一大国，但排在世界前10名的汽车品牌，没有一个是中国的。在世界服装品牌前100位中，中国作为最大的服装生产国，也仅占7席。

5.1.3.4 产品质量需要进一步提高

近年来，中国制造业产品的质量问题越来越突出，随着贸易保护主义的死灰复燃，由中国产品质量引起的贸易纠纷也越来越多。2010年，美国宣布从中国进口的宠物食品中，发现了三聚氰胺，还对中国生产的牙膏提出了质量安全问

题；在 2007 年，美国以中国玩具中发现了有害物质为由，对中国的玩具进行了召回；2010 年 7 月，菲律宾检出中国生产的奶糖甲醛超标；2010 年，欧盟累计召回 57 项中国出口的鞋类，主要是因为质量问题，“中国制造”遇到了严重的信任危机。中国国内，近年来也频频爆出严重的产品质量问题，包括三鹿奶粉的三聚氰胺事件、苏丹红事件、冠生园月饼的陈馅事件、速冻食品的大肠杆菌事件等。由于中国法律体系尚不完善，质量监管不力，缺乏有效的质量控制体系，造成了中国产品良莠不齐，少数质量差的产品败坏了中国的产品形象，不利于中国制造业在全球化背景下展开竞争。

5.1.3.5 环境和资源已经到了能够承受的边缘

中国产品的能耗不仅高，而且已经使中国自身的环境和资源不堪重负，中国主要污染物排放量已经超出环境承受的极限，造成了严重的环境污染，2012 年，中国二氧化碳排放量位居世界第 2 位，甲烷、氧化亚氮、沙尘、黑炭和二氧化硫的排放量都位居世界第 1 位。在受污染严重的地区，地下水已经被完全污染，癌症村已经出现。另外，中国的 GDP 单位能耗很高，据《21 世纪经济报道》，2013 年 12 月 2 日：中国的 GDP 单位能耗是世界平均水平的 2.5 倍，美国的 3.3 倍，日本的 7 倍，同时高于巴西、墨西哥等发展中国家。2013 年，我国国内生产总值只占全世界的约 12.6%，但原煤、钢材、水泥的消耗量分别占全世界消耗量的 31%、30%和 40%，石油、铁矿石的进口依存度分别达到 50%、60%以上。①

一方面，中国自己的资源有限，人均资源更是相对贫瘠，人均矿产、耕地面积、森林资源不到世界平均水平的 1/3，淡水资源只有世界平均水平的 1/4。石油、铁矿石、铜矿石等主要的工业原材料都满足不了生产的需求，只能依靠进口。另一方面，国外的资源已经被以发达国家为主的跨国矿业巨头们控制着，中国在全球矿业市场上没有话语权。据统计，在全球排名前 25 位的大型矿业公司中，美国、加拿大、澳大利亚和英国就占了 18 家。市值排名前 10 位的矿企，就占掉了全球矿业公司总市值的 55%，控制了发达国家 75%的铜矿、70%的铁矿、80%的锡矿、57%的锌和 58%的金的生产。来自发达国家的大型跨国公司形成了寡头垄断，在全球矿产资源配置中处于主导地位，具有绝对竞争优势，中国只能

① 中国单位 GDP 能耗达世界均值 2.5 倍［N］. 21 世纪经济报道，20013-12-2.

仰人鼻息。[①]

5.1.3.6 国家干预过多、政策缺乏明确的预期，影响到制造业的正常发展

中国制造业存在着产能过剩与产能不足并存、恶性竞争与行业垄断并存等矛盾的状况，产生这种情况的主要原因是政府的错误干预过多，影响到了制造业的正常发展。地方政府从各自的利益出发，纷纷用政令的方式干预制造业发展，使制造业的发展不能得到市场有效的调控。例如，许多省市都把汽车工业作为当地支柱产业，不管条件是否具备，都纷纷立项制造汽车，使中国的汽车厂遍地开花，无法形成集中的规模优势，也影响了汽车产业配套行业的发展。由于钢铁行业、化工行业、纺织行业等产值较高，对拉动地方 GDP 的增长很有效果，也造成了这些行业的盲目投产，产能过剩，形成了浪费。另外，政府在制定经济政策时，有时决策不够科学化，甚至凭主观决策，一些经济政策对经济的发展产生了严重的干扰。例如，2008 年中国采取的 4 万亿元救市政策，在实施中就产生了扭曲和走样，摊子铺得太大，投资一拥而上。有些投资项目已经违背了事件发展的正常规律。中国所制定的货币政策，也存在着时滞和随意性太强的问题，使企业在需要贷款时贷不到款，不需要时货币又供应过剩。中国可以学习德国，借鉴一下货币主义的某些积极思想，保证货币政策的连续性和稳定性，使投资者能够树立足够的信心。

针对以上的情况，中国制造业必须扬长避短，采取积极的应对措施，才能确保获得和保持未来中国制造业在世界上应有的领先地位。

5.2 制度设计

5.2.1 政府决策的总体建议

根据前文的分析，建议中国政府在决定未来产业发展方向时，应该通过相应

① 成金华，汪小英. 工业化与矿产资源消耗：国际经验与中国政策调整［J］. 中国地质大学学报（社会科学版），2011（2）：23.

的制度设计和政策指引，适当保持制造业在整个产业中的较高比重。使其产出占整个 GDP 的比例保持在 25%~30%，第二产业总体的比例最终应该保持在 30%~35%，适当降低采矿业和建筑业在第二产业中的比例，保持制造业产出在第二产业的比例接近和高于 80%。在鼓励第三产业发展的同时，又要防止第三产业特别是虚拟经济的过度膨胀，第三产业的比例最终不应超过 65%，第一产业要保持适度发展，但总体趋势是比例继续下降，最终产出占比在 1%~5%。要想达到上述的产业结构调控目标，政府一方面要实现国内制造业优化升级，创造好的发展环境，市场机制和政府的宏观调控相结合，促进本土制造业向高端发展，保持中国制造业在国际上的竞争力；另一方面要防止虚拟经济的过度发展。既要利用和发挥好金融衍生工具在融资中的杠杆作用，同时也要防止金融衍生工具被滥用，控制其适当的规模。要通过制度设计，保证行业利润率的较小级差，引导资金更多地流向实体经济；此外，政府还要做好对外投资的引导，干预国际并购，适度实施对内的产业保护措施，促进本土制造业由大变强，控制好制造业向外转移的节奏，防止产业空心化的发生。

制造业优化升级的方向，主要有以下几个方面：①加强研发，提高制造业的技术含量，使中国制造业逐渐占据产品生命周期的高端；②塑造品牌，使中国制造业产品形成一批世界名牌，让中国制造业能够在产品价值链中获得更高的收益；③强化质量，建立“中国制造”产品的良好形象，使中国产品在价格之外具有更广泛的竞争力；④加强人力资源开发，提高劳动生产率，减少因为劳动价格上升所带来的负面影响；⑤降低制造业单位 GDP 能耗，向节能环保型企业转变，坚持可持续发展，减少对环境和资源的压力；⑥注重产业链建设，形成产业的适度集中，扩大产业规模，形成规模效益；⑦促进制造业中小型企业的发展，控制大型企业的规模，防止垄断和寡头对正常的市场竞争产生负面影响。

在短期内，政府应该适当采取制造业的保护措施，做好制造业的国内区域转移，利用国内的地区发展不平衡这一条件，减缓中国制造业成本的上升速度，为中国制造业的升级和劳动密集型企业向外的适度转移留出时间。

在长期内，中国不可能永远阻止制造业转移的步伐，随着中国人均收入水平的上升，也需要把一些附加值低的劳动密集型产品转移到比中国收入水平低的国家，但到那时，中国已经占据了技术的高端，并且树立起了自己的品牌和相应的质量口碑，实现了国内制造业的优化升级，这时的转移不但不会对中国的经济造成负面影响，反而会使中国扔掉“包袱”，轻装上阵，呈现更好的发展态势。

5.2.2 国家税收减免、政府补贴和政府采购

政府可以通过实施税收减免、政府补贴（奖励）和政府采购等财政政策扶持制造业企业的发展，促进制造业的优化升级。可以运用这些政策的对象包括：①新创办制造业企业，鼓励资金投向制造业这一实体经济领域；②创新型企业、高新技术企业、绿色环保的低能耗企业，鼓励企业开发新技术，降低能耗，同时淘汰一批高能耗，低技术含量的企业；③中国需要大力发展，同时又较为弱小行业的制造业企业，对这些企业进行扶持，帮助这些企业成长，增强其在国际上的竞争力，以形成国家在这些产业上的行业优势；④国家应加大对中小型企业的扶持力度，解决中小企业的发展难题，使中小企业在市场竞争中发挥更重要的作用；⑤对于企业开展研发的扶持，来促进企业加大研发投入。除了以上对一些特定企业的扶持以外，政府还可以在特定的时间段实施税收减免、政府补贴和政府采购措施，使所有的制造业企业获益。例如，在金融危机以后，政府就可以用政府采购的方式，大量采购制造业企业的产品，或者提供财政的补贴，给消费者发放购物券，刺激消费者增加消费，帮助企业渡过难关。

5.2.3 法律手段

法律手段也是政府促进制造业优化升级的途径之一，主要是建立和完善相关的法律体系，确保有法可依，有法必依和执法必严。法制建设需要在以下几方面加强：①知识产权保护体系建设，对专利、品牌、技术标准等进行有效的保护，维护企业的正当利益，鼓励企业加强研发和建设品牌。②加快社会信用体系建设，保障市场的正常运转。鼓励企业诚信经营，防止大型企业对中小型企业的恶性兼并，防止垄断和寡头市场的产生，防止市场失灵，使市场能够在资源配置中发挥出应有作用。③理顺政府和企业的关系，规范和约束政府的行为。使政府在财税、金融、投资和审批企业过程中，不对企业的发展产生阻碍，同时要约束政府，防止政府对企业的过度干预，采用法律手段维护政企分开，给予企业家应有的地位，保障企业正常运转。④通过法律制度的完善来进一步明晰产权，降低市场主体的交易成本，提高资源配置的效率。

5.2.4 投融资制度

投融资是制造业企业发展最重要的推动力，政府需要在以下方面加强投融资建设：①进一步完善金融体系建设，提高金融服务的质量，减少企业在投融资中的摩擦，杜绝政府和银行的寻租行为；②制定政策，使银行支持非公有制企业的发展，鼓励贷款多投向制造业实体经济，特别是投向制造业的中小企业；③国家在制定货币政策时，要注重政策的相对稳定和连续性，尽量做到货币政策决策的科学性，在确定货币供应量的数值时，要与国家经济增长的步调一致，防止货币政策出现太大的波动；④国家要加强货币政策的宣传，增强政策的透明度，让企业对国家货币政策有正确的预期；⑤在资本市场的建设方面，国家可以适当放开一些领域，鼓励民间资本参与制造业的投资融资，鼓励民间资本成立合法的投资公司、小额信贷公司、金融租赁公司、典当公司等金融类公司，规范他们的操作，允许一部分条件成熟的小额信贷公司转制成民营银行；⑥要进一步提高资本市场的效率，规范股票市场和基金公司的发展，适度发展金融衍生工具，发挥其杠杆作用，同时也要防范虚拟经济的过度膨胀，保持虚拟经济与实体经济的适当比例。

5.2.5 社会保障

政府要进一步完善社会保障，通过它来促进制造业企业的发展，保持中国制造业较高的比例，防止制造业向外过快转移。良好的社会保障是社会公平的调节器，也是社会稳定的安全保障网。建立起完整的社会保障体系，有利于维护制造业发展良好、稳定的社会环境，增加中国承接制造业转移的筹码，使来投资的外商没有后顾之忧，也能够吸引已经投资的企业继续留在中国内地不向外转移。同时，良好的社会保障体系也可以减轻企业的负担，让企业发展时不用“企业办社会”，能够腾出精力更好地专注于制造业的发展。社会保障体系的完善也减少了工资收入上涨的压力，实际增长了制造业工人的人均收入。城乡社会保障体系的建设还可以刺激消费，让居民敢于用钱，而不是将钱用于防备生病、养老和教育等方面。社会保障体系的建设和完善，可以提高居民的边际消费倾向，进一步增加对制成品的有效需求，促进制造业的发展。

5.2.6 对外投资的规范与指引

对于中国的对外投资，政府不能放任自流，必须通过制度建设加强引导，主动参与到对外投资的调控中去。①要强化投资的审批环节，对于不适合于转移的项目，要采用行政命令防止产业的过度向外转移。②对于适合于对外投资的项目，政府可以给予一定的补贴或其他优惠措施，鼓励企业走出去。③政府要区分对外投资的类型。对于那种通过对外投资、海外并购，从而能够获得国外企业的技术、原材料、能源、销售渠道、品牌等资源的，政府要支持。对于投资东南亚、南亚等国基础设施建设的项目，政府一定要慎重，要防止培养起自己的竞争对手，不可为了眼前的小利而影响了整体布局。④政府要加快对外投资的法规制度建设，使企业对外投资有章可循，同时也规范好政府行为的量和度。⑤政府要主动出面，通过国际交往，以政治外交来带动经济外交，为企业营造良好的对外投资环境，避免企业在对外投资中受到损失，为企业有益的对外投资铺路搭桥、牵针引线，给企业创造更多的好机会。⑥政府要进一步深化人民币汇率改革，穿止人民币过快升值，同时保障人民币适度的升值，加快人民币的国际化进程。为制造业的国际转移创造更好的环境。

5.3 宏观面的条件支持

5.3.1 基础设施建设

国家还需要进一步加快基础设施建设。中国的基础设施建设虽然已经取得了令人瞩目的成绩，但与发达国家相比还有较大的差距，不能完全适应中国高速发展的需要。因此，目前中国还需要加快基础设施建设。要以国家为投资主体，合理利用民间投资，加大对基础设施建设的投入。要不断提高基础设施的管理水平，提高现有设施的利用率。要加快交通设施的建设，形成高效快捷的高速公路、高速铁路路网、航空运输网，加快中部、西部地区的交通建设；要合理规划电力、供水、供热方面的建设，既要防止过剩的产能浪费，同时也要防止电力、供水等方面的缺口出现；要进一步做好通信设施的建设，在市场竞争的保障下，防止垄断，提高通信服务的质量；尽早建成中国的北斗系统，发挥出其在民用导航中的作用。同时，中国也要加强对现有基础设施的管理，逐渐降低使用费用，取消高速公路的不合理收费，降低企业的物流成本。

5.3.2 教育和职业培训

国家要高度重视人力资源的开发，增加对教育的投入，继续实施科教兴国战略，进一步提高教育支出在财政支出中的比例，使教育支出在 GDP 中的比重不断上升，达到 5%这一发达国家的水平，保障教育事业的高质量进行。一是要继续夯实基础教育，进一步提高适龄儿童的入学率，向农村和城市低收入家庭倾斜，运用财政转移支付手段，加大农村和城镇困难家庭的助学力度，使所有人公平受教育的权利得到保障。二是要加强职业教育，要在保持现有规模的情况下，进一步提高高等职业教育学院和中等职业教育学校的教学质量，注重职业教育的动手能力培养，提倡企业与学校合作办学，使学校能够按企业的需要培养人才。三是要抓好高等教育，发挥高校在高科技人才培养方面的主要作用，既注重基础学科的建设，又重视应用类学科的发展，两者相互支撑。要以高校为主力，加强研发，注重基础理论方面的重大突破。四是要加强继续教育，引导企业注重加强员工的培训，政府也可以以补贴的形式，鼓励高校提供优质低廉的再培训服务，不断提高现在产业工人的职业技能和专业知识水平，要有意识地帮助企业培养职工的现代企业精神，加强企业文化建设，增强企业的凝聚力。另外，还要注重加强职业道德教育，包括诚信教育、爱岗敬业教育、勤奋教育、遵纪守法的教育等，保持中国产业工人在职业素养方面的优势。

5.3.3 平稳转移农业人口

农业人口向城市转移是保障制造业充足劳动力供应的基础。在未来的 20~30 年，每年应向城市转移占全国总人口 1%数量的农村人口，这不仅可以逐步降低中国第一产业过高的比例，提高整体劳动力的劳动生产率，保持第二产业和第三产业都有充足的劳动力供应，而且农业人口向城市的适度转移，也可以促进城市进一步发展，带动消费的增长，给制造业的优化和升级带来动力。所以需要向城市转移农业人口。在向城市转移的过程中，一是要保持适当的速度，不能超过每年1%的速度，太快了就会超出城市的承受力；二是要消除城乡二元体系，打破城乡界限，促进人员的自由流动，消除城乡之间的不平等；三是要加快社会主义新农村建设，健全农村的社会保障，提高农村的人均收入和生活水平，避免农村人口过快流向城市；四是关心进城农民的生产和生活，在社会保障、子女入学和就业方面享受和城市人的同等待遇，同时加强就业培训，积极组织就业推荐活动，解决其生存问题，并引导他们转向制造业就业。

5.3.4 区域转移替代国际转移

用区域转移替代国际转移是一个权宜之计，是为中国制造业优化升级留出时间。区域转移，可以利用区域间不同的工资收入差距，将制造业从工资水平较高地区向工资水平相对较低的区域进行转移。在区域转移过程中，一是要进行产业的升级，将转出地的产业由劳动密集型向技术密集型和资本密集型转向，转入地的企业不能是过去的简单重复，也要利用这一机会进行企业的优化，提高效率，降低能耗，为今后的升级改造留出空间；二是要进行产业集群的建设，国家要利用这一转移机遇，有意识地进行调控，整合国内的制造业资源，因地制宜，有意识地引导、建立一批产业集群，防止各个地方政府为了地方利益，一哄而上盲目建设；三是在转移过程中要防止环境污染，要使新建的企业做到环保低碳，保证中西部地区的青山绿水，减轻制造业企业的负外部性影响。

5.4 企业层面

5.4.1 抓住专利、技术标准和核心技术这些关键

国家在采取税收、金融和政府采购等政策支持的同时，也要教育和引导企业成为研发的主体。企业家应有更高的眼界和目标，应认识到专利、技术标准和核心技术是未来制胜的关键，舍得在研发方面进行投入，改变纯粹模仿、缺乏创新的“山寨文化”，将创新加入到企业的核心文化中，建立起企业自己的研发机构，不断充实人员，加强和大学等科研机构的合作，建立完善的研发链条，多申请专

利，提高科研成果的转化率，增强企业的自主创新能力和持续发展的能力。

5.4.2 不断提升产品质量

企业要有打造“百年老店”的观念，强化产品质量。政府要引导同行业企业建立和完善行业质量标准，建立和完善制造业的质量协会，开展质量管理方面的教育培训，倡导质量文化，进行质量评比和证书认证。企业应该采取现代先进的质量管理体系，将质量管理科学化和规范化，把质量标准落实到企业制造生产的各个环节。同时政府也要守土有责，承担起质量的监管责任，加大对产品质量监管的投入，使监管手段更加科学，监管更为有力，能够严把质量关。对于食品、医药等行业，要实行严格的准入制度，对于出现过严重质量问题的企业和个人，应终身禁入该行业。对于质量好的企业，政府应该给予奖励，在相应的渠道由政府承担费用向社会推广。政府还要把好产品的出口关，防止质量差的产品流向境外。同时，要随着中国产品质量的提升，开展好对外宣传，树立起中国产品的质量品牌，改变国外一些消费者认为中国产品质量不好的印象。

5.4.3 塑造品牌

企业要树立品牌意识，要认识到品牌是占据产品价值链高端的主要依据，改变以贴牌为主的生产经营方式，创立自有品牌，努力提升品牌的知名度。企业要制定出品牌战略，学习国外成功企业品牌经营的经验，有目标、有步骤地去做好品牌。企业要认真找寻自己品牌的特点，注重品牌的内涵和品味，合理地利用广告，将广告与生产、销售有机地结合起来，塑造品牌的知名度、美誉度和忠诚度。目前中国的制造业不仅是要做响品牌，更要着重打造高端品牌，要让中国产品不仅便宜、好看和好用，更要用起来有面子，有品位，着力增加产品的品牌价值。另外，企业也可以利用并购等方式，收购国外已经成熟的品牌，2008 年的金融危机，就是收购国外品牌的好机会。国家也要积极参与到品牌塑造过程中去，鼓励行业成立品牌协会，对企业开展品牌培育和管理的教育培训，进行品牌推荐，评估品牌的价值，投入资金在国外进行国家形象的推广，不断提升中国整体制造业的品牌形象。

5.4.4 扩大产业规模，形成规模效益

国家要在防止垄断的基础上，鼓励企业适度做大规模，统筹区域的行业发展，提供完善的公共设施，引导制造业形成产业集群，形成制造业地理上的相对集中。产业集群不仅可以降低企业中间产品的运输成本，也可以使得产业链的上下游企业形成相互的支撑，形成规模效益，降低成本。产业集群一旦形成，向外转移的可能性就降低了，因为牵一发而动全身，转移的成本被抬高，形成了一个门槛。作为企业来说，既要努力做大做强，但也要有正确的定位，不是任何企业都能做成大而全的超级企业，企业要利用好分工，开展和其他企业间的协作。企业要主动地寻求产业聚集，在国家的引导下把生产厂设立在产业园区中。形成以大型企业为主导，中小型企业相配套，服务型企业与制造业相互合作的企业集群。例如，汽车产业集群、通信设备产业集群、装备制造业生产集群等。通过企业集团规模的扩大，降低企业的生产成本，提高企业的经济效益，从而提高制造业企业在国际中的竞争力，防止制造业向外的过度转移。

参考文献

英文类

［1］Adam Smith，An Inquiry into the Nature and Causes of the Wealth of Nations V2（1789）［M］. Kessinger Publishing LLC，2008.

［2］Arrow，K. The Economic lmplications of Learning by Doing［J］. Review of Economic Studies，1962（29）：155.

［3］Bertil Ohlin，Interregional and International Trade［M］. Harvard University Press. Cambridge and Boston，1933.

［4］Cheng，The Theory of Production［M］. Oxford：Oxford University Press，2000：99–103.

［5］David S. Landes. What Room for Accident in History?：Explaining Big Changes by Small Events［J］. The Economic History Review，1994（4）:637–656.

［6］R.H. Coase The Nature of the Firm［J］. Economic，1937（4）：16.

［7］Elhanan Helpman，Marc Melitz，Yona Rubinstein［J］. The Quarterly Journal of Economics，2008（5）.

［8］Eli F. Heckscher，The Effect of Foreign Trade on the Distribution of Income［J］. Chap. 13 of Readings in the Theory of International Trade，ed. 1919.

［9］Fredrik Sjoholm. Technology Gap，Competition and Spillovers from Direct Foreign Investment：Evidence from Es–tablishment Data［J］. Journal of Development Studies，1999（36）：53–73.

［10］IMF：World Economic Outlook Database，September 2011.

［11］James R. Markusen，Anthony J. Venables. Foreign Direct Investment as a Catalyst for Industrial Development［J］. European Economic Review，1999（43）：

335–356.

[12] L.T. Wells, Product Life Cycle for International Trade [J]. Journal of Marketing, 1968 (7).

[13] S. Lall, Multinationals and Structure in an Open Developing Economy: The Case of Malaysia [M]. Germany Heidelberg Weltwirtschaftliches Archiv, 115.

[14] Y. Lung, A. Rallet, Proximity and Capitation of Corporate R&D Activities [J]. Research Policy, 2001 (30): 777–789.

[15] M. Blomstrom, E. N. Wolff. Multinational Corporations and Productivity Convergence in Mexico [A]. William Bau–mol, Richard Nelson, Edward N. Wolff. Convergence of Productivity: Cross–national Studies and Historical Evi–dence [C]. Oxford: Oxford University Press, 1994.

[16] Pack, Saggi. Vertical Technology Transfer Via International Outsourcing [J]. Journal of Development Economics, 2001, 65 (2): 389–415.

[17] R.Vernon. International Investment and International Trade in Product Cycle [J]. Quarterly Journal of Economics, 1966 (5): 190.

[18] Raúl Prebisch, Commercial Policy in the Underdeveloped Countries [J]. American Economic Review, Vol. XLIX, 1959 (5): 251.

[19] Robert J. Barro, Economic Growth (Second Edition) [M]. Cambridge and Baston, MIT Press, 2004.

[20] Robin Greenwood and David Scharfstein. The Growth of Finance [J]. Journal of Economic Perspectives, 2013 (2): 3.

[21] Roman A. Ohrenstein, Business Cycle Analysis in Talmudic Literature[J]. International Journal of Social Economics, 1993 (1): 20.

[22] P. Romer, Increasing Return and Long–run Growth [J]. Journal of Political Economy, 1986 (10).

[23] P.M. Romer, Endogenous Technological Change [J]. Journal of Political Economy, 1990 (10): 71–102.

[24] Stephen L. Parente; Edward C. Prescott. Barriers to Technology Adoption and Development [J] . Journal of Political Economy, 1994 (2): 298–321.

[25] United States Department of Labor, Employment Situation Summary Table

A. Household data, seasonally adjusted.

[26] R. Vernon. Storm over the Multinationals: The Real Issues [M]. Cambridge and Boston Harvard University Press, 1977.

中文类

[1] Weekly BIZ. 中国不是唯一选择 制造业回归美国 [N]. 朝鲜日报，韩国：2011-6-1.

[2] [德] 马克思，恩格斯. 中共中央马克思恩格斯列宁斯大林著作编译局译，资本论（第二卷）[M]. 北京：人民出版社，2004.

[3] [德] 马克思，恩格斯. 中共中央马克思恩格斯列宁斯大林著作编译局译，资本论（第三卷）[M]. 北京：人民出版社，2004.

[4] [德] 马克思，恩格斯. 中共中央马克思恩格斯列宁斯大林著作编译局译，资本论（第一卷）[M]. 北京：人民出版社，2004.

[5] [德] 马克思，恩格斯. 关于自由贸易问题的演说. 马克思恩格斯选集[M]. 北京：人民出版社，1995.

[6] [德] 马克思，恩格斯. 马克思恩格斯选集 [M]. 北京：人民出版社，1995.

[7] [美] 卢卡斯. 经济周期理论研究 [M]. 北京：商务印书馆，2000.

[8] [美] 迈克尔·波特. 国家竞争优势 [M]. 李明轩，邱如美译. 北京：华夏出版社，2001.

[9] [美] 塞缪尔·亨廷顿. 文明的冲突与世界秩序的重建 [M]. 北京：新华出版社，2002.

[10] [美] 伊曼纽尔·沃勒斯坦. 沃勒斯坦精粹 [M]. 黄光耀，洪霞译. 南京：南京大学出版社，2003.

[11] [美] 约瑟夫·熊彼特. 经济发展理论 [M]. 北京：商务印书馆，1990.

[12] [美] 罗伯特·D.，普洛特尼克，尤金斯·莫伦斯基. 二十世纪美国的收不平均、贫困与国库 [J]. 郭端云译，经济资料译丛，1999（3）.

[13] [日] 池尾爱子. 评论·日本的经济思想 [M]. 东京：日本经济评论社，2008.

[14] [日] 小岛清. 对外贸易论 [M]. 周宝廉译. 天津：南开大学出版社，1987.

[15] [英] 大卫·李嘉图. 政治经济学及赋税原理 [M]. 北京：光明日报出版社，2009.

[16] 傅钧文. 德国产业竞争力与竞争优势分析 [J]. 德国研究，2003 (4).

[17] 蔡宁. 关于产业链理论架构与核心问题的思考 [J]. 财经论坛，2006 (9).

[18] 陈刚，刘珊珊. 产业转移理论研究：现状与展望 [J]. 当代财经，2007 (1).

[19] 陈明路. "亚洲四小龙" 出口增长研究 [J]. 当代亚太，1999 (2).

[20] 陈怡，王洪亮，王晓青. 对外开放与中国制造业工资差距——基于劳动力供需模型的实证检验 [J]. 财贸研究，2011 (1).

[21] 陈英. 经济周期原因与中国经济增长原因初探 [J]. 经济研究导刊，2011 (19).

[22] 单翔宇. 从三大产业构成看中印发展速度的长期表现 [J]. 中国集体经济，2010 (10).

[23] 成金华，汪小英. 工业化与矿产资源消耗：国际经验与中国政策调整 [J]. 中国地质大学学报（社会科学版），2011 (2).

[24] 程广中. 从铁路建设看德国产业革命的道路 [J]. 社会科学战线，1987 (3).

[25] 崔海潮. 产业转移、世界制造中心变迁与中国制造业发展研究 [D]. 西安：西北大学，2009：26-27.

[26] 戴宏伟. 国际产业转移与中国制造业发展 [M]. 北京：人民出版社，2006.

[27] 邓明，钱争鸣. FDI 的 "行业集聚" 与行业分布溢出——基于中国制造业分行业数据的实证分析 [J]. 财经论丛，2011 (4).

[28] 丁平，徐松. 德国对外贸易发展及其对我国的启示 [J]. 世界经济，2007 (6).

[29] 东莞智通人才市场. 2010 年珠三角薪酬调查报告 [R]. 2010-11-8.

[30] 董杰. 我国面临的 "实业空心化" 压力与对策 [J]. 中国市场，2010 (9).

[31] 杜丽群，张营. 对拉姆齐模型一个结论的实证研究：以美国数据为例 [J]. 中南财经政法大学学报，2004 (6).

[32] 段宾. 中国工资水平发展史的数量分析（1953–1987）[J]. 中国经济史研究，1991 (3).

[33] 方莉. 中国劳动力人口变动的动态分析 [J]. 理论月刊，2011 (6).

[34] 方齐云，方臻旻. 国际经济学 [M]. 大连：东北财经大学出版社，2009.

[35] 方颖，赵扬. 寻找制度的工具变量：估计产权保护对中国经济增长的贡献 [J]. 经济研究，2011 (5).

[36] 高瑛玮. 里昂惕夫之谜综述 [J]. 黑龙江科技信息，2011 (20).

[37] 高宇. “世界工厂” 的变迁 [N]. World Vision，2007 (4).

[38] 桂寿平，卢爱华，陆丽芳. 汽车产业链关联效应分析及对区域经济影响的研究 [J]. 商业研究，2007 (8).

[39] 郭克莎，贺俊. 走向世界的中国制造业 [M]. 北京：经济管理出版社，2007.

[40] 郭琳，车士义. 中国的劳动参与率、人口红利与经济增长 [J]. 中央财经大学学报，2011 (9).

[41] 国家自然科学基金委员会政策局. 全球企业研发投入趋势分析 [J]. 科技导报，2011，29 (6).

[42] 韩晶，梁将. 国际制造业转移与中国制造业的发展 [J]. 社会科学辑刊，2005 (1).

[43] 韩永文. 德阳的产业结构变化、支柱产业和产业政策 [J]. 经济改革与发展，1995 (11).

[44] 韩永文. 产业政策必须引入竞争 [J]. 中国软科学，1996 (8).

[45] 何平，骞金昌. 中国制造业：技术进步与就业增长的实证分析 [J]. 统计研究，2007 (9).

[46] 何永达. R&D 投入、技术引进与制造业技术进步的实证研究 [J]. 企业经济，2008 (10).

[47] 何钟秀. 论国内技术的梯度转移 [N]. 人民日报，1983-2-6.

[48] 侯培然. 试论战后日本失业率低的成因 [J]. 日本问题研究，1998(2).

[49] 胡宝贵等. 新农村建设中的农村产业发展研究 [M]. 北京：中国农业出版社，2008.

[50] 胡春力. 我国亟待解决产业空心化问题 [J]. 机械工业标准化与质量，2011 (7).

[51] 胡雅琴. 储蓄率、投资率与经济增长之间的动态相关性研究——基于中国 1978–2004 年间的数据分析 [J]. 中南财经政法大学研究生学报，2006 (5).

[52] 黄敬宝. "用工荒"问题三点思索 [J]. 理论探索，2011 (6).

[53] 黄苏. 战后美国产业结构变化的主要趋势 [J]. 世界经济，1986 (6).

[54] 江心英，陈丽珍. 外国直接投资技术外溢理论研究综述 [J]. 国际贸易问题，2006 (6).

[55] 蒋岚. 印度的基础设施发展现状调查 [J]. 建筑机械技术与管理，2007 (5).

[56] 交通运输部综合规划司. 2010 年公路水路交通运输行业发展统计公报 [R]. 2011 (4).

[57] 孔欣，宋桂琴. 国际贸易理论新进展 [J]. 税务与经济，2011 (5).

[58] 雷鹏. 基于人力资本、技术进步的经济增长研究 [J]. 南京社会科学，2011 (3).

[59] 李俊. 货币供给、货币流通速度与通货膨胀的关系研究 [J]. 武汉金融，2011 (3).

[60] 李璐媚. 从第二次世界大战后日元汇率波动得到的经验、教训和启示 [J]. 大连海事大学学报（社会科学版），2009 (12).

[61] 李通屏，郭熙保. 中国人口增长、结构变迁对扩大内需的影响研究 [J]. 中国地质大学学报，2011 (1).

[62] 李艳林. 世界体系理论的渊源及影响 [J]. 福建论坛（人文社会科学版），2007 (6).

[63] 李姗姗. 工资增长率之影响因素的经济学分析 [J]. 辽宁大学学报（哲学社会科学版），2011 (9).

[64] 李萍，高楠. 解析中国经济增长之谜：技术进步及其贡献——基于结构方程的测算 [J]. 天府新论，2009 (4).

[65] 李子联. 包容性增长的内涵、衡量与框架 [J]. 南大商学评论，2012 (4).

［66］联合国经济及社会理事会统计司. 国际标准行业分类（修订版 4）.（ISIC，Rev.4）.

［67］林和森. 台湾地区劳动参与率的特征分析［J］. 南京人口管理干部学院学报，2006（1）.

［68］林谦. “列昂惕夫之谜”引出的方法论思考［J］. 上海经济研究，1992（1）.

［69］刘伟，张辉. 中国经济增长中的产业结构变迁和技术进步［J］. 经济研究，2008（11）.

［70］卢根鑫. 国际产业转移论［M］. 上海：上海人民出版社，1997.

［71］鲁全. 德国的社会保障制度与社会公平［J］. 中国人民大学学报，2009（2）.

［72］罗德明. “干中学”理论评述［J］. 科研管理，1997（1）.

［73］马建堂. 中华人民共和国国家统计局：2010 年国民经济运行态势总体良好［N］. 中国统计信息网，2011.

［74］马晓河，马建蕾. 中国农村劳动力到底剩余多少［J］. 中国农村经济，2007（12）.

［75］马云泽，刘春辉. 美国产业空心化与金融危机［J］. 桂海论丛，2010（3）.

［76］美国“再工业化”呼吁理工科人才［N］. 现代快报，2010-8-9.

［77］米锦欣. “世界制造业中心”转移新趋势与中国的选择［J］. 西部论坛，2011（2）.

［78］牛文俊. 战后美国利润率长期变动的研究［D］. 天津南开大学，2009.

［79］刘文娟. 发达国家劳动密集型产业转移的因素分析及启示［J］. 桂海论丛，2007（7）.

［80］钱敏泽. 库兹涅茨倒 U 字形曲线假说的形成与拓展［J］. 世界经济，2007（9）.

［81］人力资源和社会保障部. 2010 年度人力资源和社会保障事业发展统计公报［R］.

［82］邱文. 德国工业革命发展迅速的原因及其特征［J］. 历史教学，1984（10）.

[83] 裘雨明. 第三产业就业结构变迁与就业弹性实证分析 [J]. 重庆工商大学学报（社会科学版），2004 (8).

[84] 申嫦娥. FDI 和进口贸易对中国的技术溢出效应——基于西方大国与亚洲四小龙的比较 [J]. 当代经济科学，2008 (6).

[85] 史世伟. 德国国家创新体系与德国制造业的竞争优势 [J]. 德国研究，2009 (1).

[86] 史文瑞. 德国制造业发展趋势 [J]. 全球科技经济瞭望，1998 (10).

[87] 孙立坚. 产业资本是如何走向空心化的 [J]. 大经贸，2011 (8).

[88] 汤为本. 论拉姆齐模型与现代宏观经济学的发展 [J]. 中南财经政法大学学报，2004 (6).

[89] 铁道部统计中心. 中华人民共和国铁道部 2010 年铁道统计公报 [R]. 2011-5-11.

[90] 江小勤，潘映商. 第三产业的就业效应及意义 [J]. 华中理工大学学报（社会科学版），1997 (3).

[91] 王铭. 英国工业革命与世界工业霸权 [J]. 辽宁大学学报（哲学社会科学版）2006 (2).

[92] 王维国. 现代经济增长理论及实证研究述评 [J]. 财经问题研究，2003 (8).

[93] 王晓红. 德国社会保障模式对中国的启示 [J]. 商品与质量，2011 (9).

[94] 王新奎. 经济增长与工资结构—1955 年日本工资实态分析 [J]. 世界经济，1986 (7).

[95] 王亚菲. 中国资源消耗与经济增长动态关系的检验与分析 [J]. 资源科学，2011 (1).

[96] 王耀中，刘舜佳，刘佳义. 跨国公司技术外溢理论研究的新进展 [J]. 经济理论与经济管理，2007 (1).

[97] 王任飞，王进杰. 基础设施与中国经济增长：基于 VAR 方法的研究 [J]. 世界经济，2007 (3).

[98] 王维国，杜修立. 现代经济增长理论及实证研究述评 [J]. 财经问题研究，2003 (8).

[99] 卫兴华，侯为民. 中国经济增长方式的选择与转换途径 [J]. 经济研究，

2007 (7).

［100］温家宝. 政府工作报告 2011. 新华社，2011-3-17.

［101］翁媛媛，高汝熹. 中国经济增长动力分析及未来增长空间预测［J］. 经济学家，2011 (8).

［102］我国原油进口将首破亿吨［N］. 经济参考报，2004-5-10.

［103］吴敬琏. 走新型工业化道路实现增长方式转变［J］. 中国制造业信息化，2005 (S1).

［104］吴业勤. 借鉴美国农业人口转移经验加快我国农村劳动力的转移［J］. 唐山学院学报，2007 (5).

［105］吴易风. 马克思的经济增长理论模型［J］. 经济研究，2007 (9).

［106］夏路. 论马歇尔计划对西欧经济的影响［J］. 阴山学刊，2003 (3).

［107］夏素芳. 产业转移机制与动因研究——以我国东西向中西部的制造业转移为例［D］. 杭州：浙江大学，2011.

［108］谢茂拾. 当前我国第二产业就业面临的挑战及对策［J］. 广州商学院学报，2010 (5).

［109］徐滇庆，柯睿思，李昕. 终结贫穷之路：中国和印度发展战略比较［M］. 北京：机械工业出版社，2009：164.

［110］徐颖清. 全球价值链下我国制造业升级研究［D］. 上海：复旦大学，2010.

［111］许鸿文. 规模收益递增对我国参与国际分工的启示［J］. 湖南广播电视大学学报，2005 (2).

［112］许晓辉. 德国社会保障制度先于英国产生的原因探析［J］. 现代商贸工业，2009 (10).

［113］杨伏琴，蒋兰陵. 新加坡制造业投资与经济增长关系的实证［J］. 统计与决策，2008 (24).

［114］杨思正. 产业政策的国际比较——日本、西欧、美国的产业政策［J］. 上海社会科学院学术季刊，1988 (4).

［115］益瑞涵. 工业服务业发展水平与作用研究——基于投入产出法的分析［D］. 广州：华南理工大学，2010.

［116］袁持平，胡军，杭全平. 包含人力资本的经济增长模型［J］. 教育与经

济，1992（4）.

[117] 赵朋. 从金融危机看实体经济与虚拟经济的价值决定 [J]. 改革与开放，2011（2）.

[118] 曾璐. 国际制造业转移与中国可持续发展 [J]. 经济前沿，2006（3）.

[119] 张建华. 罗默的内生增长论及其意义 [J]. 华中理工大学学报（社会科学版），2000（2）.

[120] 张连城，周明生. 短期经济存下滑风险 长期增长稳定可持续——中国经济增长与周期（2010）国际高峰论坛综述 [J]. 经济研究，2010（8）.

[121] 张茉楠. 产业转移：中国制造业的格局调整 [J]. 中国经贸，2010(1).

[122] 张平，刘霞辉，张晓晶，袁富华，汪红驹. 劳动力供给效应与中国经济增长路径转换 [J]. 经济研究，2007（10）：4-16.

[123] 张若雪. 产业的转移、升级、整合与中国经济 [D]. 上海：复旦大学，2009.

[124] 张宇. 制度约束、外资依赖与 FDI 的技术溢出 [J]. 管理世界，2009（9）.

[125] 张媛媛. 亚当·斯密的经济增长思想及其伦理价值 [D]. 石家庄：河北大学，2010.

[126] 郑秉文. 拉美城市化的教训与中国城市化的问题 [J]. 国外理论动态，2011（7）.

[127] 郑燕伟. 产业转移理论初探 [J]. 中共浙江省委党校学报，2003（3）.

[128] 褚浩. 19 世纪后期美国贸易保护政策研究 [D]. 上海：复旦大学，2009.

[129] 中国民航局. 2010 年民航行业发展统计公报 [R]. 2011-5-4.

[130] 中国中央电视台节目组. 大国崛起——美国 [M]. 北京：中国民主法制出版社，2006.

[131] 中国中央电视台节目组. 大国崛起——德国 [M]. 北京：中国民主法制出版社，2006.

[132] 中华人民共和国国家统计局. 国民经济行业分类（GB/T4754-2002）.

[133] 中华人民共和国教育部. 2010 年全国教育事业发展统计公报 [R]. 2011-7-6（2）.

[134] 仲崇文. 虚拟经济对实体经济的双重作用 [J]. 经济导刊，2011 (7).

[135] 周茂荣，聂文星. 德国共同决定制的起源、演化及其在战后德国经济发展中的作用 [J]. 世界经济与政治论坛，2000 (5).

[136] 周密. 技术差距理论综述 [J]. 经济社会体制比较，2009 (3).

[137] 朱富强. 中国经济快速增长中的制度隐患：兼论中国经济增长方式面临的转变 [J]. 社会科学研究，2011 (1).

[138] 朱明，郑丽君. 蒸汽时代的"世界工厂"[J]. 英国：世界博览，2007 (4).

[139] 综合信息. 化工矿物与加工 [J]. 2002 (8).